rowohlt

Pascale Hugues

Ruhige Straße in guter Wohnlage

Die Geschichte meiner
Nachbarn

Aus dem Französischen
von Lis Künzli

Rowohlt

1. Auflage September 2013
Copyright © 2013 by Rowohlt Verlag GmbH,
Reinbek bei Hamburg
«Rue tranquille dans beau quartier.
L'histoire des mes voisins» Copyright © 2013 by Pascale Hugues
Alle Rechte vorbehalten
Lektorat Uwe Naumann
Typografie Farnschläder & Mahlstedt, Hamburg
Satz aus der Dante MT Std
Druck und Bindung CPI – Clausen & Bosse, Leck
Printed in Germany
ISBN 978 3 498 03021 6

Für Kaspar und Taddeo:
die Straße eurer Kindheit.

Inhalt

Meine Straße 9
Für die Ewigkeit gebaut 26
Lilli Ernsthaft, unsere Straßenälteste 45
Eine Nadel im Heuhaufen 67
Günther Jauch bei den Jeckes 80
Der Balkon von gegenüber 96
Hannahs Kleid 128
Ganz der Vater! 148
Die Möbel müssen gerettet werden 169
Das Dach der Welt 190
Und dabei haben sie den Krieg
   verloren! 214
Totgeglaubte kehren zurück 224
Endlich der Ruhm 247
Frau Soller zieht aus 263
Straßenklatsch 288
Meuterei 301

Danksagung 317
Bildnachweis 319

Meine Straße

Ich weiß nicht, warum ich ausgerechnet hierher gezogen bin. Warum in diese und nicht in eine andere Straße. Die Entscheidung für eine Adresse ist willkürlich, wenn man neu ist in einer Stadt, die Prozedur immer dieselbe, wenn man sich Enttäuschungen ersparen will: Man faltet einen Stadtplan in großem Maßstab auseinander. Versucht sich in dem dichten Raster aus Straßen, Kreuzungen, Brücken, Plätzen und Bahnlinien zurechtzufinden. Zieht Bleistiftkringel und markiert «Park», «U-Bahn», «Bahnhof», «toller Kiez!». Man grenzt die in Frage kommenden Sektoren ab und ordnet die Viertel nach Präferenz in absteigender Reihenfolge: von perfekt bis zumutbar, vom äußersten Kompromiss bis zum völlig Ausgeschlossenen.

Welches Argument hat letztendlich den Ausschlag gegeben? Die zentrale Lage? Die Nähe zum Markt? Zur U-Bahn? Die Caféterrassen in den Nachbarstraßen? Die nächtliche Ruhe? Der besänftigende Schatten der Kastanienbäume an den Gehsteigrändern? Hatte ich mich vor allem von der Notwendigkeit drängen lassen, so schnell wie möglich unterzukommen, da mir die Zeit fehlte, wochenlang nach der idealen Straße zu suchen? Vielleicht war es auch nur ein banales Zusammenspiel der Umstände: Eine Wohnung wurde just in dem Augenblick frei, als ich eine suchte. Die Zeitungsanzeige versprach *Eine ruhige innerstädtische Straße mit Altbausubstanz in guter Wohnlage.* Was will man mehr? Wahrscheinlich habe ich nicht lange überlegt. Es war mein Glückstag.

Bei der Wohnungsbesichtigung war ich bezaubert vom Gipsstuck an den Decken. Über meinem Kopf schlängelten sich mit Kastanien durchsetzte Blätterranken dahin. Dann war da die hohe Schiebetür im Wohnzimmer, die ovalen Milchglasscheiben in der oberen Hälfte, das Knacken des Parketts unter meinen Schritten, die großen gusseisernen Heizkörper hinter ihrem Schutzgitter, Baujahr 1905, die ziselierten Messinggriffe an den Fenstern, die kleine, sonnendurchflutete Loggia mit ihrem schmiedeeisernen Geländer. Wieder hinunter ging's mit dem alten Fahrstuhl, zu dem nur die Bewohner den eigenartig krummen Schlüssel besitzen. Zwischen dem zweiten und dem ersten Stock machte der Fahrkorb aus dunklem Holz einen heftigen Ruck. Um mich dann in der mit granatfarbenem Marmor bekleideten Eingangshalle wieder abzusetzen.

Die Prokuristin der Eigentümergesellschaft, Kulturperlen um den Hals, Körbchengröße I, überquellend, Haare nach Mode der Seventies zur Banane toupiert, gekünsteltes Lächeln im Gesicht, fing mich vor der Eingangstür ab, um mir die «herVORragende Infrastruktur» anzupreisen: eine «Hauswartsfrau, die jeden Wunsch von den Augen abliest, eine wöchentliche Putzkolonne, die die Gemeinschaftsbereiche gründlich besorgt (sie hatte das *gründlich besorgt* mit solcher Vehemenz ausgesprochen, dass ich keinerlei Mühe hatte, sie mir als Amazone an der Spitze einer Horde unerschrockener Putzfrauen vorzustellen, die zum Sturm auf den Dreck ansetzt), Nachbarn *mit Niveau* (oh, dieses Substantiv, das sie sich wie ein Sahnebonbon auf der Zunge zergehen ließ … Aussichten auf Hauskonzerte, Bridge-Nachmittage, mon-

däne Cocktailpartys, bei denen Tabletts mit Häppchen und Sekt-
gläsern herumgehen), keine Kneipen, die mitten in der Nacht
ihre mit Korn vollgelaufenen Säufer auf den Gehsteig ausspu-
cken, gute Schulen für die Kinder «innerhalb eines Radius von
500 Metern» – während sie mir diese Auskunft erteilte, zog sie
mich mit ihrem Blick aus und taxierte die Kurve meines Bauches,
aber die Frage zu stellen, die ihr auf den Lippen brannte, hat sie
sich denn doch nicht getraut – und als schlagendes Argument
schließlich die Nähe zum KaDeWe, ihr ureigenes Terrain. Fünf
Minuten Weg! Mit Bushaltestelle vor der Tür! KaDeWe ... Sie
hatte die drei Silben voller Ehrerbietung und mit Augen deklamiert, die funkelten wie die Schaufenster des großen Kaufhau-
ses kurz vor Weihnachten. Im Bewusstsein, dass mein Schicksal
in ihren Händen ruht, sortierte die Prokuristin in Windeseile
meine soziale Lage: Lohnkarte, Arbeitgeber ... Zack, zack. Sie
hatte große Übung darin, die Leute in ihrer kleinen hausgemach-
ten Hierarchie unterzubringen. Ich hatte keinen Titel vorzuwei-
sen ... Purzelbaum nach unten. Ich war Französin ... Ein Argument, um aufzusteigen oder noch tiefer abzurutschen? Ich habe
es nie erfahren.

An der Türschwelle trennten wir uns. Sie streifte sich die beige-
farbenen Kalbslederhandschuhe über, hupte kurz und kräftig,
und schon war sie am Steuer ihres Mercedes-Coupés (passend zu
ihren Handschuhen, genauso wie zu ihrer Handtasche) davonge-
rauscht, zu vornehmeren Ufern aufgebrochen, nach Zehlendorf,
wo sie wohnte.

Wieder allein auf dem Gehsteig begann ich die Straße ausführ-
lich zu erkunden. Eine ziemlich kurze Straße. Sie beginnt an einem U-Bahn-Ausgang zu Füßen einer neugotischen Backstein-

kirche mit drei Türmen, verläuft von da geradeaus, überquert –
dort, wo der Plan einen «Park» verzeichnet – ein schmuddeliges
Rasenviereck mit ein paar Bänken, auf denen sich die Säufer und
Hundebesitzer des Viertels versammeln. Danach führt sie über
einen platanengesäumten Platz, um schließlich auf einen koch-
schinkenfarbenen Sozialwohnungsblock aus den Siebzigern zu
prallen, dessen fleischliche Note sich mit dem prüden Graubeige
der anderen Fassaden beißt. Die Balkone sind mit Parabolanten-
nen gespickt. Im Erdgeschoss die Küchen von CallaPizza. Vor
dem Eingang türmen sich die Marco-Polo-Peperonibüchsen.
An der Wand baut der Pizzabäcker, der hinter dem Laden seine
Pause macht, eine Kippenpyramide auf. An einem Mäuerchen
sind neben den Mülltonnen die Mofas und der Fiesta für die Lieferungen geparkt. Das Gebäude blockiert den Durchgang für die
Autos. Nur die Fußgänger können sich durch das «Mäuseloch»
schlängeln, diesen schmalen Bogen, durch den der Wind fegt
und der die Straße mit einer Durchgangsstraße verbindet. Die
Wagen müssen kehrtmachen. Ein Labyrinth für Taxifahrer, die
mit der verzwickten Topographie des Häuserblocks nicht vertraut sind. Nein, nicht einmal eine richtige Straße ist es. Eine
Sackgasse.

Als sich die Stadt nach dem Mauerfall neu orientieren musste,
ist die Straße an den Rand des neuen Berlin abgeglitten, weitab
von den trendigen Vierteln, weitab von allem, was sich regt und
vibriert und glänzt. Hier schläft man einen friedlichen Schlaf.
Hier lassen nachts keine jungen Leute aus der ganzen Welt ihre
Partys steigen. Die Touristen setzen keinen Fuß dahin. Meine
Straße hat eine gewisse Altmodischkeit bewahrt, die mich rührt.
Unerschütterlich wahrt sie Distanz zum angesagten Treiben. Sie

weigert sich, sämtliche Moden mitzumachen. Und ich bewundere diese Standfestigkeit. «Na, du wohnst also im alten Westberlin!», mokieren sich die Hipster aus Mitte verächtlich. Erst im Laufe der letzten Jahre haben eine schüchterne Gentrifizierung, die Erhöhung der Mieten und Immobilienpreise sowie der Mangel an Wohnungen, vor allem an Altbauwohnungen, zu einer allmählichen Aufwertung geführt.

Die Nachkriegsarchitekten – urbanistische Schönheitschirurgen, die den verunstalteten deutschen Städten so etwas wie ein Gesicht zurückgeben sollten – haben die Sache nicht unbedingt besser gemacht. Niedrige Wohnblöcke mit Flachdach stehen neben den paar wilhelminischen Häusern mit den großräumigen Dachböden, die in ramponiertem Zustand die Bombenangriffe überstanden haben. Relikte einer bürgerlichen Vergangenheit. Die Bauherren, die diese exklusive, verheißungsvolle Straße zu Beginn des letzten Jahrhunderts mit großem Eifer errichteten, hätten sich wohl nicht träumen lassen, dass ihre Geschichte einmal so enden würde: eine zerstückelte, völlig zerstörte Straße, mitleiderregend beinahe. Eine zusammengestoppelte Straße. Ihre dicht aneinandergedrückten Gebäude scheinen sich gegenseitig abstützen zu müssen, um nicht das Gleichgewicht zu verlieren. Ohne jede gemeinsame Proportion, ohne jede Einheit von Stil oder Epoche legen sie mit ihrer zickzackförmigen Fluchtlinie Zeugnis ab von ihrer bewegten Vergangenheit.

Will man sich einen Eindruck von den Verwüstungen verschaffen, die der Bombenhagel in meiner Straße angerichtet hat, muss man sich eine Luftaufnahme aus dem Zeppelin vom Jahr 1928 ansehen, der an jenem Tag über den azurblauen Berliner Himmel schwebte. Man sieht darauf eine gerade, klare Linie, flankiert von robusten Gebäuden und ausladenden Bäumen. Das hat nichts zu tun mit dem heutigen, so verzagten Verlauf.

Dort, wo einst die Nummern 1 und 2 standen, befinden sich ein Viereck aus gestampftem Boden, ein hölzerner Tisch mit Bank und eine Reihe Birken, um die Brandmauer der Nummer 3 gegenüber dem Sozialwohnungsblock etwas zu verdecken. «Privater Spielplatz. Nur für Mieter der Wohnanlage», verkündet das Schild. Eine überflüssige Warnung. Ich habe noch nie ein Kind in diesem Sandkasten spielen sehen. An der Fassade der Nummer 28, Ende der fünfziger Jahre errichtet, versucht eine altertümliche Wandleuchte aus Schmiedeeisen an die Vergangenheit anzuknüpfen, aber sie ist einfach nur fehl am Platz. Auf den Balkonen klettern dreckgepuderte Plastikblumen über die Spaliere. In der Nummer 25 wurde der Stuck von der Fassade geschabt und ein blauer Fries aus Fliesen gelegt, wie in einem Badezimmer. Die gesamte Häuserreihe von der 23 bis zur 19 und die gegenüber von der 11 bis zur 7B wurden zerstört. Die Gebäude sind nicht ersetzt worden. Die Lücken springen einem ins Auge wie fehlende Schneidezähne in einem breiten Lächeln. An der Stelle der Nummern 22 und 23 ein Parkplatz. Dann der «Park», der seinen Namen – wie eine graffitibeschmierte Plakette verkündet – einer obskuren jüdischen Sozialreformerin verdankt, gestorben 1948 in New York, *eine bedeutende Vertreterin der bürgerlichen Frauenbewegung.* Der Stempel der Gleichberechtigung der späten neunziger Jahre ist deutlich zu erkennen. Außer dass er im ganzen Viertel nur «Pennerpark» genannt wird.

Leinenzwang für Hunde! Grillverbot! Ein- und Ausfahrt freihalten! Müll bitte in die Abfallkörbe! Die Ruhezeit von 20 bis 7 Uhr ist einzuhalten! Rauchen und Alkoholkonsum sind nicht gestattet! Diese Verbote am Eingang des Fuß- und Fahrradwegs scheinen einzig angeschlagen zu sein, um den Benutzern die Freude zu gestatten, sich über sie hinwegzusetzen. Die Rutschbahnen und Schaukeln auf dem Spielplatz sind verwaist. Die Mütter des Viertels sind sich einig: Dieser Spielplatz ist eine No-go-Area. Er hat etwas Proletarisches! Er wird von einem zweifelhaften Publikum frequentiert. Und er stinkt nach Pisse! Im Holzhäuschen, wo die unschuldigen Kleinen Kaufmannsladen spielen, soll eine Spritze gefunden worden sein, und ein Krabbler in Oralphase hätte beinahe eine Kippe verschluckt. In einer bereits kühlen Herbstnacht haben drei betrunkene Benutzer im Suff offenbar eine der beiden Bänke abgefackelt, um sich ein wenig zu wärmen. Um die andere Bank herum ragen Bierflaschendeckel und Minifläschchen «Bitter-Kräuterfreunde-40 %» unter dem Laub hervor. Der Park hat seine Stammgäste: Da ist dieser Mann mit Apostelbart, der mit einem Stock die Mülleimer umrührt und seine Beute in einem Einkaufswagen hortet. Und diese ganz in Schwarz gekleidete Frau, die im Winter im Gebüsch herumstreicht. Ich bin ihr einmal gefolgt, um ihrem geheimen Treiben auf die Spur zu kommen: Sie hängt für die Vögel kleine Beutelchen mit Kernen an die Stauden. Sie hat ihnen sogar ein Häuschen aus einem Schuhkarton gebastelt und es mit einem Klebestreifen vor Regen geschützt. Auf dem Spielplatz unter einer Birke hatte ich vor ein paar Jahren eine erschütternde Begegnung. Ich passte auf die Kinder auf, als sich eine Frau näherte und mir aus heiterem Himmel zu erzählen begann, sie sei bei der Ankunft der Russen vergewaltigt worden. Ein kurzer Moment der geistigen Verwirrung … Dann fasste sie sich wieder und setzte ihren Weg fort, während ich wie versteinert zurückblieb. Ich habe sie nie wiedergesehen.

Verlässt man den «Park», springt einen sofort die Nummer 12

an. Die violetten Neonlichter aus den überdimensionierten Schaufenstern des Luxusküchen-Studios, in dem sich früher ein Antiquariat befand, bestrahlen die Kreuzung nachts so grell, dass man sich in einen funkelnden Lunapark versetzt fühlt. Die 12 ist eines der schönsten Gebäude der Straße, es hat die Bomben überstanden, und ich verüble es dem Botschafter der Dampfgarer und Keramikkochplatten ein wenig, dass er es so entstellt hat. In den achtziger Jahren sind die Altbauten plötzlich um ein Stockwerk angewachsen. Da sich Berlin auf seiner Insel nicht ausbreiten konnte, ist es in die Höhe gewachsen. Die Holzdachböden wurden zu hellen, luxuriösen Dachwohnungen umgebaut, mit offenem Kamin, Terrakottaterrassen, Oleanderkübeln und großen Glasfenstern. Diese Lofts, wie futuristische Deckel auf Alt-Meißener Porzellanschüsseln gepfropft, ersticken die Vergangenheit der Gebäude endgültig. Ein Fremdkörper, der die Einheit des Ganzen zerstört. Viel schicker und teurer als die normalen Etagenwohnungen. Dort oben, gleich unter dem Himmel, lebte die neue Aristokratie der Gebäude. Das Dachgeschoss markiert den Beginn der Gentrifizierung meiner Straße.

Ich bin in Frankreich in einem Renaissancehaus aus dem Jahr 1586 groß geworden, von dem jeder Voluten- oder Obeliskengiebel, jeder Erker, jeder Portalvorbau, jeder Stein aus dieser Epoche stammt. Es hat die Zeiten ohne eine Schramme überstanden. Was für ein Schock, als ich mich in Berlin in einer Straße voller Narben wiederfand. Man kann es nicht anders sagen: Meine Berliner Straße ist ziemlich hässlich. Rau. Kaputt. Sie kennt nicht die perfekt rhythmisierte Gliederung und die makellosen Fassaden von Pariser Straßen. Bei den Pariser Straßen wird die Einheit nicht zerstört durch klaffende Löcher und stillose Gebäude, die da nicht hingehören. Diese Harmonie entzückt mich jedes Mal von neuem. Paris ist nicht bombardiert worden. Es gab zwar auch die eine oder andere skandalöse Bausünde, einen Brand, Abrisse für den Durchbruch einer großen Allee, der Ringautobahn oder um Platz für ein Einkaufszentrum zu schaffen. Aber im großen Ganzen haben sich die Pariser Straßen nicht sehr verändert. Man kann mit Leichtigkeit ihr einstiges Aussehen rekonstruieren, sich das frühere Leben darauf ausmalen, die Passanten in Gedanken in historische Kleidung stecken und zusehen, wie sie völlig natürlich die hohen Haussmann'schen Gebäude betreten. Die Pariser Straßen haben sich sanft durch Zeiten und Epochen tragen lassen. Sind praktisch heil in unserer Zeit angekommen.

Ganz anders meine Straße in Berlin. Sie besteht aus Brüchen. Brutalen Rissen. In ihr überlagern sich die Epochen, von denen die eine die Erinnerung an die vorige fast vollständig auslöscht. Auf dem Gehsteig vor der Nummer 12 stolpern die Passanten noch immer über das «Murmelloch», eine Kerbe, die während der letzten Straßenkämpfe vom April 1945 eine Granate in die Bodenplatte geschlagen hat. Die Jungen der Straße steckten in den fünfziger Jahren ihre Murmeln hinein. Es ist noch nicht allzu lange her, fünf Jahre vielleicht, da waren auf manchen Fassaden noch die Einschusslöcher zu sehen. Und bevor in meinem Haus der Fahrstuhlschacht vor zwei Jahren neu verputzt und gestrichen wurde, gab es an den Wänden Einschlagspuren der Granatsplitter. Auf dem Gelände des Supermarkts beim Parkeingang liegt wild durcheinander ein halbes Dutzend moosbedeckte Stelen, als hätte ein Junge seinen Bauklötzen einen trotzigen Fußtritt versetzt. Die Bordüren im Stein weisen darauf hin, dass es sich dabei um Teile aus der Vorkriegszeit handelt. Um Fensterrahmen? Sockel? Weiß der Himmel, wie sie über ein halbes Jahrhundert erhalten geblieben und warum sie nicht mit den übrigen Trümmern entsorgt worden sind. Ringsum leere Zigaretten- und Tablettenpackungen, Joghurtbecher und ein umgekippter ausgeleierter Bürostuhl. Die Passanten haben ihre Abfälle hinter die Umzäunung befördert. Hinter diesem entweihten Friedhof der dahingegangenen Nummer 8 befindet sich der «Edeka-Fußballplatz», nach der Schule Treffpunkt für die Jungs aus der Straße.

Aber diese Schönheitsfehler zählen nicht. Meine Straße gehört zu denen, die man liebt, ohne zu berechnen. Mit dieser ruhigen Zuneigung, die man Menschen oder Dingen entgegenbringt, die uns nichts mehr zu beweisen haben. Mit einer Liebe, die von der Gewohnheit lebt, durch die tägliche Begegnung gefestigt und gegen alle bösen Überraschungen gefeit ist. Diese Straßen sind Tag für Tag Zeuge unseres Lebens geworden, von Geburt und Tod, Liebe und Kummer, Freude und Sorge, Weihnachten und Geburtstagen, Langeweile und Dramen, von einer unfassbaren Emotion bisweilen, einer flüchtigen Wehmut, all dieser Jahre, die unbemerkt verflogen sind ... Ja, sie sind in gewisser Weise ein Teil von uns selbst geworden. Sie sind der Schauplatz des täglichen Einerleis, dieser kleinen Nichtigkeiten des Lebens, der Stunden, in denen nichts passiert, all dieser winzigen Ereignisse, die nach und nach aus unserem Gedächtnis verschwinden. Es wäre aber zu billig, sich über ihre Gewöhnlichkeit lustig zu machen. Erst recht, da sie um ihren bescheidenen Status wissen und sich nie über ihr Schicksal zu erheben versuchen. Ihre Verletzlichkeit rührt uns. Sie fordert unsere Loyalität heraus.

Meine Straße hat nicht die Selbstherrlichkeit der großen Prachtstraßen. Die Wilhelmstraße, der Kurfürstendamm: entweder
ein einziges Grauen oder reine Frivolität. Die Wilhelmstraße
eine Geschichtsmeile, die bis 1945 Hitlers Reichskanzlei beher-
bergte. Der Kurfürstendamm in den zwanziger Jahren Hoch-
burg des wilden Nachtlebens, danach während des Kalten Krieges das ostentative Schaufenster des Westens. In meiner Straße
hingegen kein einziges erwähnenswertes historisches Datum.
Ich habe nur ein Foto gefunden, das von einem besonderen Ereignis zeugt.

Es war der 8. Mai 1911. Der Festzug der Bäcker-Zwangsinnung
Schöneberg. Die Leinenmarkisen mit Volants auf den Balkonen
verleihen den Fassaden ein südliches Flair. Die Straße ist ganz
neu: Die frisch gepflanzten Bäumchen auf dem Gehsteig werden
von Eisenkorsetts gestützt. Neugierige Anwohner sind herbeige-
eilt. Sie beobachten das außergewöhnliche Schauspiel, das ihnen
ihre sonst so ruhige Nebenstraße bietet. Mädchen in weißen Rü-
schenkleidern am Arm ihrer Mütter und Jungen in Kieler Ma-
trosenanzügen, die der «Flottenkaiser» in Mode brachte, folgen
dem Aufmarsch der Bäckermeister in Gehrock und Zylinder, die
Schnurrbartenden extravagant hochgezwirbelt, wie sie es Wilhelm II. abgeschaut haben. Über der Brust eine helle Schärpe
gekreuzt. Auf der Herzseite eine Kokarde mit Band, Zeuge vom
Fimmel des wilhelminischen Berlin für Dekorationen und Me-
daillen. Der Mann an der Spitze des Zuges schwenkt eine Fahne.
Die Inschrift auf dem Stoff ist auf der alten Aufnahme nicht zu
erkennen. Die Brust geschwellt, ziehen die Männer ohne ein Lächeln vorbei. Sie blicken ins Objektiv des Fotografen. In drei Jahren werden sie in den Krieg gehen, und viele von ihnen werden
nicht mehr zurückkehren.

War meine Straße häufig Schauplatz dieser Paraden, in die das Kaiserreich so vernarrt war? Wohl kaum. Ich vermute eher, dass sie sich an jenem Tag aus reinem Zufall an der von den Organisatoren der Veranstaltung gezeichneten Strecke befand. Eine Abkürzung zu den großen Durchfahrtsstraßen in der Nähe.

Im Übrigen hoffe ich, dass sich meine Straße ihrer Verantwortung mir gegenüber bewusst ist. Denn für einen Ausländer ist die Straße, in der er wohnt, die Visitenkarte des Landes, der Miniaturspiegel seiner Sitten und Eigenarten. Kurzum, ein Studienfeld. Überschaubar genug, um leicht verwertbar zu sein. Groß genug, um repräsentative Daten zu liefern. Ich habe viel Zeit damit verbracht, meine Straße zu beobachten, um durch sie meine Wahlheimat zu verstehen. Sie hat mir das Verhältnis der Deutschen zur Natur, zur Ordnung, zu ihrer schwierigen Vergangenheit nahegebracht. An ihr habe ich das Funktionieren ihrer Demokratie studiert, ihre Art des Zusammenlebens und ihre Vorstellung von sozialer Gerechtigkeit. Ihren Umgang mit der Beschleunigung der Zeit. Ja, das alles ist an meiner Straße ablesbar. Dieser Mikrokosmos entschlüsselt die ganze Republik. Ich glaube, sie hat keine Ahnung, welches Gewicht auf ihren Schultern ruht.

Meine Straße weist keine besonderen Kennzeichen auf. Das übliche Straßenmobiliar: Laternen, Litfaßsäule, Stromkasten, gusseiserne Kanaldeckel, gähnende Kellerlöcher und Tiefgaragen, im Vorgarten der Nummer 26 das Schild eines homöopathischen Internisten, Briefkästen, mehrere Container für die Altkleidersammlung, die für das Stabat Mater einer Sängerin im himmelblauen Abendkleid als Werbefläche dienen, am 1. Januar Knallerverpackungen und ein paar Tage später ausgetrocknete Baumgerippe auf dem Gehsteig. Eine ehemalige Wasserpumpe *Kein Trinkwasser* vor der Nummer 3. Die hölzernen Kisten, mit denen die Stadtangestellten die Brunnenstatuen am Platz bedecken, um sie vor dem Winter zu schützen. Mehrere Garagenausgänge *Nur für Mieter des Hauses. Begehen und Befahren auf eigene Gefahr. Auch bei Schnee und Glätte.* Mit Kletterpflanzen überwachsene Pergolen, um die Mülltonnenreihen zu kaschieren. Die regelmäßige Zeichnung der Granitplatten und des Kopfsteinpflasters auf den Gehsteigen. Und all diese *Bitte-beachten*-Schilder, die mit Hilfe von Bilderrätseln das Inventar des Unerwünschten auflisten. Hunde, Fahrräder, Ballspieler, Hausierer. Die überall an die Platanen gepinnten Kleinanzeigen: Entrümpelung, Mathe-Nachhilfe, naiver Appell an einen Wohltäter: «Wir sind frisch verheiratet, nett und diskret und suchen eine 3-Zimmer-Altbauwohnung mit sonnigem Balkon. Vielleicht haben wir Glück?», Suchanzeigen für weggelaufene Hunde und Katzen. Hinter dem unbeholfenen Flehen «Melden Sie sich bitte! Wenn, freuen wir uns! Vielen Dank!» ist die Verzweiflung eines Kindes zu erahnen. Seit einigen Jahren erobert eine neue Dekoration unsere Straße: ein Messingwürfel vor den Gebäuden, aus denen Juden deportiert worden sind, zwischen die Bodenplatten eingelassen. Acht dieser Stolpersteine habe ich in meiner Straße gezählt. Manchmal blockiert am heiteren Nachmittag eine Bußzeremonie den Durchgang zu einem Haus. Im Halbkreis, bedrückt, die Augen auf den Boden gesenkt, kämpfen die Deutschen von heute mit der mühsamen Bewältigung ihrer Vergangenheit. Man legt eine Rose nieder. Sagt ein paar freundliche Worte zum Gedächtnis «unserer jüdischen Mitmenschen».

Das übliche Personal: die majestätische Schwadron der Müllwagen, die frühmorgens anrollt, sämtliche Scheinwerfer angeworfen, während die Rundumleuchte mit ihrem langen orangefarbenen Strahlen über die verschlafene Straße wischt. Später dann die Straßenfeger, im Winter die Schneeräumer und immer wieder der Briefträger, der mit der Nonchalance eines Playboys seinen Handwagen vor sich herschiebt. Ganz im Gegensatz zu seiner Urlaubsvertretung, die sich, in den blau-gelben Parka der Deutschen Post gezwängt, völlig ihrer Aufgabe hingegeben mit beiden Händen an ihr Gefährt klammert. Mein Favorit aber ist der Afrikaner vom Montag, ein in der winzigen Kabine seines Straßenstaubsaugers völlig zusammengekrümmter Riese. Ein Sisyphos, zum Einsammeln der Hundehaufen auf dem Gehsteig verdammt. Einer nach dem andern flutscht in den langen Plastikrüssel seines Saugmobils. Die Passanten machen einen großen Bogen und eine angeekelte Miene, wenn sie ihm begegnen. Er aber macht jedes Mal mit einem höflichen Kopfnicken den Weg frei. Dann die DHL-Lastwagen, die Vertreter, die Zeugen Jehovas und andere Kolporteure des rechten oder wahren Weges, an Halloween als Vampire verkleidete Kindergruppen und am Sankt-Martins-Abend der Laternenumzug, die rumänischen Akkordeonisten mit den goldenen Schneidezähnen, die sonntagnachmittags unter den Balkonen ein Ständchen darbringen, die Sprayer, die nachts ihre Hieroglyphen und ein strahlendes *Fuck!*, ein wütendes *Nazis raus!* an eine Fassade werfen, um den Hauseigentümern am nächsten Morgen einen unflätigen Aufschrei zu entlocken, die Reisenden mit ihren Koffern, deren peinigende Rollen den Schlaf der Anwohner zerhacken, die dünne Stimme des Pakistaners, der «Werbung» durch die Gegensprechanlage säuselt, damit man ihm die Tür öffnet. An ihrem einen Ende scharen sich ein paar Läden um den U-Bahn-Eingang, dem am späten Nachmittag manchmal eine traurige Violinenweise entweicht, ein Copyshop, ein Laden für Snowboarder, einer für Handwerkszeug, Schrauben und Normteile für Gewerbekunden, ein Café, in dem sich sonntagnachmittags um fünf die Berliner Rentnerpaare zu einem Eisbein und einem Bier zusammenfinden, ein Schülerladen, und das war's. An ihrem anderen Ende ein Restaurant, das mehrmals die Küche gewechselt hat: griechisch, australisch-asiatisch, italienisch. Weder Post noch Zeitungskiosk noch Bäckerei oder Supermarkt, keines dieser Kettenglieder der täglichen Versorgung. Eine reine Wohnstraße.

Auch meine Straße hat ihren Tratsch: über den jahrelang in den letzten Stock der Nummer 3 zurückgezogenen Grotesktänzer in schwarzen Strumpfhosen, der nach seinem Tod auf dem Parkett die Zeichnung seiner Tanzschleifen hinterließ. Über den Selbstmörder, der sich in der Badewanne die Venen geöffnet hatte. Über den Tischler aus der Nummer 15, der seine Frau Ende der Siebziger in seine Kellerwerkstatt lockte und ihr auf der Werkbank den Kopf absägte. Es gab sogar einen Artikel in der *Morgenpost* darüber. Über die WG, die wochenlang vergaß, den Müll in den Hof hinunterzubringen, bis die Kartoffeln meterlange Keime bildeten.

Ich weiß im Grunde nicht viel über meine Nachbarn. Wer ist dieses Paar, das oft die Straße hinaufgeht? Er schwarz, groß, steif. Sie aufgehelltes Blond, winzig, gibt ihm die Hand. Sie klammern sich aneinander wie Hänsel und Gretel im großen dunklen Wald. Und wer ist dieser untersetzte Mann mit seinem immer gleichen tannengrünen Federhut, der das Haus nie ohne seinen Schäferhund verlässt? Und diese Alte, die jeden Morgen mit ängstlichen Trippelschritten zur langwierigen Expedition in Richtung Supermarkt aufbricht? Und warum habe ich den schönen Mann aus der Nummer 25 schon wochenlang nicht mehr gesehen? Ist er mit seinem Sportwagen verreist? Das Paar mit seinen drei Kindern in der Nummer 5 ... Neuzugezogene? Dieser kleine Herr, der seinen Filzhut lüftet, wenn er mir begegnet, und mich mit seiner altmodischen Geste jedes Mal dahinschmelzen lässt. Ein Osteuropäer – nehme ich an –, in den sechziger Jahren hierher emigriert. Auch die Identität dieses selbsternannten Polizisten würde ich gerne kennen, der schon zweimal einen Sticker «Scheiße geparkt» auf die Windschutzscheibe meines Autos geknallt hat. Ich stelle mir vor, wie er bei einbrechender Nacht mit seinem Packen Selbstkleber in der Tasche loszieht. Ich sehe ihn vor mir, wie er in der Dunkelheit sämtliche Wagen abstraft, die nicht genau rechtwinklig zum Gehsteig stehen, und durch diesen bescheidenen Akt die Frustrationen seines Tages abschüttelt. Der soll mir mal am helllichten Tag über den Weg laufen, damit ich ihm ins Gesicht sagen kann, was ich von ihm halte. Dieser Sturkopf! Dieser Blockwart! Ich hoffe, dass er auch den BMW mit dem Münchner Nummernschild, der sich einmal monatlich stundenlang auf dem Gehsteig vor der Nummer 26 breitmacht, mit seinem «Scheiße geparkt» ausgestattet hat.

Meine Straße ist keine dieser pittoresken Straßen, die man unter einem Vorwand immer wieder aufsucht, um sie entlangzuschlendern. Man begegnet auf ihren Gehsteigen nicht diesem schrulligen Volk der einfachen Viertel, das so dankbar zu beschreiben ist. Keine Kleinberufe, keine Handwerker, still über ihre bescheidene Arbeit gebeugt. Keine urwüchsigen Figuren mit großer Schnauze, aufgetakelte Halbweltgestalten, Kneipenbesitzer, die an ihrem Tresen die Geschichten aus dem Viertel sammeln ... Nein, meine Straße hat die Farblosigkeit der Mittelklasse. Sie besteht aus einer Gemeinschaft von Menschen, die der

Zufall zusammengewürfelt hat. Aus Flurnachbarn, deren Ko-
existenz sich auf ein Kopfnicken im Treppenhaus, ein knappes
«Morgen!», ohne den Mund zu öffnen, einen Gesprächsfetzen
im Fahrstuhl zusammenfassen lässt, meist ein Seufzen über das
schlechte Wetter oder die harten Zeiten. Man leiht sich ein Ei
von einem Stock zum anderen, nimmt ein Päckchen entgegen,
gießt während der Ferien die Pflanzen, füttert die Katzen und
klingelt, um sich über den Lärm in der Etage darüber zu beschweren. Das ist alles.

Eine ganz gewöhnliche Straße. Eine, wie es Hunderte gibt in
Deutschland, in diesen Stadtvierteln, die Anfang des letzten Jahrhunderts erbaut und im Krieg beinahe vollständig zerstört worden sind. Sie ist mehr oder weniger austauschbar. Sie trägt übrigens seit ihrer Entstehung ganz zu Beginn des letzten Jahrhunderts denselben Namen. Nicht einmal 1945 war es nötig, sie
umzubenennen. Sie wurde nie für eine auch noch so kurzlebige
Hommage an einen bald wieder aus der Mode gekommenen
großen Mann missbraucht. Sie hat sich nie vor einem Despoten
verneigt, der nach einem Wechsel des Regimes in Misskredit geriet. Meine Straße trägt einen so nichtssagenden Namen, dass
er kaum der Erwähnung wert ist. Ihr Schicksal ist eine Schab-
lone, die man auf viele andere aufdrücken könnte. Sie ist leicht zu
übersehen, man geht die Häuser entlang, ohne die Augen zu heben, man beschleunigt den Schritt, ist mit seinen Gedanken wo-
anders. Dieser erste flüchtige Blick zeigt eine Straße scheinbar
ganz ohne Geschichte. Wer könnte ahnen, was sich hinter diesen
glatten Fassaden zusammenbraut? Wer vermag dieses unterirdi-
sche Beben zu spüren, das die vermeintliche Ruhe erschüttert?

Für die Ewigkeit
gebaut

Meine Straße ist 1904 entstanden. Im selben Jahr, in dem Salvador Dalí und Pablo Neruda, Count Basie und Glenn Miller, Jean Gabin, Cary Grant und Johnny Weissmuller alias Tarzan geboren sind. 1904, so weit weg und so dicht an Ereignissen. In Frankreich wird das Urteil gegen Alfred Dreyfus wegen Landesverrats revidiert und den Ordensgemeinschaften das Unterrichten untersagt. Baltimore wird von einem Großbrand verwüstet, und der Zusammenstoß zwischen den Schnellzügen Paris–Boulogne und Paris–Lille im Pariser Bahnhof La Chapelle fordert vierzehn Todesopfer. In New York wird die erste Metrolinie in Betrieb genommen, und bei den Olympischen Sommerspielen von St. Louis, Missouri, ist zum ersten und einzigen Mal das Sackhüpfen als Disziplin zugelassen. In Paris wird die FIFA gegründet, und in der Mailänder Scala feiert *Madame Butterfly* Weltpremiere. In Nordfrankreich setzt die Weinlese vorzeitig ein, und Papst Pius X. verurteilt das Tragen von dekolletierten Abendkleidern. 1904 hat auch seine Nobelpreisträger: Iwan Petrowitsch Pawlow für seine Verdauungsphysiologie und Frédéric Mistral für seine provenzalischen Romane. Und das Jahr hat seine Erfindungen: das Monopoly-Spiel, die Armbanduhr, das Kenotron, Vorläufer der Halbleiterdiode, das Telemobiloskop, Vorläufer des Radars, den Wegwerfrasierer und die Eiswaffeltüte.

Sortiert man all diese Ereignisse, klassifiziert sie von den unwichtigsten zu den folgenreichsten, von den skurrilsten zu den gravierendsten, wird einem bewusst, dass in diesem Jahr bereits die Keime zum Ersten Weltkrieg angelegt sind. 1904 unterzeichnen Großbritannien und sein «Erbfeind» Frankreich angesichts der zunehmend aggressiven «Weltpolitik» des ganz neuen Deutschen Reiches die *Entente cordiale.* Der frankophile Edward VII., King of the United Kingdom, of Great Britain and Ireland and of the British Dominions, Emperor of India, und Emile Loubet, simpler Präsident der III. Republik, stimmen ihre Einflussbereiche in Nordafrika und Asien miteinander ab und bremsen damit den industriellen Fortschritt und die Flottenambitionen Wilhelms II. – der erste Schritt zur deutschen Isolierung. 1904 schlägt General Lothar von Trotha in der Schlacht von Waterberg den Aufstand der Hereros und der Nama in der Kolonie Deutsch-Südwestafrika gewalttätig nieder – der erste Massenvölkermord des 20. Jahrhunderts. 1904 lässt Kaiser Wilhelm II. auf einer Edisonwalze eine kurze Ansprache über Zurückhaltung und Bescheidenheit aufzeichnen. Es ist das erste bis heute erhaltene politische Tondokument der Welt. *Hart sein im Schmerz, nicht wünschen, was unerreichbar oder wertlos, zufrieden mit dem Tag, wie er kommt, in allem das Gute suchen und Freude an der Natur und an den Menschen haben, wie sie nun einmal sind ...* Die Stimme knistert auf der alten Aufnahme wie Gewitterregen, der auf ein Blechdach trommelt. Der letzte deutsche Kaiser erinnert darauf eher an einen tibetanischen Mönch, der seine besänftigenden Lebensweisheiten verkündet, als an den prunksüchtigen Militaristen mit Adlershelm, der zehn Jahre später sein Land und die ganze Welt in einen verheerenden Krieg stürzen wird.

Und irgendwo, kaum hörbar in dem ganzen Tumult der Geschichte, hallen auf einer Baustelle die ersten Pickelschläge meiner Straße wider.

An manchen Sommerabenden führt der trockene Nachtwind den Geruch von Heu und Kiefern aus den flachen Weiten Brandenburgs auf meinen Balkon. Er ruft mir in Erinnerung, dass meine Straße aus Ackerboden hervorgegangen ist. 1870 schlägt Preußen Frankreich in Sedan. Bismarck vereint Deutschland. Am 18. Januar 1871 wird im Spiegelsaal von Versailles inmitten von Europas Herz ein mächtiges Reich ausgerufen. Berlin wird Reichshauptstadt und das neue Deutschland eine Industrienation. Ein gewaltiger wirtschaftlicher Aufschwung setzt ein, und der Ruf nach einer Hauptstadt wird laut, die den politischen Ambitionen und der Forderung nach einem «Platz an der Sonne» gerecht wird. Die bescheidene Residenzstadt Preußens wird zur monumentalen Kaiserstadt. Die Machteliten führen nur noch das Wort «Repräsentation» im Munde. Eine Periode des Friedens und der Prosperität, der Möglichkeiten und des Optimismus. Berlin, die Neuarrivierte, unternimmt pathetische Anstrengungen, um mit Paris, Wien oder London zu wetteifern, altehrwürdigen, strahlenden Metropolen, ihres Ranges und ihrer Reize sicher. Sie trägt ein bisschen dick auf dabei. Die Möchtegernkapitale, die mit Superlativen nur so um sich wirft, bekommt den spöttischen Diminutiv «Metropolinchen»: Sie hat die elegantesten Luxushotels, die größten Warenhäuser Europas, einen neuen, unverhältnismäßigen Dom, eine von Marmorstatuen der Könige, Markgrafen und Kurfürsten Preußens gesäumte Siegesallee, von den Berlinern «Puppenallee» genannt. Ihre Frauen tragen die extravagantesten Hüte. Ihre Männer die längsten Schnurrbärte. Und darüber hinaus ist Berlin mit seinen endlos sich aneinanderreihenden Mietskasernen, versifften Hinterhöfen und kleinen, übervölkerten Wohnungen, in denen Tuberkulose, Trinksucht und Inzest grassieren, eine der größten Industriestädte des europäischen Kontinents. Seine Bevölkerung wächst explosionsartig. Beamte, Soldaten und Offiziere der kaiserlichen Armee, Angestellte der neuen Unternehmen, Händler, Fabrikanten, Arbeiter der entstehenden Industrien – all diese Menschen muss die neue Gigantin plötzlich unterbringen. Es muss so schnell wie möglich gebaut werden. Eine rasende Immobilienspekulation setzt ein. Die Terraingesellschaften – die Immobilienfirmen der damaligen Zeit – schießen wie die Pfifferlinge aus dem herbstlichen Unterholz. Die Profitchancen sind hoch. Die Risiken ebenfalls. Der Börsenkrach von 1873 treibt zahlreiche Terraingesellschaften in den Bankrott. Andere, wie die Berlinische Boden-Gesellschaft des jüdischen Kaufmanns Salomon Haberland und seines Sohnes Georg, florieren. Die Haberlands sind mit der Tuchproduktion zu Vermögen gekommen. Und nun spezialisieren sie sich auf die Erschließung von Bauland.

Ein Glücksfall für das Dorf Schöneberg, das inmitten von kargen Äckern, aber strategisch günstig an der Reichsstraße 1 liegt, der großen Ausfallstraße, die vom Schloss nach Potsdam führt. Die Berlinische Boden-Gesellschaft wird einen nigelnagelneuen Vorort für «die höheren Einkommensklassen» aus dem Boden stampfen, das Bayerische Viertel. Ein reines Wohnviertel etwas abseits vom Lärm und Trubel des Berliner Kerns, aber doch nicht ins entfernte, von allem abgeschiedene Umland verbannt. 1904 liegt meine Straße noch außerhalb Berlins. Mit der wachsenden Hauptstadt jedoch wird sie immer näher ans Zentrum im Herzen Berlins rücken.

Georg und Gustav Mette, Max Willmann, Louise Bergemann, Werner Munk, Wenzel Marie … So heißen die Bauern und Gärtner von Schöneberg, die Georg Haberland Flure verkaufen, auf denen meine Straße entstehen wird. Die Berlinische Boden-Gesellschaft verwandelt diese rohen Ländereien in baureife Parzellen, die sie an die Bauherren weiterverkauft, «zahlungsfähige Privatleute oder Baugewerbetreibende». Georg Haberland jedoch will nicht mit diesen Spekulanten verglichen werden, die zu Beginn des neuen Jahrhunderts nicht im besten Ruf stehen. Er hat kein gutes Wort übrig für diese «besitzlosen Elemente, die kein Interesse an der Durchführung des Baugedanken hatten und nur noch von den Baugeldern lebten, die sie erhielten».

Die neuen Parzellenbesitzer verpflichten sich zum Bau von Mietshäusern. Eine Kapitalanlage, die sicherer und rentabler ist als Wertpapiere. Die Berlinische Boden-Gesellschaft setzt den Städtebauplan um und legt grundlegende Infrastrukturen an: Straßen, «durch gärtnerischen Schmuck und Bäume belebt». Das Straßennetz wurde in Wohn- und Verkehrsstraßen geteilt. Es entstanden eine Kanalisation und eine Beleuchtung durch Bogenlampen mit elektrischem Licht, ein «umso größerer Anziehungspunkt für die Besiedlung, als die Nachbarstraßen nur mit Gas beleuchtet waren», wie Georg Haberland stolz in seiner Broschüre festhält, die er zum vierzigsten Jahrestag seiner Gesellschaft publiziert. Der neue Vorort wird durch Straßenbahn- und Omnibuslinien an die Stadt angebunden, und 1913 bekommt er sogar seine eigene kleine U-Bahn. Fabriken, die die Luft verschmutzen, werden verbannt. Und Georg Haberland setzt das Tüpfelchen auf das i: Den Schmuckplatz mit seinen geometrischen Blumenbeeten, seinem Rasen, seinen Baumkronen, seinen feinen Kieswegen, den Mosaikdelfinen um die Mittelinsel und seinem Muschelkalkbrunnen. Welcher Kontrast zu den engen Gassen und der erdrückenden Atmosphäre der alten Viertel! Innerhalb weniger Jahre wird das Dorf Schöneberg, das ländliche Sonntagsausflugsziel der Berliner, zu einer für die wohlhabende Bourgeoisie nach Maß gefertigten Berliner Vorstadt. 1898 erhält Schöneberg, das sich reicher Steuerzahler erfreut, das Stadtrecht und bald ein majestätisches Rathaus.

Ich träume oft davon, dass mir eines Tages ein Geist mit seiner Öllampe erscheint und mich auffordert, einen Wunsch zu äußern. Ich würde keine Sekunde zögern. Ich würde ihn bitten, mir einen Tag zu geben, einen ganzen Tag, um im Vorkriegsberlin in meiner noch intakten Straße herumzuschlendern. Als ich meine Straße in den dicken Ordnern des Landesarchivs Berlin entdeckte, glaubte ich für einen Augenblick, mein Wunsch sei in Erfüllung gegangen, ausgerechnet da, an diesem asketischen Ort ohne jeden Zauber: in einer umfunktionierten ehemaligen Munitionsfabrik in Reinickendorf gleich nach dem Tunnel am Ende der Autobahnausfahrt. Ein Aufseher wacht von seiner Estrade des Lesesaals herab über die Einhaltung der Ruhe. Hier verlangsamt sich die Zeit, geht mit ganz kleinen Schritten voran, im Rhythmus der Lagerverwalter, die bedächtig ihre Wagen vor sich her schieben. Unter den hohen Fenstern hängen Staubschwaden im Gegenlicht. Das regelmäßige Geräusch umgeblätterter Seiten, das Knistern eines Blattes, das Schlingern der Mikrofiche-Lesegeräte im Nebensaal. Auf einmal der Windstoß von einer energisch zugeklappten Akte. Hin und wieder ein gedämpftes Gespräch, ein nervöses Räuspern, ein Hustenanfall, ein unterdrücktes Lachen oder ein Seufzer ... *Oh, ist das traurig.* Draußen: das hektische Leben. Drinnen: eine klösterliche Andacht. Rund fünfzehn sind wir, die wir uns mit gekrümmten Rücken und einem eigentümlichen Vergnügen beharrlich über unsere Akten beugen, die verstreichenden Stunden und die hereinbrechende Nacht vergessend. Wir durchforsten den dichten Wald spröder Berichte, die die zahlreichen Ämter und Behörden unserer Stadt ohne Unterlass hervorzubringen scheinen. Wir driften ab. Gleiten in eine andere Epoche über. Im Lesesaal fließt die Zeit rückwärts, während sie draußen weiterrennt.

Auf dem Vorsatzblatt der Bauakten meiner Straße manchmal der Name eines früheren Benutzers. Er scheint sich verirrt zu haben und hat rasch wieder kehrtgemacht. Meistens aber bin ich die erste, die sie konsultiert. Wer außer mir sollte sich für all diese lächerlichen, stur in chronologischer Reihenfolge geordneten und durch einen Baumwollfaden zusammengeknüpften Mitteilungen interessieren? Für diese seitenlangen statistischen Berechnungen, diese Pläne von Treppenhäusern, gewendelten Blechtreppen, Dachgeschossen, Trockenböden, Waschküchen, Garagen, Werkstätten und Remisen. Für diese in geschraubten Wendungen von der städtischen Tiefbaudeputation erteilte Baugenehmigung: «Nach Entnahme je eines Exemplars der Zeichnungen und eines Lageplanes, dass diesseits gegen das vorliegende Bauprojekt Bedenken nicht zu erheben sind, unter Voraussetzung, dass die in unserem Schreiben vom 12. Februar 1900 g. 831 – 14. Oktober 1903 – VIII.b.2627 – gestellten allgemeinen Vorschriften beachtet werden.»

Für diese Rohbau-Abnahme, die 1905 der Prüfungskommissar Klaus Schneider an den Bauherrn Barth, n° 6 schickt: «Der Bau wurde in allen Teilen besichtigt und es fand sich zu bemerken: Trockenheit der Wände. Bewohnbarkeit des untersten Geschosses. Lüftung der Bedürfnisanstalten. Anlage der Feuerstätten u.

Rauchröhre. Anputz hölzerner Wände u. Decken. Treppen und Schutzgeländer, Gitter und Kellerfenster, Drahtgitter.»

Für diesen Garantieschein für die «Lieferung von schmiedeeisernen Trägern und gusseisernen Unterlagsplatten», diese Kostenvoranschläge, Versicherungspolicen, Rechnungen und Quittungen, Abrechnungen für den Kohlenverbrauch und die Nebenkosten für Fahrstuhl-Strom, Bescheinigungen «über die ordnungsgemäße Anbringung von Schutzvorrichtungen für die mit der Reinigung der Schornsteine betrauten Schornsteinfeger».

Für diese Anfrage aus der Nummer 1, den Fahrstuhl «ohne Begleitung des Fahrstuhlführers benutzen zu dürfen». Oder diese pingeligen Verweise auf Vorschriften und Verordnungen: «Für das Atelier im Dachgeschoss des Hauses n° 11, dessen Fenster nach der Straße zu belegen sind, gewähre ich auf Grund des § 2 der Polizeiverordnung vom 5. November 1912 eine Ausnahme von der Vorschrift des § 1 Ziffer II a. a. O. Diese Ausnahme wird hinfällig, sobald der Atelierraum nicht lediglich als Arbeitsraum für Kunstmaler benutzt wird.»

Für diese Bescheide an die Mieter: Herr Duds, n° 23, wird informiert: «Wegen Einschränkung in der Warmwasserbelieferung wurden nachstehende Beträge an die Mieter zurückgezahlt bzw. mit der Festmiete verrechnet.»

Für diese Belehrungen: «Wir teilen Ihnen höflichst mit, dass wir lt. Abkommen mit der Vereinigung deutscher Elektrizitätsfirmen auf unsere Arbeit eine Garantie von 1 Jahr übernehmen, wie Sie aus beiliegendem Schreiben ersehen können, und wir bedauern daher, eine 2jährige Garantie nicht übernehmen zu können.»

Für diese Klagen eines besorgten Mieters: «Vor circa 3 Wochen habe ich meinen Wirt Herr Robert Baer n° 11 darauf aufmerksam gemacht, dass der Stuck von den Fenstern jede Minute herunterstürzen würde. Herr Baer hat bis heute nichts von sich hören lassen. Heute Morgen stürzte nun von beiden Seidenwänden der Stuck gegen 7 ½ Uhr früh in den Garten und es ist ein Glück gewesen, dass die Inhaberin des Parterres nicht auf dem Balkon war.»

Für diese Genehmigungsanträge verzagter Händler. Ich schmelze dahin angesichts solcher Unschuld: Am 14. Februar 1927 bittet Frieda Heiter aus der Nummer 19, Seifen- und Parfümerieartikel, mit ihrer Schrift mit den hohen Schleifen die Königliche Bau-Polizei um die Genehmigung, an der Fassade eine Reklametafel «nach beiliegender Skizze» anbringen zu dürfen. «Mein Seifengeschäft hat ohnehin schon eine sehr versteckte Lage und bringt mir nicht einmal die Monatsmiete ein, sodass ich gezwungen bin, Reklame zu machen. Ich bitte deshalb um gütige Genehmigung.» Ihr Nachbar Anton Singer, Autobereifung und Vulkanisieranstalt, Auto-Zubehör, Öle und Fette, wünscht neben der Tür seines Geschäfts ein Oberschild «Continental Reifen» anzubringen. 1936 empört sich Herr Scheffel, Feinkostladen in der Nummer 19, dass man ihm untersagt, ein Transparent mit der Aufschrift «Trinkt Milch!» am Vorgartengeländer zu befestigen, und bemerkt, dass die Fleischer und die Eisgeschäfte ihrerseits dazu berechtigt seien, Reklame zu machen. Er bittet «um Aufklärung über die rechtliche Zulässigkeit dieser meinen Milchumsatz schmälernden Maßnahme. Heil Hitler!».

Und dann die Liste der Mängelbeseitigung infolge der sukzessiven Revisionsprotokolle der Kaiser-Barbarossa-Apotheke. Ein Genuss! *Lymphbücher* werden angelegt. *Standgefäße mit Veratrinlösung* ausrangiert. *Rad. Pimpinellae* und *Folia Menthae* durch *einwandfreie Ware* ersetzt und andere *Standgefäße* mit *Folia Digi-*

talis neu paraffiniert. Sämtliche Stopfen und Deckel werden einer gründlichen Säuberung unterzogen, und der Linoleum-Belag in der Offizin wird ausgebessert. Reagenzien, Tinkturen und leere Flaschen werden aus der Materialkammer entfernt. Eine Morphinwaage wird nachgereicht. Sirup Althaeae rein von Schimmelpilzen. Ol. Foeniculi, Ol. Eukaliptus und Ol. Juniper vor Licht geschützt. Standgefäße von Xyrol und Collodium mit feuergefährlich bezeichnet. Sir. Simplew wurde frisch gekocht. Giftwaage wurde neu geeicht.

Und auf einmal werden die okkulten Listen und die trockene Behördensprache von schwülstigen Höflichkeitsfloskeln beiseitegedrängt: «Wir nehmen höflichst Bezug auf die gefällige Zuschrift vom 10. August ... Wir fragen nochmal ergebenst ... Herrn Hochwohlgeborenen königlichen Baurath ...»

In den dreißiger Jahren weicht das bombastische «Hochachtungsvoll» dem «Heil Hitler!» mit seinem forschen Ausrufezeichen oder dem dröhnenden «Mit deutschen Grüßen». Und im Nachkriegs-Bundesdeutschland müht sich das «Mit freundlichen Grüßen», die Distanz aufzuheben, während Respekt und Freundschaft etwas durcheinanderzugeraten scheinen.

Es ist ein wenig, als würde man allein durch den ersten Schnee waten, Schritt für Schritt, Seite für Seite. Ich fasse die losen Blätter ganz behutsam an. Versuche Silbe um Silbe der altdeutschen Schrift zu entziffern. Meistens aber schaffe ich es nicht einmal, die einzelnen Buchstaben dieser Texte voneinander zu trennen, die der geraden Linie eines Elektrokardiogramms gleichen, wenn das Herz zu schlagen aufgehört hat. Welche Erleichterung, wenn der regelmäßige Anschlag einer Schreibmaschine auftaucht, die blaue Tinte eines Stempels. Manchmal ein Gekritzel am Rand, vielleicht eine Anmerkung, ein plötzlicher Einfall, ein Geistesblitz ... Dieses Dickicht aus gewundenen Ranken bleibt für mich undurchdringbar. Ich gebe acht, die Seiten beim Umblättern nicht zu beschädigen. Das Gedächtnis der Straßen ist fragil. Weiß der Himmel, durch welches Wunder all diese Dokumente den Bombardierungen standgehalten haben, den Bränden, dem Drunter und Drüber von 1945, den sukzessiven Neuanfängen und Umzügen, der Feuchtigkeit, den Ratten, den Aufräumattacken eines neuen Bauamtfürsten, dem Eifer eines Lagerverwalters, der auf den Regalen Platz für neue Kapitel der Geschichte schaffen wollte, der Vergänglichkeit der Zeit. Ich atme ihren leicht süßlichen, fast milchigen Geruch ein. Manchmal steigt ein säuerlicher oder modriger Mief auf. Der Duft nach altem Leder, vielleicht sogar Tabak. Auf einige gewellte Blätter haben Feuchtigkeitsflecken eigenartige Landschaften gemalt. Krümel von getrocknetem Papier rieseln auf den Teppich herab. Stundenlang stöbere ich, mit Händen voller Staub, hellwachen Augen und klopfendem Herzen. Ich schließe Bekanntschaft mit meinen Nachbarn der vergangenen Jahrzehnte, die lange vor meiner Geburt, lange bevor ich in meine Straße gezogen bin, da wohnten. Ich entdecke diese Welt, die ohne den Eifer dieses Archivars, der Stunden damit verbracht haben muss, diese Fülle an Dokumenten zu sortieren und zu ordnen, für immer verschwunden wäre. Regelmäßig bekomme ich das Gefühl, den Boden unter den Füßen zu verlieren, von dieser uferlosen Masse überrollt zu werden.

Aber welche kindliche Freude, wenn ich auf einen bekannten Namen stoße: H. Eller, der Bezirksschornsteinfeger! Und sieh mal an, da haben wir ja den Hauptmann C. Tippenhauer aus der

Nummer 19 wieder, «alter aktiver Offizier und als solcher durch die Entwicklung der letzten Jahre gezwungen, einen neuen Erwerbszweig zu schaffen», der das ganze Jahr 1921 um das Recht kämpft, in den Kellerräumen des Gebäudes seine Schokoladenfabrik unterzubringen. Der Hauptmann taucht in regelmäßigen Intervallen auf, wie das Teufelchen aus der Schachtel.

Und während ich all diese anscheinend belanglosen Informationen Stück für Stück aneinanderfüge, mir einen Weg durch dieses Gewirr gewöhnlicher Ereignisse und das Getuschel von Gehsteiggesprächen bahne, ersteht vor meinen Augen ganz langsam, ohne dass ich den Rhythmus dieser Rekonstruktion beeinflussen könnte, meine Straße wieder auf. Ich sehe zu, voller Demut. Die Vergangenheit koppelt sich an die Gegenwart an.

1904 erwerben mehrere Bauherren bei der Berlinischen Boden-Gesellschaft eine Parzelle und nehmen die Arbeiten ihres *Neubaus* in Angriff. Sie reichen bei der Königlichen Baupolizei zu Schöneberg ihren *Lage-Plan* ein «mit der ergebenen Bitte, denselben hochgeneigtest genehmigen zu wollen».

Auf einem hostiendünnen Papier steht mit schwarzer Tinte der Vermerk: «Die hier mit roter Tusche kolorirte und schraffirte Fläche bebauen will». Der Königl. Regierungsgeometer a. D., W. v. Frankenberg, vereideter Landmesser Berlin, hat seinen runden blauen Stempel aufgedrückt. Auf der rechten Seite des Planes ist mit der Hand die Flächenberechnung eingefügt. Die Großbuchstaben *L* und *P* von *Lage-Plan* sind wie die Anfangslettern in einem Märchenbuch mit geflochtenem Efeu verziert. Und genau wie ein Märchen beginnt die Geschichte meiner Straße ja auch.

Es war einmal eine Handvoll Bauherren, eitel wie die Pfauen, die wünschten, hier auf Erden ihre Spur zu hinterlassen und bei derselben Gelegenheit ihr taufrisches Geld im Stein zu platzieren. Also errichteten sie – innerhalb zweier Jahre ungefähr – Renditehäuser, massive Mietshäuser, bestehend aus Keller, Erdgeschoss, vier Stockwerken, zwei Wohnungen pro Etage, einem hohen Dachstuhl und einem Trockenboden, der der obersten Etage ein angenehmes Klima garantiert. Die Wohnungen haben sieben oder acht, gelegentlich zehn Räume. Eine schwindelerregende Raumflucht: Wohnzimmer oder Salon, Stube, Speisezimmer, Boudoir, Balkon, Herrenzimmer, Erker, Schlafzimmer, Bad und Toilette, winzige Mädchenzimmer, Speisekammer. Die Gebäude werden so angelegt, dass in jeder Wohnung im vorderen Teil die Herrschafts- und Repräsentationsräume untergebracht sind, im hinteren Teil die Schlafzimmer, die Küche und die Zimmer der Dienstboten. Es gab also keine kleineren Wohnungen in den Quergebäuden im Hinterhof für bescheidenere Mieter.

Die Architektur der Wohnungen respektiert diese horizontale Hierarchie: Pracht nach vorne. Schlichtheit nach hinten. Je tiefer man in die Wohnungen eindringt, umso mehr schrumpfen die Räume, umso mehr senken sich die Decken und umso spärlicher wird das Licht. Hohe Doppelfenster in den vorderen, kleine einfache in den hinteren Räumen. Deckenstuck vorne, weiße Kalkwände hinten. Gebohnertes Eichenparkett vorne, aus starken Kiefernbrettern genagelte und mit Ölfarbe angestrichene Diele hinten. Die Köchin und das Kinderfräulein leben kümmerlich neben der Küche im Hintergrund der Wohnung in einem engen Zimmerchen, das im Übrigen eher einer Abstellkammer gleicht. Eine kleine gesonderte Dienstbotentreppe ist für sie reserviert. Sie führt in den Hinterhof. Das Berliner Zimmer bildet eine hermetische Schleuse zwischen diesen zwei unterschiedlichen Lebensbereichen und markiert die Grenze zwischen öffentlicher und privater Sphäre. Die bürgerliche Klientel meiner Straße verarmt während der Inflationsjahre. Die Dienstmädchen werden entlassen. Man weiß nicht mehr wohin mit so vielen Räumen. Erst in den dreißiger Jahren werden die Hauseigentümer bei der Baupolizei die Genehmigung einreichen, Trennwände aufzuziehen, um diese immensen Wohnungen zu halbieren, deren Miete niemand mehr aufbringen kann.

Die Gebäude verfügen über einen «sehr guten Höchstkomfort» und die neueste Technik: Bäder, Klappentopf-Klosetts, Kettenjalousien, gemalte äußere Blechlambrequins, Doppelfenster, die vor Kälte, großer Hitze, Durchzug, Lärm und Staub schützen, elektrisches Licht, Fahrstühle, Zentralheizung und Zentralstaubsaugeranlage. Die Vorgärten – «mit einem auf höchstens 0,50 m hohem Steinsockel ruhenden zierlichen Eisengitter zu umgeben und als Ziergarten sorgfältig anzulegen und zu unterhalten» – erlauben es den Bewohnern der Gebäude, etwas abseits von der Straße zu bleiben: Wir mischen uns nicht mit dem einfachen Volk auf dem Gehsteig, und vor allem tolerieren wir nicht den Laden eines Kohlehändlers im Hintergeschoss. Wehe dem, der dieses stillschweigende Reglement verletzt und den Vorgarten als Lagerplatz benutzt. Ein *Portier*, wie damals der Hauswart genannt wird, bringt das distinguierte Sahnehäubchen an. Das aus dem Französischen entlehnte Wort verleiht dem bescheidenen Metier einen gewissen Schick. Von seiner Loge (Portiersküche, Schlafstube, Bad und Klosett) im Erdgeschoss aus überwacht der *Portier* das Kommen und Gehen. Schließlich soll es in diesen Gebäuden nicht wie in einem Taubenschlag zugehen.

Ich habe im Laufe der vielen Stunden, die ich in Gesellschaft der Bauherren meiner Straße verbrachte, eine wahre Zärtlichkeit für sie entwickelt. Für den Kaufmann Robert Bär (Nummer 17), den Fabrikanten Richard Barth (Nummer 6), den Hugenotten Max Emile George Moniac (Nummer 26), Inhaber der Firma Grün & Moniac, gegründet 1881, Ingenieure und Fabrikanten für Be- und Entwässerung- und Gasleitungs-Anlagen, Zentralheizungen, für Carl Haumann (Nummer 2), Inhaber des Spezial-Baugeschäfts für feuersichere Zementkonstruktionen, Zementdecken, Steindecken, Fliesenbeläge und Kachelwandbekleidungen, für die Architekten Robert Zetschke (Nummer 22), Paul Jatzow, Hausarchitekt von Georg Haberland (Nummer 17 und 26), Walter Zander (Nummer 6) und Carl Graf (Eckparzelle auf dem Platz). Es sind Emporkömmlinge, durch die rasante Entwicklung der Gründerjahre zu schnellem Geld gekommen. Haben meine Bauherren von den Reparationszahlungen profitiert, die Frankreich an das neue Reich entrichtet hat? Dieses finanzielle Manna wurde zum Aufbau der neuen Hauptstadt verwendet. Möglicherweise ist meine Straße also in gewisser Weise eine französische Straße, indirekt von meinen Ahnen finanziert. Diese Hypothese gibt meiner Präsenz hier eine gewisse Legitimität.

Die Bauherren rivalisieren untereinander. «Auf die Gestaltung der Fassaden der einzelnen Häuser», schreibt Georg Haberland, «war zu jener Zeit durch den Geländebesitzer nur schwer Einfluss auszuüben. Die Bauunternehmer waren zum großen Teil selbst Architekten und daher natürlich bemüht, ihren Häusern das Gepräge zu geben, das ihrem künstlerischen Geschmack entsprach.» Die Straße ist eine reine Plattform zur Präsentation ihrer prunkvollen Fassaden. Auf den safrangelben, von roher Leinwand verstärkten Plänen sind Giebel und Erkertürmchen,

Gesimse und Stuckfestons zu sehen, Verzierungen, von denen heute fast nichts mehr übrig ist. Die Fassaden gleichen sich, und doch ist keine genau wie die andere. Jeder Bauherr setzt eine persönliche Note, fügt eine winzige Variation an: einen Erker, eine Wetterfahne, ein ovales Ochsenauge, einen Fries, eine Rosette, ein Blumenmotiv, eine Säule, ein barockes Element, da eine mythologische Figur, die sich unter einem Balkon vor dem Regen schützt, dort zwei Putten mit prallen Pobacken, die sich über einem Arkadenvorbau rekeln.

Vor allem aber bei der Eingangshalle, «Vestibül» oder «Entré» genannt, ohne zweites «e» am Ende, lassen die Bauherren ihrer Phantasie freien Lauf. Das prächtigste *Entré* ist das der Nummer 3, ganz aus weißem Marmor und mit Spiegeln, Kassettendecke, Pilastern, einem kleinen Kamin und gipsernen Frauenköpfen an den Wänden. Eine kleine Marmorbank erlaubt es den Betagten, Atem zu schöpfen, bevor es ans Erklimmen der Stockwerke geht. In der Nummer 26 wird die Hand am Ende des Treppengeländers von dem weit offenen Maul eines hölzernen Löwen angehalten, und die Wände sind mit dunklem Marmor ausgekleidet. Ein besonders großzügiges *Entré* hat die Nummer 25. Über den Spiegeln Pflanzenmotive, antike Köpfe und zwei Schwäne mit gebogenem Hals. Die Treppen sind breiter als gewöhnlich. Dagegen wirkt das *Entré* der 12 mit den bemalten Holztafeln, dem Boden aus Terrazzo-Marmor und der kleinen schmalen Treppe aus gewöhnlichem Holz geradezu bescheiden.

Und dann kommen die Schwalben und bauen ihr Nest unter den Dachrinnen, der Efeu klettert über die Entwässerungsleitungen, und die neuen Mieter treffen ein mit ihren sperrigen Anhängseln, Doktor oder Professor, ihren militärischen Graden, ihren Aktienpapieren und ihren einflussreichen Beziehungen. Das Berliner Adressbuch aus dem Jahr 1907 spiegelt die soziale Homogenität meiner Straße wider. Unter den meistvertretenen Berufen haben die Kaufleute (von denen man mit einiger Wahrscheinlichkeit annehmen kann, dass ihr Vermögen noch relativ frisch ist) eine schöne Länge Vorsprung vor dem Trupp der Rentiers, Privatiers und Beamten (Eisenbahn, Bank, Ritterschaft), Prokuristen, Rechtsanwälte und dem Regiment der Militärs, sämtlich Offiziere (Generalleutnant z. D. Exz. C. Schüler in der Nummer 3, Generalleutnant M. von Haustein in der Nummer 5, Leutnant K. Pecher in der Nummer 7, Oberstleutnant a. D. B. von Haine in der Nummer 9 und Kapitän Leutnant H. Zenker in der Nummer 27). Folgen eine Handvoll Ärzte und Apotheker, mehrere Direktoren, Architekten und Buchhalterinnen (in der Nummer 2 findet sich sogar ein Buchhalterinnen-Geschwisterpaar Walschulzick), eine stolze Schar Witwen (ich habe acht gezählt, und das zu einem Zeitpunkt, da die beiden Kriege die Straße noch nicht dezimiert haben) und Fräuleins unbestimmten Alters. Jedes Haus toleriert aber auch solide Gewerbetreibende und sogar ein paar heute verschwundene kleine Metiers in seinen Mauern: B. Homuth, Plätterin in der Nummer 4. O. Weiland in der Nummer 5 und A. Ohde in der Nummer 23, beide Seifenhändlerinnen. W. Seegert, Eisenwarenhändler, in der Nummer 7. Vier Tischlermeister, zwei Malermeister, ein Schuhmachermeister, ein Schmiedemeister, ein Bäckermeister, ein Milchhändler, ein Tischler, eine Hebamme, eine Modistin, ein Kellner, ein Straßenbahnschaffner und ein eigentümlicher A. Königsmann, Hühneraugen-Operateur, in der Nummer 25. Meine Straße schmückt sich auch mit ein paar Schauspielerinnen und zwei Schriftstellern (H. Dietzsch in der Nummer 4 und

J. Fraenkel in der Nummer 23), zwei Sängerinnen (A. Stubel in der Nummer 16 und F. Lederer-Prina in der Nummer 26) und dem Pianisten O. Bake (sprechen Sie «Baakö»), ebenfalls in der Nummer 26. Unbedeutende Künstler, deren Namen – soviel ich weiß – nicht in die Nachwelt eingegangen sind. Und als Zeichen des Wohlstands sind im Adressbuch zahlreiche Namen mit einem fetten großen T gekennzeichnet, die Besitzer eines Telefons.

Auch manche Eigentümer wohnen im Haus wie Max Moniac in der Nummer 26, der die Liste der Personen aufstellt, die berechtigt sind, selbständig und ohne Führerbegleitung den Fahrstuhl zu benutzen: «Herr Chefredakteur Max Wolf, Herr Leutnant Carl Gronewaldt, Herr Dr. phil. C. Fischer …» 1907 existiert noch eine Osmose zwischen dem Stein und den Mietern … Der Aufstieg kommt im Bauwerk zum Ausdruck.

Die Möbelpacker bringen die wuchtigen Buffets, die gigantischen Schränke, die Klaviere, die eingerollten Teppiche, die schweren Wandbehänge, Lüster, Stehlampen, die Leder-Clubsessel, Rauchtische, Teewagen, Standuhren, Ausziehtische, Frisiertoiletten mit Hocker, Betten mit dreiteiligen Rosshaarmatratzen, Chaiselongue mit Decke. Zimmerpalmen. Haufenweise Nippes. Über die teuren Tapeten werden die Altmeister-Ölgemälde (Kopien aus der Dresdner Galerie) in ihrem schweren Holzrahmen gehängt. Blütenweiße Tüllgardinen schützen die dunkle Intimität vor indiskreten Blicken von der Straße. Die neuen Hausherren stellen den Kanon der deutschen Literatur und die vierundzwanzig Bände von Meyers Konversations-Lexikon in ihre herrlichen Bücherregale. Ihre Gemahlinnen arrangieren die Pfingstrosen in den Vasen, und das Mädchen für alles poliert das Tafelsilber.

Die Bauherren bauten für die Ewigkeit. Sie glaubten an den Fortschritt und an die Technik. Sie konnten sich keine Sekunde lang vorstellen, wie bald das Glück sie im Stich lassen würde. Es schien, als könnte die Zeit, als könnten der Zerstörungswahn, der Europa zweimal hintereinander verwüsten würde, all die Wechselfälle des menschlichen Lebens meiner Straße nichts anhaben. Als ob die Backsteine, Dachstühle und Ziegel die Macht hätten, sie vor Unglück zu bewahren. Doch als die Arbeiter 1914 in den Krieg zogen, kam der Immobilienboom brutal zum Erliegen. Unzählige Facharbeiter, die auf der Baustelle von 1904 tätig waren, sind nicht von den Schlachtfeldern an der Somme oder bei Verdun zurückgekehrt. Während der Jahre der Finanzkrise, der Inflation und der Arbeitslosigkeit zwischen den beiden Kriegen ging es mit dem Bauzustand aus der Kaiserzeit stetig bergab. Die Fassaden bröckelten. Der Stuck wurde nicht repariert. Bereits in den Zwischenkriegsjahren bewerteten die Adepten des Bauhauses ihn als altmodisch und überladen. Zu viel Schnickschnack! Zu üppig! Von 1943 bis 1945 zerschlagen die Bomber die Illusionen in Millionen Splitter. Zwei Jahre hat es gebraucht, um meine Straße zu bauen, und zwei, um sie zu zerstören. Aber halt, nicht so schnell! So weit sind wir noch nicht! 1904 malt niemand die Zukunft schwarz.

Lilli Ernsthaft,
unsere Straßenälteste

Lilli Ernsthaft hebt sich in vielerlei Hinsicht von den meisten anderen Anwohnern ab. Ihr Mann Heinrich, ein Österreicher, wohlhabend, Eigentümer der Firma Ernsthaft und Co., Bier Import, ehemaliger Wiener Operettensänger, der einen Benz fuhr und einen Fahrer, zwei Dienstmädchen sowie einen Klavierstimmer beschäftigte, war der erste Mieter der Straße. Heinrich Ernsthaft bezog 1905 das zweite Obergeschoss rechts der Nummer 3, eine Wohnung mit sieben Zimmern, die viel zu groß für ihn war. Die Wände rochen noch nach frischer Farbe. Die Straße war nicht fertig. Eine riesige Baustelle.

Einige Jahre später, am Freitag, den 13. September 1922, ein unheilverkündender Regentag, vermählte sich Lilli, geborene Doller, um 8 Uhr morgens im Rathaus Schöneberg mit Heinrich Ernsthaft. Dem Standesbeamten wurde ein Kasten Tucher-Bier versprochen. Nach der Trauung fuhr das frischgebackene Ehepaar per Taxe zur Wohnung von Heinrich Ernsthaft. Beim Aussteigen merkte Lilli, dass sie ihren Schirm auf dem Standesamt stehengelassen hatte. Aber kein Grund zu Panik: «Wir waren so wenig abergläubisch, wie schon das Datum unserer Trauung beweist, dass wir zum Standesamt zurückfuhren und den Schirm holten.»

Eine unkomplizierte Liebesgeschichte. Sie lernten sich bei

Freunden kennen, sahen sich danach jeden Morgen bei der Straßenbahnhaltestelle der Linie 62. Lilli war Stenotypistin. Heinrich Unternehmer. Auf dem Weg zur Arbeit sang sich Heinrich in Lillis Herz ein. Er hielt um ihre Hand an. Das Hochzeitsmahl in kleinem Kreis wurde im Esszimmer mit den samtbespannten Wänden des Ehemanns gereicht. An jenem Abend legte sich Lilli, sehr jung und schüchtern, zum ersten Mal in das große Ehebett. In dieses Bett, aus dem die Sanitäter am 7. August 2001, einen Monat vor dem 9/11, ihren kleinen verschrumpelten Körper hoben. Sie hatte 79 Jahre an derselben Adresse gelebt. Bis zu ihrem Tod im hohen Alter von 98 dreiviertel Jahren war sie unsere Straßenälteste gewesen. Es hätte nicht viel gefehlt, und wir hätten mit ihr unsere Hundertjährige gehabt.

Lilli Ernsthaft schlug sämtliche Rekorde. Sie war nie besonders stolz darauf, war sich des privilegierten Platzes, den sie auf der Ehrentafel unserer Straße einnahm, wohl nicht einmal bewusst. Diese uralte Dame mit den schlohweißen Haaren und dem faltendurchzogenen Gesicht, die in ihren letzten Lebensmonaten im Dämmerlicht ihres Berliner Zimmers ans Bett gefesselt blieb, war die letzte Überlebende einer für immer verschwundenen Zeit. Ja, so pathetisch es klingt: Sie war das Gedächtnis unserer Straße.

Lilli Ernsthaft pries vor ihren zahlreichen und treuen Besuchern gern das goldene Zeitalter unserer unprätentiösen Straße, die indes, wie sie nie zu erwähnen vergaß, nicht an die Prachtstraßen der großen europäischen Metropolen heranreichte. Ihr Spitzenreiter war Unter den Linden, «das heißt, so wie sie sich früher darstellte, als noch der Kaiser und der Kronprinz da residier-

ten», dicht gefolgt von den Champs-Élysées – beides Repräsenta-
tionsstraßen, die den Ruhm ihrer Länder demonstrieren sollten,
nicht zuletzt durch die Siegesparaden, die auf ihnen in reicher
Fülle stattfanden. Dagegen war die Parade der Bäckermeister natürlich nichts als ein billiger Abklatsch.

Lilli Ernsthaft erzählte vom Anfang des letzten Jahrhunderts.
Sie erzählte von dem ständig sich verneigenden kleinen Porzel-
lanchinesen im Schaufenster des Chinaladens hinter dem neuen
Warenhaus Wertheim in der Leipziger Straße. Wertheim, größer
als Harrods! Größer als die Galeries Lafayette! Endlich konnte es
die neue Hauptstadt den alten europäischen Metropolen zeigen.
Sie erzählte vom Engros-Geschäft für Perserteppiche, Gemälde
und Bronzen ihres Vaters, eines österreichischen Juden aus Lem-
berg. Von der ersten elektrischen Straßenbahn, die im Jahr ihrer
Geburt gebaut wurde, und der Hochbahn am Nollendorfplatz,
die, als sie sechs oder sieben war, zur Untergrundbahn wurde.
Kurz vor dem Winterfeldplatz verschwand sie in einem Tunnel.
«Ein wahres Schauspiel!» Sie erzählte von dem Foto von ihr im
Matrosenkleid, das ein gewisser Hoffmann im Schaukasten seines Ateliers ausgestellt hatte. «Er wurde später Hitlers Leibfoto-
graf!» Ich habe nie erfahren, ob diese Tatsache sie entsetzte oder
ihrer Eigenliebe schmeichelte. Und sie konnte – achtzig Jahre
später – noch immer die Verse auswendig, die Herr Brockmüller
aus Bremen, ihr Kurschatten in Bad Oeynhausen, für sie schmie-
dete und ins Mokkatässchen schmuggelte, das er ihr geschenkt
hatte:

«Aus diesem Tässchen, mein schönes Kind,
Trinke jeden Morgen
Den Mokka so heiß, wie Liebe glüht,

Dann hast Du keine Sorgen.
Zumal Du dann stets des Freundes gedenkst,
Der im Bade Dich lernte verehren
Und der auch ein solches Tässchen lenkt
An seine Lippen, die nach Deinen begehren.»

Herr Brockmüller war nicht der einzige abgeblitzte Verehrer. Lilli Ernsthaft war, wie mir alle bestätigten, die sich noch an sie als junge Frau erinnerten, eine klassische Schönheit, die schönste Frau unserer Straße.

Es gab vor dem Krieg in meiner Straße viele von ihnen, von diesen Prinzessinnen aus gutem Hause, die für die harten Zeiten so schlecht gerüstet waren, die das Schicksal ihnen bereithielt. Sie waren von zarter Gesundheit, trugen champagnerfarbige Schnürschuhe, Popelinkleider mit Tüllkragen, Florentiner und machten, wenn sie die Freundinnen ihrer Mütter begrüßten, einen tiefen Knicks. Ihr Leben war ein fröhlicher Reigen aus Kurparkpromenaden, Klavier- und Tennisstunden, Tanztees mit Kapelle von fünf bis sieben und Operettentheater, wo «Walzertraum» und «Wiener Blut» gegeben wurden.

Frau Klemm war es, die letzte Apothekerin der Straße, bevor die Kaiser-Barbarossa-Apotheke in der Nummer 26 ihre Tore schloss, die mir zum ersten Mal von ihrer alten Freundin Frau Ernsthaft erzählte. Einmal pro Woche überquerte Frau Klemm die Straße, um bei Frau Ernsthaft in der Nummer 3 Rommé zu spielen. Frau Klemm brachte die Kuchen mit. Frau Ernsthaft sorgte für Kaffee und ein Gläschen Damenlikör.

Seit einiger Zeit war das Gebäude in Aufruhr. Der Psychoanalytiker aus dem ersten Stock versuchte die Bewohner zu mobilisieren, um in der Eingangshalle einen «Stillen Portier» anzubringen, eine holzgerahmte Erinnerungstafel mit den Namen der dreizehn aus dem Gebäude deportierten Juden. Mehrere Monate lang lieferte man sich in der Nummer 3 von einem Stock zum anderen einen kleinen Erinnerungskrieg. Der Psychoanalytiker mahnte: «Wenn man sogar die Namen vergisst, bleibt gar nichts mehr!» Die Mieterin aus dem Dritten weigerte sich, weiterhin das Wort an ihre Nachbarn zu richten. «Es stößt mich ab, in einem Haus zu wohnen, in dem es dank der Indifferenz ihrer Mitbewohner möglich war, dreizehn Juden in den Tod zu schicken! Ich schäme mich für diejenigen unter uns, die sich nicht an dieser Initiative beteiligen wollen und damit die Hinterlassenschaft der Nazischergen weiterführen!» Der Hauswart brachte seine Besorgnis zum Ausdruck: «Eine Tafel bringt das ganze Gebäude in Gefahr. Stellen Sie sich die Graffiti der Neonazis vor, wenn sie merken, was bei uns los ist!» Der alte Sauertopf aus dem Vierten knallte die Tür zu: «Ich gebe keinen Cent!» Die einen beschuldigten die anderen der Verdrängung, «Deckel drauf und weiter so!» Die anderen hielten den einen ihren Moralapostelton und den von morgens bis abends zum Himmel erhobenen Zeigefinger vor. Ich war eben erst in Berlin angekommen, und dieser Streit illustrierte für mich das unlösbare Problem, das die Deutschen mit Deutschland haben. Am Tag der kleinen Zeremonie schob Frau Klemm Frau Ernsthaft in die erste Reihe, während die Repräsentanten des Bezirks mit Ermahnungen aufwarteten, «um nie mehr zu vergessen». Der Eigentümer bedauerte, an diesem Tag nicht dabei sein zu können, und ließ seine Glückwünsche übermitteln. Der Psychoanalytiker legte einen Kranz nieder: «Wir hoffen, dass dieser Stille Portier, wenn beim Vorbeigehen der Blick auf ihn fällt, dazu anregen wird, eine heilsame Trauerarbeit in Gang zu setzen.» Danach ging man in dem griechischen Restaurant an der Ecke etwas trinken. Wie nach einer Beerdigung.

Niemand in meiner Straße wäre auf die Idee gekommen, dass die kleine, stets tadellos gekleidete alte Frau aus der Nummer 3 Jüdin war. «Sie hat es nicht rausgestellt», kommentierte eine Nachbarin, die allerdings wusste, dass «Frau Ernsthaft einen jüdischen Kerzenhalter im Wohnzimmer hatte». Oder wussten es alle, haben es nach dem Krieg alle stets gewusst? Vielleicht wollte man einem solch heiklen Thema lieber aus dem Weg gehen. Lilli Ernsthaft war die letzte Vertreterin des deutsch-jüdischen Bürgertums in meiner Straße. Die wie durch ein Wunder überlebt hat. Noch eine Medaille, die wir ihr hätten verleihen können. Wie man jene ehrt, die schwimmend den Ärmelkanal überquert oder auf dem Gipfel des Mount Everest ihre Fahne gehisst haben. Also klopfte ich, einen Rosenstrauß in der Hand und ein Baby auf dem Arm, an der Tür der alten Dame an. Sie empfing meinen Sohn und mich mit kleinen Freudenschreien: «Oh, ein Baby! Ein Baby bei Ernsthafts!»

In der Wohnung der Lilli Ernsthaft schien seit den zwanziger Jahren die Zeit stehengeblieben zu sein. «Ein Möbelmuseum», hatte mich Frau Klemm vorgewarnt. Die Jugendstilscheiben der Loggia, die eingebauten Wandschränke mit Perlenleiste im Herrenzimmer, die Chippendale-Stühle und der kleine wackelige Rauchtisch, selbst der Geruch war antiquiert. In den Schränken überdauerte die Garderobe eines früheren Lebens: Cocktailkleider, Sommerkleider, Zwischensaisonkleider. Im Dielenschrank lagerte eine ganze Batterie von Handschuhen. Ein Paar zu jeder Handtasche. Als sie mich zum Kaffee empfing, reisten wir gemeinsam in der Zeit zurück. Lilli Ernsthaft plapperte drauflos, bot mir Konfekt an, schmückte ihre Erzählung, wie man ein Spitzendeckchen mit einer Rankenwinde bestickt, mit altertümlichen Höflichkeitsfloskeln aus. «Sie naschen nicht, gnädige Nachbarin?» «Tout le plaisir est pour moi, Madame!» (Das Vergnügen ist ganz auf meiner Seite, Madame.) Ihr Vergnügen bestand vor allem darin, mir diese Formel auf Französisch zu offerieren. «Frau Ernsthaft spricht das Deutsch der Weimarer Republik», amüsierte sich Frau Klemm. Sie trug oft ein wassergrünes Kleid mit breiten Ärmeln, in denen sie, wenn sie das kochende Wasser über das Nescafé-Pulver in der Tasse goss, wie ein flatternder Schmetterling aussah. Sie zittere zu sehr und sei zu schwachsichtig, um richtigen Kaffee zu machen, entschuldigte sie sich. Und an den Füßen stets Pumps mit Absätzen. Einmal wöchentlich kam eine redselige Dame vorbei, die sie mit einer Maniküre und einem Wörterschwall versorgte. Kunigunde Fritze legte einen himbeerroten Lack auf Lilli Ernsthafts Fingernägel, als gälte es, ihre von breiten, tintenblauen Adern durchzogenen Hände etwas aufzumuntern.

Wenn Lilli Ernsthaft empfing, hatte sie ein wenig den Eindruck, die sonntäglichen Mittagessen aufleben zu lassen, als das Ehepaar Ernsthaft und ihr Sohn Harry Ende der zwanziger Jahre beim Ehepaar Kutschera und ihren Kindern Gert und Karin eingeladen waren. Die Kutscheras waren die Eigentümer des Café Wien auf dem Kurfürstendamm, Billardsaal im ersten Stock, Kapelle auf der hinteren Empore, daran angrenzend die Filmbühne Wien und der spätere Zigeunerkeller, eine der Attraktionen Berlins, «wo ungarische Geiger das gute Essen mit Musik begleiteten». Karl Kutschera, ein ungarischer Jude, und seine Wiener Frau Josephine, genannt Pipi, waren steinreich. «Sie besaßen in

Kladow eine wunderschöne Villa an der Havel. Das Besitztum der Kutscheras war riesig groß, hatte viele Gewächshäuser, Obstbäume, Spargelfelder, Himbeersträucher, Pferde- und Schweineställe und reichte von der Sakrower Landstraße bis zur Havel hinunter», zählte Lilli Ernsthaft auf. Sie fühlte sich geehrt durch diese Freundschaft.

Danach ging man zum Kaffee in den Salon. Die Kinder saßen auf dem Teppich und spielten. Die Damen plauderten. Die Herren rauchten eine Zigarre.

Einmal sagte mir Lilli Ernsthaft, während sie an ihrem Mandelkeks knabberte, ganz so, als wäre nichts, dass Gert und Karin «nicht aus Polen zurückgekommen» sind, dass nur ihre Eltern überlebt haben und «sie nie darüber hinweggekommen sind ... Sie können es sich denken ... Die Armen ... Aber Sie nehmen doch bestimmt noch ein bisschen Kaffee, liebe Nachbarin?» Ein Schatten war in den kleinen Musiksalon geglitten, in dem sie mich an jenem Tag empfing, neben dem massigen Bechstein, der sich, weil er seit langem verstimmt war, als Abstelltisch für die Branntweinfläschchen nützlich machte. Meine Gastgeberin kam mir plötzlich so zerbrechlich vor. Ich war verlegen. Sollte ich die Augen senken? Nachhaken? Das fröhliche Anekdotengeplätscher, das Kuchengabelgeklimper auf dem Porzellan abrupt unterbrechen und damit zu bedeuten geben, dass alles bisher Gesagte oberflächlich, ohne jedes Interesse war und mich das Schicksal von Gert und Karin weit mehr interessierte als all diese leicht kitschigen Sepiabilder der goldenen Zwanziger? Aber Lilli Ernsthaft ließ den dicken schweren Gewitterwolken, die sich am Horizont ihres Gedächtnisses zusammenzogen, keine Zeit, ins Zimmer einzudringen, sich vor die Leichtigkeit dieses Nachmittags zu legen, sie ließ sich die paar heiteren Stunden nicht neh-

men, die ihr mein Besuch verschaffte. Sie vertrieb sie rasch mit
Erinnerungen, die prickelten wie der Champagner am großen
Silvesterball im Café Wien, als sie in den Armen Heinrichs zur
neuen Musik von der anderen Seite des Atlantiks herumwirbelte.
Onestep, Twostep, Quickstep, wie sie es in der Tanzstunde
Fleischmann im ersten Stock des Theaters des Westens in der
Kantstraße gelernt hatte. Abends übten Heinrich und Lilli die
neuen Schritte in ihrem großen Salon.

Auf der Kommode hinter Lilli Ernsthaft entdeckte ich einmal
einen kleinen Rahmen mit den Porträts zweier Kinder, Seite
an Seite. Karin, eine Schleife in den Haaren und ein fröhliches
Strahlen in den Augen, und Gert, ein sanftes Lächeln um die
Lippen. Die Kutschera-Kinder lebten weiter, gut geschützt zwischen Fotos aus glücklichen Zeiten. Lilli Ernsthaft hat sie nicht
vergessen. Aber statt ihrem Schicksal nachzuhängen, blätterte
sie lieber in ihrem Adressheft weiter, ließ die Bekanntschaften
und Freundschaften, die sie als verheiratete Frau zwischen den
Kriegen pflegte, Revue passieren, die mit Titel und Ehren be-
hängten Berühmtheiten, die sie frequentiert oder zumindest von
weitem gesehen hatte ... Die Dr. Hof- und Gerichtsadvokaten,
die Frau Legationsrat, die Generaldirektoren und Kommerzien-
räte, die Nichte des *bekannten* Schriftstellers Oskar Blumental,
den Dr. Lahmann, Direktor des Sanatoriums Weißer Hirsch in
Dresden, *damals sehr berühmt!,* wo Heinrich jedes Jahr im Mai
eine Regenerationskur absolvierte, den Baron von Tucher, Eigentümer der Brauerei Tucher, die sie *mit großer Herzlichkeit*
aufgenommen hatte, den Heldentenor Franz Völker und seinen
Sohn, den Kammersänger Georg Völker, Frau Dr. Steiner, die
Schwester von George Grosz ... Alle diese Akteure des *sehr ab-
wechslungsreichen Privatlebens* von Lilli und Heinrich Ernsthaft.

53

Sie schmeichelte sich sogar damit, bei der letzten Station ihrer Hochzeitsreise, im Hotel Fürstenhof von Nürnberg, in derselben Wanne mit vergoldeten Armaturen gebadet zu haben wie der Kaiser Wilhelm ein paar Jahre vor ihr. Die Eitelkeit siegte über den Ekel, der beim Gedanken an die körperliche Intimität, die sie im Seifenwasser mit einem alten fetten Kaiser mit erschlafftem Fleisch geteilt hatte, in ihr aufstieg.

Die schönste Trophäe der Lilli Ernsthaft jedoch war Fritz Aschinger, einer der besten Kunden ihres Mannes. Man lernte sich im Weinhaus Rheingold an der Bellevuestraße in der Nähe des Potsdamer Platzes, dem gefragtesten Restaurant der Stadt, «privat kennen». Fritz Aschinger war Inhaber des größten Hotel- und Gastronomiekonzerns Europas. Lilli erzählte vom Geniestreich ihres Freundes: «Die Hunderte von Stehbierhallen, wo man für einen niedrigen Preis eine köstliche Erbsensuppe bekam, zu der man so viele Brötchen essen konnte, wie man wollte.» «Beste Qualität bei billigstem Preis!» hieß der Slogan des Hauses Aschinger, das sich den neuen, beschleunigten Rhythmus der Kapitale zu eigen machte. Die Angestellten kehrten zum Mittagessen nicht mehr nach Hause zurück. Man musste schnell und billig essen und satt vom Tisch aufstehen. Zum Aschinger-Imperium gehörten auch die feinsten Hotels Berlins, wie das Bristol Unter den Linden, das Palast-Hotel am Potsdamer Platz, das Hotel Kaiserhof und das Fürstenhof gegenüber dem Haus Vaterland. «Im Hotel Fürstenhof», erinnert sich Lilli, «haben wir bald nach unserem Kennenlernen jeden Sonnabend zu Abend gegessen, und zwar gab es als Vorspeise immer Kaviar und als Nachspeise immer Crêpes Suzette, die am Tisch flambiert wurden.»

Lilli Ernsthaft erzählte von der Reise nach Montreux in ein

sehr nobles Hotel mit Balkon über dem Genfersee: «Zum Frühstück trafen wir uns alle, das heißt Fritz Aschinger und seine in Italien lebende Schwester Frau Legationsrat Elisabeth Kermektchiew, mein Mann und ich, im Zimmer von Kommerzienrat Lohnert und seiner Frau. Wenn der Zimmerkellner das Frühstück gebracht hatte, schloss Herr Kommerzienrat die Tür ab, ging an seinen Schrank und entnahm ihm einen Koffer, in dem sich, man höre und staune, diverse Aschinger-Würste befanden. Der Herr Kommerzienrat zog aus seiner Westentasche einen Messerschärfer, schliff das Hotelmesser und säbelte jedem von uns ein großes Stück Wurst ab.»

Die schönste Episode dieser atemberaubenden Show jedoch war der Aufenthalt mit den Aschingers in einer Suite des Hotels Claridge, «dem feinsten Pariser Hotel an den Champs-Élysées», wo sie vom Hoteldirektor «fürstlich» aufgenommen wurden. «Bei unserer Ankunft standen in jedem Zimmer Blumen bereit, eine große Bonbonniere für die Damen und Zigarren für die Herren. Als wir abfuhren, gab es keine Rechnung zu bezahlen, sicher wegen des in der Gastronomie weltweit bekannten Namens Aschinger. Doch unsere drei Herren, Aschinger, Lohnert und Ernsthaft, erwiderten diese großzügige Geste mit einem mindestens ebenso großzügigen Geschenk: Sie ließen beim Juwelier Hülse in Berlin eine goldene Tabatiere mit den Initialen des Hoteldirektors anfertigen. Die Initialen bestanden aus kleinen Brillanten.»

Alle diese funkelnden Namen, die sie in ihrem sprudelnden Bericht aufblitzen ließ, überstrahlten die Tragödien ihres Lebens. Die schwarzen Wolken zerstreuten sich. Ich sah zu, wie sie durch die hohen Fenster davonzogen und am hellen Himmel unserer friedlichen Nachmittage in weite Fernen abdrifteten ... Und ich wagte nicht, sie zurückzuhalten. Auch nicht für einen ganz kurzen Augenblick. Ich getraute mich nicht, die Fragen zu stellen, die mir auf den Lippen brannten.

Es war ihr Naturell. Lilli Ernsthaft glich eher ihrem fröhlichen Vornamen als dem strengen Familiennamen ihres dreiunddreißig Jahre älteren Ehemannes. Sie wollte sich nicht über ihr erlittenes Unglück ausbreiten. Die Kriegserklärung Deutschlands an Russland am 1. August 1914? «An einem schönen Sommertag fuhren meine Eltern mit mir nach Potsdam. Wir gingen durch den herrlichen Park in ein am Wasser gelegenes Restaurant, um zu Mittag zu essen. Wir saßen auf einer großen halbrunden Terrasse mit Blick auf die Havel. Gerade hatten wir beim Kellner das Essen bestellt, als ein Zeitungsjunge durch das Lokal gelaufen kam und laut schrie: ‹Deutschland hat Russland den Krieg erklärt!› Das hatte zur Folge, dass mein Vater dem Kellner das Essen bezahlte und wir zu meinem großen Leidwesen fluchtartig und hungrig das Lokal verließen. So endete der Sommerausflug 1914 in das wunderschöne Potsdam. Mit zwölf vermag man die Tragweite eines solchen Ereignisses noch nicht richtig einzuschätzen.» Und hätte sie nicht beiläufig erwähnt, dass sie mit den Eltern in der Volksküche essen ging, die auf unserem Platz eingerichtet war, hätte man beim Zuhören glatt vergessen können, dass die Deutschen während des Krieges unter der Hungersnot litten. Lilli sammelte auch mit einer Büchse Geld für die verwundeten Soldaten, und sie entrichtete dem Krieg ihren Tribut: «Mein Lieblingsvetter ist aus dem Feld nicht mehr zurückgekehrt. Er ist ‹fürs Vaterland› gefallen, das fünfundzwanzig Jahre später nicht mehr unser Vaterland sein wollte.» Sie kam kurz auf die Abdankung des verehrten Kaisers zu sprechen, den sie als Kind mit ihrem Vater am Sonntagmorgen mit Kaiserin Auguste Viktoria in deren Equipage vom Schloss die Linden hinunter zum Brandenburger Tor fahren sah, ganz ohne Leibwächter und Sicherheitspolizei. «Die Menschen jubelten ihm zu, und auch wir winkten und riefen: ‹Hoch›, auf die Ausrufung der Republik, den Spartakusaufstand, die Ermordung Rosa Luxemburgs und Karl Liebknechts, den Kapp-Putsch … All diese Ereignisse, die zur Folge hatten, dass wir leider keine ruhige Nachkriegszeit erleben durften.» Die schreckliche Inflation der zwanziger Jahre, der Finanzsturm, der auch durch unsere Straße tobte, mehrere Bankrotte auslöste und sie mit Arbeitslosen und gar einigen Bettlern bevölkerte? «Ein einschneidendes Ereignis, das mich weniger tangierte als sicher die meisten Deutschen, denn ich schwebte als junge Frau im siebenten Himmel und interessierte mich mehr für die österreichische Küche, die ich zwar aus meinem Elternhaus kannte, aber weder dort noch in meinem neuen Heim selber praktizieren musste, weil zu Hause eine langjährige Wirtschafterin den Haushalt und die Küche versah.»

Selbst der Machtantritt Adolf Hitlers am 30. Januar 1933 schien nichts als eine weitere Unannehmlichkeit in dieser Weimarer Republik zu sein, die die Regierungen wechselte wie die Männer die gestärkten Hemden: «Der politische Himmel verdüsterte sich. Wir waren zu der Zeit mit Freunden in Karlsbad. Eines Morgens saßen wir friedlich bei unserem Morgenkaffee, als durch ein offenes Fenster die Rundfunkstimme Hitlers ertönte. Schon sie allein hatte etwas Beängstigendes, obwohl wir natürlich nicht ahnten, was die Herrschaft dieses Mannes für uns bedeuten sollte. Nach dem Jahr 1933 ging es für uns stetig bergab. Wir waren Parias.» Nie erzählte sie von den entsetzlichen Zeiten, die sie durchgestanden hat. Sie hatte eh nichts übrig für «diese Manie des deutschen Fernsehens, das sich gezwungen fühlt, jeden Abend den Holocaust aufzuwärmen. Jedes Mal weckt das meinen Kummer.» Nur am Abend, wenn sie allein vor dem Fernseher saß und in den Tagesthemen – «Krimis und Pornos lehne ich ab! Hin und wieder tue ich mir eine Talkshow an» – die Horden von Skinheads Anfang der neunziger Jahre in den ostdeutschen Städten vorbeidefilieren sah, bekam sie Angst. Und wenn es wieder von vorne losging?

Einzig in einem ledergebundenen Heft mit dem Titel «Mein Leben» erzählte sie von den dreißiger Jahren, dem Krieg und davon, wie sie selbst, ihr Mann Heinrich und ihr Sohn Harry im Dritten Reich überlebt hatten. Ihre Nichte Elga war eines Morgens aufgekreuzt, die Schreibmaschine unter dem Arm und ein energisches Lächeln auf den Lippen.

«Tante Lilli, es ist Zeit, deine Memoiren zu schreiben!»

«Wen außer dir soll denn das interessieren?»

«Ab jetzt komme ich jede Woche, und du diktierst mir deine Lebenserinnerungen in die Maschine!»

Elga, Lektorin bei Aufbau, dem großen DDR-Verlag, spürte, wie kostbar Tante Lillis Zeugnisse waren. Elga war sechzehn gewesen, als Harry eines Morgens im Haus ihrer Eltern in Johannisthal aufkreuzte. Er hatte den gelben Judenstern von seiner Jacke gerissen und war aus dem Clou geflohen, einem großen Tanzlokal in der Friedrichstraße, wo die Juden im Rahmen der «Fabrikaktion» am 27. Februar 1943 vor dem Abtransport nach Polen versammelt wurden.

Jede Woche hörte man aus der Wohnung im zweiten Stock das Tack-tack-tack der Schreibmaschine. Tack-tack-tack ... Mit Pausen, Stockungen, Sprüngen, plötzlichen Aussetzern, dann wieder langen Strecken regelmäßiger Anschläge. Elgas Finger hüpften und stolperten über die Tasten. Sie hatte es eilig. Sie hatte Angst, nicht mithalten zu können, von den Erinnerungen überholt zu werden, die Tante Lilli, zum ersten Mal, herausprudeln ließ. Tack-tack-tack … Der Aufstieg der Nazis: «1937 muss Heinrich, als die politischen Verhältnisse ihn zwangen, sein Geschäft für einen lächerlichen Betrag an einen seiner Mitarbeiter verkaufen. Das Geld ging auf ein sogenanntes Sperrkonto, von dem er nichts abheben durfte.» Der Anschluss Österreichs im März 1938: «Nun waren wir plötzlich deutsche Staatsangehörige und unterstanden voll und ganz den deutschen Behörden, und alle schrecklichen, auf die Juden bezogenen Verfügungen galten nun auch für uns.»

Sie erzählte von dem Schmuck und den drei großen Kartons mit Silbergegenständen, die sie bei der Pfandleihanstalt zwangsabliefern musste. Ihre echte Perlenkette! Ihre mit kleinen Brillant- und Saphirsplittern besetzte Platinuhr, deren Armband aus fünf Reihen weißer und schwarzer Perlen bestand! Ihre goldene Damentasche mit Saphircabochonverschluss! Heinrichs goldene Manschettenknöpfe aus vier Louis-d'or-Münzen! Und seine goldene Zigarettendose! Die zwei silbernen Konfektschalen, als Wagen und Schlitten gearbeitet, und das komplette Chippendale-Silberbesteck für 12 Personen plus eine Suppenkelle, ein Tranchierbesteck, zwei Fleischgabeln, einen Gemüselöffel, einen Soßenlöffel, ein Butter- und ein Käsebesteck! Die städtische Pfandleihanstalt zahlt ihr für die Stücke einen völlig lächerlichen Betrag.

Lilli Ernsthaft erzählte von den Lebensmittelkarten, die es ab Kriegsausbruch gab und mit einem «J» gekennzeichnet waren.

Die Juden erhalten keinen Fisch und kein Fleisch. Und an Juden dürfen nur «Grobgemüse», Kohlrüben, Weißkohl usw. verkauft werden. Und auch das nur zu vorgeschriebenen Zeiten. Sie erinnert sich, als sei es gestern gewesen, an die zwei SS-Leute, die eines Morgens an die Tür der Wohnung in der Nummer 3 klopften und vier Radioapparate mitnahmen (Firmen Blaupunkt, Loewe und Nordmende), einen Fotoapparat (Marke Kodak), den Zeiss-Ikon-Feldstecher, das Bügeleisen und die Heizsonne. Sie erzählt von dem Maulwurf- und dem Sealmantel, dem Zobel- und dem Blaufuchskragen, von denen sie sich trennen musste! Und von dem schönen Mercedes, einem Geschenk von Heinrich, der ihr – samt Führerschein – weggenommen wurde!

Ein besonders traumatisches Kapitel war Harrys «Dienstverpflichtung» zur Müllabfuhr gleich nach dem Abitur. Müllabfuhr ... Das Symbol des Abstiegs selbst. Ich höre den Ekel in Lilli Ernsthafts Stimme, die damit endgültig aus dem wohlbehüteten Kokon der Privilegierten meiner Straße herauskatapultiert wurde: «Da damals die Mülltonnen noch auf den Schultern getragen werden mussten, ging er stets sonntags in den Keller und übte, die fast vollen Tonnen auf die Schultern zu hieven. Einmal, als Harry mittags bereits todmüde war, streckte er sich auf dem Müll aus und schlief. Als er erwachte, sah er eine Ratte über seinen Bauch davonlaufen. Die Müllfahrer müssen zumeist keine Nazis gewesen sein. Obwohl es ihnen verboten war, sich mit jüdischen Hilfskräften privat zu unterhalten, hat einmal einer zu ihm gesagt: ‹Mach dir nichts draus, Junge. In ein paar Jahren seid ihr wieder feine Herren, und wir fahren immer noch Müll.›»

Sie beschrieb die Deportation der Juden meiner Straße: «Eines Tages, als Harry gerade in der Badewanne saß, klingelte es, und als ich die Tür öffnete, standen zu meinem Entsetzen zwei

Gestapomänner vor der Tür und verlangten Harry Ernsthaft zu sprechen. Zu Tode geängstigt, sagte ich ihnen, dass mein Sohn gerade bade, ich ihn aber sofort rufen würde. Als Harry im Bademantel vor ihnen erschien, forderten sie ihn auf, sich schnell anzuziehen und mit ihnen in unser Hinterhaus zu gehen, wo im ersten Stock ein altes jüdisches Geschwisterpaar, Bruder und Schwester, auf gepackten Koffern saß. Sie waren zum Abtransport in den alten Tempel in Moabit bestellt worden. Die alten Leute waren zu schwach, die Koffer selber zu tragen, und deshalb war Harry von der Gestapo als Gepäckträger ausersehen worden. Man kann sich vorstellen, in welcher Verfassung mein Mann und ich zurückblieben, von der Angst gepeinigt, dass sie unseren Sohn gleich dortbehalten würden. Wir saßen zitternd vor Furcht in unserem Schlafzimmer. Um zehn Uhr abends kam Harry endlich zurück. Er war sichtlich verstört und gab uns auf unsere Fragen nur ausweichende Antworten, um uns nicht noch mehr zu ängstigen. Wir hörten später, dass sich dort fürchterliche Szenen abgespielt hatten.»

Einige Tage später besuchten Heinrich und Lilli Ernsthaft ihre Nachbarn, die Grunds, die in einer Parallelstraße wohnten. «Plötzlich klingelte es an der Tür. Herr Grund öffnete. Und wir hörten: Gestapo! Mein Mann und ich flüchteten schnell in ein hinteres Zimmer. Zu unserem Entsetzen wurden Herr und Frau Grund abgeholt. Man kann sich vorstellen, was für ein entsetzliches Erlebnis dieser Abend für uns war. Frau Grund war eine bildschöne, hochgewachsene Blondine, die arischer aussah als die meisten Arierinnen. Wir erhielten von ihnen noch Post aus Polen, wo Frau Grund als Kellnerin deutsche Soldaten bediente. Sie sind beide umgekommen.»

Mit dem mondänen Leben in der Nummer 3 war es vorbei:

«Wir zogen uns immer mehr in unsere vier Wände zurück. Mein Mann, der kurz vor Ausbruch des Krieges siebzig Jahre alt wurde, fühlte sich seelisch und körperlich immer schlechter. Er, der früher ein glänzender Tänzer war, ging jetzt gebückt am Stock.» Harrys Bar-Mizwa, die Lilli Ernsthaft in ihrer Assimilierungsbemühung lieber mit dem protestantischen Wort «Einsegnung» bezeichnete und die im «Tempel» in der Prinzregentenstraße stattfand, war «die letzte größere Festlichkeit mit dem Rabbiner und sehr vielen lieben Gästen in der Wohnung, bevor mehrere Räume beschlagnahmt wurden, um jüdische Familien unterzubringen, die dort versammelt wurden, bevor sie nach Auschwitz deportiert wurden». Die Wohnung der Ernsthafts verwandelt sich in ein Minighetto. In dem einen Vorderzimmer ein alter Herr, in dem anderen ein Ehepaar Winter und in dem Mädchenzimmer der Sohn des Ehepaars, Rudi. Er war gleich alt wie Harry und machte eine Lehre zum Optiker. Die Ernsthafts lebten zu dritt in ihrem Schlafzimmer. «Man kann sich vorstellen, dass es mit der Küchen- und Badbenutzung einige Probleme gab. Aber es waren alle friedfertige Menschen, und wir haben uns gut vertragen. Die in unserer Wohnung einquartierten Glaubensgenossen wurden nach und nach deportiert. Immer wieder konnte man auf der Straße Lastwagen fahren sehen, in denen Juden zum Abtransport gesammelt wurden.»

Der Stille Portier in der Eingangshalle erweckt diese Mitbewohner wieder zum Leben, die Lilli Ernsthaft zu vergessen sich gezwungen hatte.

Lilli und Heinrich Ernsthaft sind der Deportation entgangen. Am 15. September 1942 um 22 Uhr wurden sie mit zwei gepackten Koffern ins Jüdische Krankenhaus in der Iranischen Straße gebracht. Eine «Übersiedlung». «Der Transport», berichtet Lilli, «erfolgte nicht etwa mit einem Personenauto, sondern mit einem Lastwagen.» Das Jüdische Krankenhaus bildete eine Insel im Nazi-Sturm, «ein KZ mit menschlichem Antlitz!», ironisiert Lilli Ernsthaft. «Doktor Goebbels hatte einige Zeit vorher eine Erklärung veröffentlicht, wonach alte und kranke Juden, 250 an der Zahl, vorerst im Jüdischen Krankenhaus Aufnahme finden sollten. Ich habe mich immer gefragt warum.» Das Krankenhaus ist die einzige jüdische Einrichtung, die samt jüdischen Ärzten, Krankenschwestern und Patienten die Nazi-Zeit überlebte. Der Klinikbetrieb blieb die ganze Zeit aufrechterhalten. Um die 800 Juden überlebten. Ein Refugium inmitten der Hauptstadt des Dritten Reichs, «eine Attrappe», sagt Lilli Ernsthaft, «um der ganzen Welt zu zeigen, wie gut die Nazis ihre Juden behandelten.» Regelmäßig kam ein Mitarbeiter von Adolf Eichmann, dem Organisator der «Endlösung», vorbei. Diese Besuche dienten dazu, mit Dr. Lustig, dem Krankenhausdirektor, nach dem Zufallsprinzip jene auszuwählen, die deportiert werden sollten.

Lilli Ernsthaft wurde Sekretärin des Verwaltungsdirektors. Die Ernsthafts bewohnten ein winziges Zimmerchen im Erdgeschoss: «Ein Schreckenserlebnis, das sich allwöchentlich wiederholte, war der Besuch der Gestapo. Dann mussten sich zahlreiche Insassen in Reih und Glied auf dem Hof aufstellen, und der Krankenhausdirektor Dr. Lustig mitsamt den Gestapobeamten standen vor ihnen und zeigten mit dem Finger auf die Personen, die abtransportiert werden sollten. Das muss der Grund sein, warum Dr. Lustig gleich nach Kriegsende von den Russen vermutlich als Kollaborateur erschossen wurde. Es ist mir heute noch ein Rätsel, warum weder mein Mann noch ich uns mit den anderen auf den Hof stellen mussten. War es ein Zufall oder eine Sympathiekundgebung von Dr. Lustig, dass wir von diesen Selektionen verschont blieben?»

Ende 1943 kam Elsbeth Doller, Lilli Ernsthafts Mutter, zu Besuch, um sich von ihrer Tochter zu verabschieden. Elsbeth Doller hatte die Erlaubnis bekommen, vor ihrer Deportation nach Theresienstadt im Jüdischen Krankenhaus ihre Zähne pflegen zu lassen. Lilli erinnerte sich noch an die letzten Worte ihrer Mutter: «Lilli, du hast ja schon ein paar graue Härchen!», an ihr Lächeln und ihre munteren kleinen Handzeichen, als der Lastwagen sie wegführte: «Das war das letzte Mal in diesem Leben, dass ich meine Mutter gesehen habe.»

Einzig die Anwesenheit einiger Mitglieder der Hautevolee im Keller des Krankenhauses während der «Bombenschwärme, die auf Berlin niedergingen», konnte Lilli Ernsthaft ein wenig aufheitern: «Die Kranken lagen Tag und Nacht im Keller. Unter ihnen befanden sich einige prominente Persönlichkeiten wie etwa Theodor Wolff, der langjährige Chefredakteur des ‹Berliner Tageblatts›, und Ludwig Katzenellenbogen, ein in der Bierbranche bekannter Mann, der einstige Ehemann der berühmten Schauspielerin Tilla Durieux, schillernder Star der Berliner Bühnen. Beiden erwies ich dann und wann Liebesdienste, indem ich sie fütterte oder ihnen Gesellschaft leistete.»

Harry verbringt zwei Jahre, von März 1943 bis April 1945, versteckt im Keller bei seinem früheren Kinderfräulein Grete Rönnfeldt in Neuenhagen bei Berlin. Grete Rönnfeldt lebt mit ihren drei Töchtern in einem Einfamilienhaus. Der Mann Fritz ist an

Die Straße, 1915

Der neue angelegte Schmuckplatz, 1908

Festumzug der Bäcker-Zwangsinnung Schöneberg, 1911

Die ersten Bewohner: Lilli Ernsthaft und ihre Mutter
am Fenster ihrer Wohnung in der Nummer 3

Heinrich und Lilli Ernsthaft
mit ihrem Sohn Harry,
1925

Lilli Ernsthaft und Josephine Kutschera

Ausweis für die «Personne Déplacée» Lilli Ernsthaft, 1947

Die Hochzeit von Miriam Blumenreichs Eltern

Miriam mit ihrer Mutter Klara Fiegel

Klara Fiegel als Kindergärtnerin

Miriam Blumenreich in
Kiryat Bialik heute

Der vierzehnjährige Jochanan Beer auf dem Schiff
von Triest nach Haifa, 1938

der Front. «Selbstverständlich», hat Grete Rönnfeldt geantwortet, als ihre ehemalige Herrin sie fragte, ob sie ihren Sohn verstecken könne. «Aber selbstverständlich war es beileibe nicht, dass eine Familie mit drei kleinen Kindern ihr Leben und ihre Existenz riskierte, um einen illegal lebenden Juden zu retten», betonte Lilli.

Grete erzählt den Kindern, Harry sei ein Kamerad ihres Vaters, aber niemand dürfe wissen, dass er im Hause ist, sonst würden ihre Eltern getötet und sie selbst kämen in ein Waisenhaus, und das wollen sie doch nicht, oder? Auch die Großeltern, die ein Häuschen nebenan haben, dürfen nichts von Harrys Anwesenheit erfahren. Eines Tages, als der Schatten «eines männlichen Wesens» vor dem Fenster des Schlafzimmers ihres Sohnes, der an der Front ist, auf und ab geht, verdächtigt Frau Rönnfeldt-Mutter ihre Schwiegertochter, «einen heimlichen Liebhaber» zu haben. Harry lebt im Keller, der nur durch ein kleines Fensterchen erleuchtet ist. Ein Schrank verdeckt die Tür. Harry geht nur nachts in den Garten hinaus. Er gibt den Mädchen Klavierunterricht, macht mit ihnen Hausaufgaben und hält während des ganzen Jahres 1944 in einem Taschenkalender und einem eigenartigen Nebeneinander die Großangriffe auf Deutschland und die Opernarien im Radio fest («Mosquito-Angriff, Rosenkavalier», schreibt er am 11. Juni), die er auf einem Hocker in der Besenkammer anhört, während Grete kocht. Er lässt die Tür halboffen, um atmen zu können. «Seit wann magst du Opernmusik, Grete?», fragt Tante Trude, die eines Sonntagmorgens unerwartet in die Küche hereinschneit. «Mach mal den Quatsch aus!» Eines Abends treffen sich Harry und seine Mutter in der Oper. «Zu unserem fürchterlichen Schrecken», erinnert sich Lilli, «entdeckten wir hinter uns zwei ehemalige Mitschüler aus

Harrys Klasse. Diese Feststellung bewog uns, die Oper in der Pause zu verlassen.»

Als am 5. Mai 1945 die Russen im Jüdischen Krankenhaus eintreffen, entdecken sie im Luftschutzkeller um die hundert verstörte Menschen. Die Russen können nicht glauben, dass noch Juden am Leben sind. «*Hitler kaputt!*» rufen sie. «*Niet, niet Juden!*» Plötzlich steht am Bett von Heinrich Ernsthaft ein Russe. Er durchwühlt den Schrank der Ernsthafs auf der Suche nach Wertvollem. «Wir waren uns bewusst, dass die Russen unsere Befreier waren, aber erst einmal tobten sie ihre Siegesfreude in nahezu vandalischen Akten aus: Sie benutzten die Schreibpulte als Toiletten, warfen in der Apotheke des Krankenhauses sämtliche Medikamente auf die Erde, und es soll auch Vergewaltigungen gegeben haben. Andererseits stellten sie auf unserem Hof Gulaschkanonen auf. Kinder erhielten Süßigkeiten. Wir waren glücklich, das Dritte Reich überlebt zu haben, und fühlten uns von einem furchtbaren Joch befreit. Was jetzt an Lasten auf uns zukam, teilten wir mit der übrigen Bevölkerung.»

Eine Nadel im Heuhaufen

106 Juden sind aus meiner Straße deportiert worden. Das ergibt die Zählung des Berliner Gedenkbuchs. 106 in einer nicht allzu langen Straße. Möglicherweise waren es noch mehr. Manche wohnten nur vorübergehend hier. Um das Einsammeln am Tag der Deportation zu erleichtern, wurden Familien aus anderen Vierteln zwangsweise bei jüdischen Mietern der Straße eingewiesen. Doch die meisten von ihnen hatten jahrelang hier gelebt. Mehrere Familien in jedem Haus. Mehrere Dutzend Einträge im Telefonbuch, solange das erlaubt war.

Wenn ich auf dem Nachhauseweg von der U-Bahn-Station aus die ganze Straße ablaufe und den Blick über die Fassaden schweifen lasse, versuche ich der unermesslichen Grausamkeit dieser Zahlen konkrete Konturen zu geben. Ich zeichne Gesichter auf die aufgelisteten Namen, stelle Miniaturszenarien zusammen: Ernsten Gesichts und energischen Schrittes verlassen die Kaufmänner Albert und Salomon Schidlowitz am Morgen die Nummer 2. Der Kaufmann Cäsar Cohn mit seinem imperialen Vornamen bespäht von seinem Balkon in der Nummer 11 herab die Straße. Ich schreibe ihnen Charakterzüge zu: War die Witwe Emma Stillschweig (Nummer 2) ein unverbesserliches Plappermaul? Und Sidonie Pfeffermann (Nummer 17) so keck, wie es ihr Name nahelegt? Isidor Apfel (Nummer 6) lebte unweit von seiner Seelenverwandten Doris Saft (Nummer 10). Isidor Lazarus und Felix Bing waren Flurnachbarn in der Nummer 19. Man muss sich ihre Begegnung im Treppenhaus vorstellen: «Guten Morgen, Herr Lazarus!» – «Guten Morgen, Herr Bing!» Der Kaufmann Arthur Deutsch (Nummer 7) teilte mit der Konzertsängerin Fanny Opfer (Nummer 17) einen prophetischen Namen. Aber jedes Mal, wenn ich versuchte, ihre Leben zu erfinden, stolperte ich über dieselbe Frage: Was ist aus ihnen geworden?

War es möglich, dass die Juden meiner Straße, die in den dreißiger Jahren hellsichtig und reich genug waren, um rechtzeitig zu fliehen, noch am Leben waren? Die Überlebenden einer so gewöhnlichen Straße zu finden ... Das war die Suche nach der Nadel im weltumfassenden Heuhaufen. Aber aus lauter Pflichtbewusstsein, um mir nicht meine mangelnde Chuzpe vorwerfen zu müssen, versuchte ich mein Glück. Ich gab eine Suchanzeige in der Zeitschrift «Aktuell» auf, die der Berliner Senat zweimal jährlich für die letzten noch lebenden, in alle Welt zerstreuten Berliner Juden herausgibt: «Wer wohnte in meiner Straße?» Die Leser sind nicht mehr sehr zahlreich. Nur 7758 Abonnenten. Und mit jedem Jahr werden es ein paar Dutzend weniger. Die meisten leben in den Vereinigten Staaten oder in Israel. «Aktuell» bietet ihnen eine dürftige Verbindung mit dem Berlin ihrer Kindheit. «Wir berichten, was in Ihrer Heimat geschieht», verspricht die Redaktion. Was absurd ist, weil die große Mehrheit von ihnen keine deutsche Staatsangehörigkeit mehr hat und nach Kriegsende nur ein oder zwei Mal für einen kurzen Besuch nach Berlin gekommen ist. Zynischerweise könnte man sagen, sie seien als «Touristen» gekommen. Sie haben ihr Leben anderswo neu aufgebaut. Und sie haben nie auch nur einen Augenblick daran gedacht, wieder in Berlin zu leben. Es war zu viel geschehen.

Meine Suchanzeige erschien auf der vorletzten Seite. Ein lachsfarbener Kasten. Ich machte mir keine Illusionen und vergaß dieses von vornherein zum Scheitern verurteilte Unternehmen augenblicklich wieder.

Bis zu dem Nachmittag, als ich nach Hause kam und auf meinem Anrufbeantworter die dröhnende Stimme der Miriam Blumenreich hörte. «Hallo, hallo, hier spricht Miriam Blumenreich aus Kiryat Bialik in Israel! Ich bin am 3. September 1922 in der Nummer 3 geboren. Rufen Sie mich zurück!» Miriam Blumenreich war nicht die Einzige. Dreizehn haben auf meine Anzeige geantwortet. Aus New York, Berkeley, Boca Raton, Lexington, Haifa und Randwick kamen Lebenszeichen von ehemaligen Bewohnern meiner Straße. Briefe in kleiner, krakeliger Schrift und altmodischem Deutsch. E-Mails auf Englisch. Zitternde, kaum hörbare Stimmen auf dem Anrufbeantworter.

Da war der winzige Umschlag von Marion Weiner aus New York. Auf blauem Papier stand dieser Satz von erschreckender Banalität: «Alle wir ‹survivors› sind nicht wohlauf.» Am oberen Ende des Blattes klebt ein Vergissmeinnichtkranz. Inge Letkowitz aus New York rief aus, als könnte sie es noch immer nicht fassen: «Ich habe überlebt!» Henry P. Beerman meldete sich aus Lexington. Er war der Freund von Harry Ernsthaft, Nummer 3, zu Zeiten, «als sie noch beide jung und hübsch waren». Er stand kurz vor dem 85. Geburtstag und stellte die bescheidene Bilanz seines Lebens auf: «Im Großen und Ganzen war es ein großes Leben. Ich kann mich nicht beschweren.» Walter J. Waller aus Boca Raton in Florida vertraute mir in seiner E-Mail auf Englisch an:

69

«Ihre Anzeige in ‹Aktuell› war wie eine Stimme aus fernen Zeiten: Ich spielte als Kind mit Harry und unserem gemeinsamen Freund John Meyer in Ihrer Straße.» John Meyer war zwei Jahre zuvor in Palm Beach gestorben. «Und ich bin leider immer noch da», schloss Walter J. Waller.

Ich hörte Hannah Kroner-Segal aus New York durch die Zeilen ihrer E-Mail hindurch lachen: «I am the needle in your haystack!» (Ich bin die Nadel in Ihrem Heuhaufen.) Sie war eines Abends zufällig auf meine Anzeige gestoßen, als sie zerstreut einen Stapel alter Zeitungen sortierte. Um ein Haar hätte sie sie übersehen. Klaus-Peter Wagner aus Rockville entschuldigte sich für seine gequälte Schrift: «Ich leide an Parkinson und sollte eigentlich überhaupt keine Briefe schreiben. Ich bin inzwischen 87 ½ Jahre alt und hätte niemals gedacht, dass ich überhaupt noch schreiben kann, besonders auf Deutsch. Mit besten Grüßen, auch von meiner Frau Yvonne. P. S.: Ich hoffe von Ihnen zu hören.» Einige Monate später schickte er mir einen zweiten Brief, in dem er mir das Leben seines Onkels Louis und seiner Tante Anny erzählte, die vor dem Krieg in meiner Straße gewohnt hatten, «Ich bin beinahe sicher, in den Zwanziger Nummern». Acht handgeschriebene Seiten. Klaus-Peter Wagner hatte nach jedem Abschnitt eine mehrtägige Pause eingelegt und mehrmals den Kugelschreiber gewechselt. Er erzählte mir das Schicksal von Louis und Anny Wagner: «Sie besaßen ein schönes Fabrikationsgeschäft, für feine Toilettenartikel (eine Spezialität waren die Puderdosen, eine Erfindung meiner Tante). Im November 1938 mussten sie gezwungenermaßen das Geschäft schließen. Es gelang ihnen die Flucht nach London per Flugzeug im Februar 1939. Ihr Abflug in Tempelhof war ein großes Ereignis. Dies rettete mir später das Leben, denn mein Onkel fand einen Garanten für mich, seinen früheren Londoner Vertreter, wodurch es meinen Eltern möglich war, mich am 22. August 1939, zehn Tage vor Kriegsbeginn, mit einem sog. ‹Kindertransport› nach London zu schicken.» Die Eltern und die Schwester von Klaus-Peter Wagner schafften es nicht mehr, Deutschland rechtzeitig zu verlassen, «sodass leider alle deportiert und ermordet worden sind». Seine Tante Anny nahm sich eines Nachts in London das Leben. Onkel Louis hat es niemals überwunden.

Wolfgang Simon, Sohn eines nach Auschwitz deportierten Kurzwarenhändlers, der Klarinettist und Musikdirektor geworden ist, schickte einen Luftpostleichtbrief aus Randwick. Er hatte in der Nummer 6 gewohnt. Er beschrieb mir meine Straße: «Es gab wenig Geschäfte, unter anderem einen Herrenfriseur im letzten Haus vor dem Platz, dessen Namen ich vergessen habe. An der Ecke der Hauptstraße war eine Kneipe, die auch als Wahllokal benutzt wurde. Während der letzten – jedenfalls in Berlin – freien Reichstagswahl stand ich auf unserem Balkon, als ein Lastwagen voller Reichswehrmänner mit einer riesigen schwarzrotgoldenen Fahne die Straße entlangfuhr. Durch das Sprachrohr riefen sie: ‹Von der Ostsee bis zur Schweiz trägt jeder ein Hakenkreuz!› Ich war erst 9 Jahre alt, aber ich erinnere mich daran, als ob es gestern passiert wäre. In unserer Straße konnten die Nazis keinen Blumentopf gewinnen. Es gab nur vereinzelte Hakenkreuzfahnen. Ich kannte so viele Deutsche, die das Regime genauso hassten wie wir, und uns persönlich hat niemand jemals was getan. Einige Berliner haben meine Eltern mit Butter, Kaffee und Milch während des Krieges versorgt und haben sie, soweit das möglich war, unterstützt. Das werde ich nie vergessen.»

Jochanan Beer schrieb mir aus Haifa. Er hatte bei seinen Großeltern Martha und Gustav Beer in der Nummer 19 gelebt, «in dieser so gepflegten Straße, etwas links gebogen, mit den Häusern, die wie Soldaten standen». Nach der Abreise ihres Enkelsohnes nach Palästina wurden Martha und Gustav Beer «verwiesen». Die Wohnung musste für Bombengeschädigte freigemacht werden. Sie wurden nach Theresienstadt deportiert, wo beide umgekommen sind. Ihrem Sohn Fritz gelang es zu fliehen, als die Gestapo seine Eltern holen kam. Er starb mit 104 ¾ Jahren in New York. Er stolperte eines Nachts auf dem Weg zur Toilette und schlug sich den Kopf auf.

Jochanan Beer fügte seinem Brief ein winziges Foto der Nummer 19 bei, das er bei seiner ersten Rückkehr nach Berlin gleich nach dem Krieg aufgenommen hat: «Für mich war alles fremd. Ich habe kein Gefühl gehabt. Ich habe das Haus fotografiert, und dann bin ich zum Friseur auf dem Platz gegangen. Die Großeltern hatten ihren Schmuck beim Friseur deponiert. Ich kam in englischer Uniform, sehr grob, sehr frech aufgetreten, weil ich den Verdacht hatte, er sagt: Ich hab gar nichts. Er war aber ehrlich. Vielleicht aus Angst. Was mit den Möbeln und Gold- und Silbersachen geschehen ist, das weiß kein Mensch. Das Kapitel dieser Straße ist für mich abgeschlossen. Was neu gebaut ist, stört meine Erinnerungen an die Zeit damals. Theresienstadt, das ist das Ende des Kapitels unserer Straße.» Und Jochanan Beer schloss: «Meine Frau und ich leben bescheiden und gesund, fügen uns unseren Ärzten, um zu versuchen das Kapital, das wir noch haben an Seele und Körper, zu behalten. Wir sind dankbar für jeden Tag, den wir in Ruhe mit unserer großen Familie genießen dürfen.»

Erica Gorin aus Forest Hills fragte mich: «Was interessiert Sie? Mein Englisch ist besser als mein Deutsch. Viele Grüße.» Die zarten Buchstaben berührten kaum das Papier. Sie unterschrieb mit Erica Lang und Erika Lange. Sie hatte die beiden Namen übereinander gesetzt. Den Immigrationsnamen oben und den der Berliner Kindheit unten. Ihr zweiter Brief, in den Computer getippt, war auf Englisch. Sie erzählte mir, sie habe drei Jahre in meiner Straße gelebt, von 1933 bis 1936. In der Nummer 21. Mit ihrem Vater Hermann, Inhaber eines Unternehmens für Trikotagen en gros, ihrer Mutter Emmy und ihrem kleinen Bruder Hans-Ludwig, genannt Hänschen: «Das Haus, in dem wir lebten, war genauso wie alle andern der Straße. Ich glaube, wir wohnten im zweiten Stock. Es gab nichts Besonderes in der Straße. Ich kann mich an keinerlei Details von Läden usw. erinnern. Einmal saß ich mit meinem Bruder auf dem Platz auf einer jüdischen Bank, und Kinder warfen mit Steinen nach uns. Ich weiß nicht, was schlimmer war. Der Schmerz oder die Demütigung.»

An Feiertagen, so erinnert sich Erica Gorin, begab sich ihr Vater Hermann Lange, Sohn eines Kantors, frühmorgens mit dem Hut auf dem Kopf zur Schule. Er durchmaß die Straße mit erhobenem Kopf und festem Schritt. «Geh aufrecht und sei stolz, dass du Jude bist», rief er seinen jüdischen Nachbarn zu. Und wenn er im Salon in den Schofar blies, sorgte sich seine Frau: «Bitte, Hermann, hör sofort auf! Die Polizei wird kommen.»

Danach reihte Erica Gorin übergangslos die wesentlichen Ereignisse ihres anderen, ihres amerikanischen Lebens auf. Sie war zweimal verheiratet gewesen, das erste Mal 25, das zweite Mal 27 Jahre lang. Eine ihrer drei Töchter, Amy, ist an Krebs gestorben. «Wenn ein Kind stirbt, stirbt ein Teil von dir mit!» Sie vertraute mir den größten Schmerz ihres Lebens an. Ihre Bescheidenheit rührte mich: «Besides, I tried, I think to be a good mother and wife.» (Abgesehen davon gab ich mir Mühe, eine gute Mutter und Ehefrau zu sein.) Die Tastatur des Computers hatte sich selbständig gemacht und auf fette Schrift umgestellt. «**I don't know why the type is so heavy now, the computer and I do not always understand each other.**» (Ich weiß nicht, warum die Schrift auf einmal so fett ist, der Computer und ich verstehen uns nicht immer sehr gut.) Sie sprach ein wenig vom Wetter, *quite unusual for the season*, ziemlich ungewöhnlich für die Jahreszeit. Es hatte vor ein paar Tagen geschneit, und mehrere Nachbarn hatten keinen Strom mehr. Sie war nicht betroffen. *Thank God!* Mit der Hand fügte sie noch hinzu: «P. S.: Ich könnte Deutsch schreiben, aber es wäre steif. Ich fühle mich im Englischen sicherer.»

Englisch tut nicht weh. Es weckt keine schrecklichen Erinnerungen, ruft keine Sehnsucht nach vergangenen Zeiten hervor. Am Tag, als Erica Gorin 1940 den Fuß auf amerikanischen Boden setzte, hörte sie auf, Deutsch zu sprechen. Sogar mit ihrer Mutter und ihrem ersten Ehemann, einem Frankfurter. «Seine Eltern wurden im Konzentrationslager getötet. Wir hatten beide einen solchen Hass auf Deutschland, dass wir mit unserem deutschen Akzent Englisch sprachen. Es war keine große Entscheidung. Es kam ganz natürlich. Nur wenn wir nicht wollten, dass die Kinder uns verstanden, wechselten wir ins Deutsche.» Erica Gorin schickte mir auch die Reime, die sie in der Nummer 21 geschrieben und unter ihrer Matratze versteckt hatte:

«Wie lange noch willst Gast Du sein
in einem fremden Lande?
Hier siehst Du nicht als Bürger drein
Man nennt Dich eine Schande –
O Israel, kehre zurück nach Jeruschalajim
Dort wo der Tempel stand
In Deinem Land.»

«I wanted to become eine Schriftstellerin.» Diesen Mädchentraum bekannte Erica Gorin plötzlich auf Deutsch. Sie vertraute mir auch an, dass sie jeden Abend vor dem Einschlafen mit lauter Stimme *Der Mond ist aufgegangen* aufgesagt hatte, um die Angst zu vertreiben:

Gott, lass uns dein Heil schauen
Auf nichts Vergänglichs trauen ...

Plötzlich strahlte meine Straße in die ganze Welt aus. Sie bevölkerte sich wieder vor meinen Augen. Die Exilierten erzählten mir vom Aufkommen des Antisemitismus, von den «kleinen Pogromen», wie sie die Rempeleien und Spötteleien im Hof des Hohenzollern-Reformgymnasiums nannten. Auf dem Giebel der Schule das Bandrelief mit der Ermahnung: Litteris, Virtuti, Patriae (Für Tüchtigkeit, Gelehrsamkeit, Vaterland). Sie erinnerten sich an den Klassenlehrer SA-Sturmführer Krüger, «aber fair», und an Gertrud Stratmann, die «sehr strenge» Besitzerin der Kaiser-Barbarossa-Apotheke, Nummer 1 des Platzes. Gertrud Stratmann, seit Juni 1931 Mitglied der NSDAP mit der Nr. 541 154, erläuterte dem Finanzamt 1936, wie ich kürzlich in einem Brief entdeckte, die Gründe für ihre schrumpfenden Umsatzzahlen: «In den letzten Jahren machte sich in unserer Wohngegend ein großer Abzug der vorwiegend mosaischen Bevölkerung bemerkbar, wodurch ein Rückgang des Geschäftsumsatzes bedingt wurde.» Sie bat die Behörden um die Aufhebung des Verpachtungszwangs: «Es liegt nicht im Sinne der nationalsozialistischen Weltanschauung, einseitig harte Maßnahmen unter einseitiger Belastung von Personen zu treffen, die auf Grund ihrer nationalsozialistischen Einstellung nicht nur für die Idee gelebt und gekämpft, sondern sich auch dafür geopfert und durch die Tat ihre nationalsozialistische Überzeugung bewiesen haben. Heil Hitler!»

Meine emigrierten Nachbarn hatten Wind bekommen von den Misshandlungen, die Julius Gottschalk angetan worden sind, Eigentümer der Nummer 11, «einem Juden», der – wie der Amtsleiter für Kommunalpolitik am 30. Oktober 1935 festhält – «die Reparatur des Turmes an der Ecke wahrscheinlich aus Ersparnisgründen unterlassen hat. Das Eckhaus hat ein Aussehen, das dem Stadtbilde keine Ehre antut! Der Putz ist teilweise herabgefallen, sodass die nackten Mauern einen hässlichen Eindruck machen. Es steht zu erwarten, dass die Passanten durch Abfallen von größeren Putzstücken gefährdet werden.

Auch möchte ich nicht unerwähnt lassen, dass die Reparatur an den Dächern des Eckhauses äußerst primitiv ausgeführt wurde. Es dient sicherlich nicht der Propaganda für Deutschland während der Olympischen Spiele, wenn wir tatenlos zusehen, wie jüdische Eigentümer nur das Allernotwendigste an den Häusern reparieren lassen, lediglich, um den Anordnungen der Baupolizei nachzukommen, ohne auf das Gesamtstadtbild Rücksicht zu nehmen. Heil Hitler!»

In ihren Briefen verhöhnten sie die Absurdität der Rassengesetze des Dritten Reiches: Die Juden hatten nicht mehr das Recht, Haustiere zu halten oder sich in Gruppen fortzubewegen. Sie beschrieben mir die Blindheit der jüdischen Familien der Straße, die überzeugt waren, Hitler sei nur ein vorübergehender «Spuk» und niemand würde einem alten Mann etwas antun, der in Verdun das Eiserne Kreuz angesteckt bekommen hat. Sie sprachen alle von dieser merkwürdigen Entdeckung, die sie plötzlich machten: Die «Juden» sind nicht diese Karikaturen, die im

«Stürmer» zu sehen waren, diese Figuren mit Hakennasen, dicken Lippen und dem hinterlistigen Blick. Die «Juden», die von den Nazis verfolgt wurden, waren sie, die angesehenen Bürger dieser Straße. Sie mit all ihren Diplomen, Titeln und all ihrem Wissen. Sie, die so einflussreich waren. Sie, die am industriellen, wirtschaftlichen und kulturellen Aufschwung des Reiches mitgewirkt hatten.

Alle sprachen von der Schlinge, die sich immer enger zuzog, von der Flucht, oft in letzter Minute. Von der Entwurzelung in der neuen Welt aus lauter Wolkenkratzern oder Wüste. Ohne Geld, ohne Beschäftigung, ohne sozialen Status. Ihre Väter waren einfache Arbeiter geworden, Hausmeister oder Liftboys in den Hochhäusern von New York, Taxi- oder Busfahrer, Obst- und Gemüsehändler in Jerusalem. Abends saßen diese so gelehrten Bürgerlichen wie Gymnasiasten über Vokabellisten gebeugt. Diese Professoren-Doktoren verloren ihren Akzent nie und bauten ihre Sätze weiterhin nach deutschem Muster auf, setzten das Verb auch im Englischen ans Ende und das Adjektiv im Hebräischen vor das Substantiv. Blieben bis ans Ende ihrer Tage unfähig, sich vom Gerüst ihrer Muttersprache zu trennen. Sie küssten in der neuen Welt den Damen weiterhin die Hand und lüfteten den Hut, wenn sie einen Bekannten trafen. Sie legten nie die Jacke ab, verließen das Haus nie ohne Krawatte und vergaßen nie den Blumenstrauß oder die Köstlichkeit für die Dame des Hauses, wenn sie eingeladen waren. Alte Schule eben.

Sie kamen aus dem Wundern nicht heraus angesichts der Metamorphose ihrer Mütter. Diese launenhaften, großbürgerlichen Frauen sind zwischen der Feinwäscheabteilung und dem Tresen der Confiseure im KaDeWe groß geworden. Sie, die die Zeit damit vertrieben, Bridge zu spielen und die Dienstmädchen zu ermahnen, fanden sich am Fließband in den Fabriken von Queens wieder, trugen jahrelang dasselbe Kleid, melkten in den Kibbuzim die Kühe und lasen die Äpfel auf.

Sie erzählten mir Geschichten von Flucht, von Terror, Tod und Verlust. Sehnsucht und Wehmut, diese so schönen deutschen Wörter, nahmen in meinen Augen Gestalt an. Doch sie sprachen auch schwelgerisch von ihrer glücklichen Kindheit in den großen, stattlichen Berliner Wohnungen in meiner Straße. Sie vergaßen für einen Augenblick, was danach kam, kehrten zu den unbeschwerten Anfängen zurück. Sie erzählten. Endlich hatten sie ein offenes Ohr gefunden für den Bericht ihres Lebens, von dem oft genug selbst ihre eigenen Kinder nichts hören wollten. Lis Eres, 92, die Tochter des Apothekers in der Potsdamer Straße, bat mich, ihr ihre Zeugnisse und Fotoalben abzunehmen. Ihre drei Söhne, im Kibbuz groß geworden, drängten sie, *all den Kram* zu entsorgen. Sie würden nach ihrem Tod sowieso alles wegschmeißen.

Sie waren die Kinder des Bildungsbürgertums, ein Wort, das ich bei meiner Ankunft in Deutschland nur mit Mühe aussprechen konnte, so schwer und gravitätisch ist es. Der Weg schien vorgezeichnet. In dieser wohlgefügten und auf Erfolg und sozialen Aufstieg ausgerichteten Welt war kein Platz für Unvorhergesehenes. Die Söhne wurden Ärzte oder Anwälte wie ihre Väter. Die Mädchen gingen jeden Morgen unter der behelmten Athena vorbei, die am Eingang des Lyceums und der Studienanstalt für höhere Töchter auf dem Platz zwischen zwei Korinthersäulen wachte. Danach übten sie Schuberts Klaviersonaten und lernten Gänse zu rupfen, sie würden einmal eine gute Partie machen und für ein paar robuste Stammhalter sorgen. All dies unter dem zustimmenden Blick von Goethe und Schiller, die in Feinleder gebunden auf dem Bücherregal standen. Alles so selbstverständlich. Alles tief bürgerlich. Eine Welt, von der niemand sich hätte ausmalen können, dass sie eines Tages für immer verschwinden würde. «Wenn wir einmal nicht mehr sind, ist nichts mehr», sagte Miriam Blumenreich am Telefon.

Ich musste mich beeilen.

Günther Jauch bei
den Jeckes

Eine Sturzgeburt in der Nummer 3. Am 3. September 1931, zwei Monate vor dem Termin. Im Schlafzimmer der Parterrewohnung links, zwei Etagen unter der von Lilli und Heinrich Ernsthaft, plumpste Marianne Gerda Fiegel, wie Miriam Blumenreich am Tag ihrer Geburt hieß, aus dem Bauch ihrer Mutter. Um den jüdischen Geburtshelfer zu rufen, blieb keine Zeit. Man holte die katholische Hebamme aus der Nummer 20. Vier, fünf gewaltige Wehen, und auf dem weißen Laken im Bett ihrer Eltern lag eine blutverschleimte amphibische Kugel. Zweieinhalb eilig in eine Baumwolldecke gewickelte Kilo.

Marianne Gerda hatte sich aus dem engen Beutel herauskatapultiert, wo sie nicht mehr wohin wusste mit ihrer ungeheuren Energie. Unter Einsatz der Ellbogen schob sie ihren Zwillingsbruder, der neben ihr in diesem Wasserparadies trieb, zur Seite. Sie wollte die Welt als Erste betreten. Rolf Günter Simon hatte einige Minuten später seinen verzagten Auftritt. Ein schmächtiges Häufchen, das dem grellen Licht nicht lange standhielt und nach drei Tagen starb. Marianne Gerda verbrachte vier Monate im Jüdischen Krankenhaus in der Iranischen Straße im Brutkasten und wurde jeden Tag mit der abgezapften Milch ihrer Mutter gefüttert, bevor sie in ihrem von einer weißbehaubten Säuglingsschwester geschobenen Kinderwagen meine Straße entdeckte.

Achtzig Jahre später erwartet mich Miriam Blumenreich auf dem Gehsteig vor ihrem Haus in Kiryat Bialik nordöstlich von Haifa, in der Nähe der Ölraffinerien. Auf ihrem dunkelblauen Kleid eine weiße Windengirlande, die ihren idyllischen Namen zu illustrieren scheint. Ich brauche sie nur zu begrüßen, und schon tauchen üppige Gärten, majestätische Bouquets, riesige Frühsommerwiesen vor meinen Augen auf.

Miriam Blumenreich, auf ihren Stock gestützt, hat Mühe, sich auf den Beinen zu halten. Es klingt wie eine Entschuldigung: «Ich hab 63 Kilo gewogen. Dann hab ich Hormone bekommen. Von einem Tag auf den andern bin ich aufgegangen wie Hefeteig. Einfach immer weiter aufgegangen.» Miriam Blumenreich mimt ihre Metamorphose. Sie wölbt die Brust. Zeichnet mit den Armen um ihre Hüfte herum eine Blütenkrone, die immer umfangreicher wird. Tut, als würde sie gleich platzen. Und bricht in Lachen aus: «Ich kann kaum gehen. Auch der Professor Hoffmann konnte nichts machen, um mich aufzuhalten. Er hat zu mir gesagt: ‹Das wird nicht mehr, Frau Blumenreich. Gucken Sie einfach nie wieder in den Spiegel!›» Saubermachen darf sie auch nicht. «Wenn Sie im Rollstuhl sitzen wollen, dann putzen Sie Ihr Haus!», hat er gesagt.

Mit der letzten Rate der Zwangsarbeiterrestitution ihres Mannes Wolfgang hat sich Miriam Blumenreich einen elektrischen Miniwagen gekauft. Sie nennt ihn ihren dreirädrigen Rolls-Royce. Am Steuer dieses lautlosen Geräts durchpflügt sie nun in Höchstgeschwindigkeit ihr Viertel.

Das alles hat mir Miriam Blumenreich in einigen wenigen leutseligen Minuten auf dem Gehsteig erzählt. Sie fasst mich mütterlich um die Taille und schiebt mich zu ihrem von Zypressen und

Bougainvilleen umgebenen Haus, in dem sich ihr Vater, Dr. Dr. Fiegel, Anwalt und Notar aus Berlin, am 17. November 1936 mit seiner ganzen Familie niedergelassen hat. «Alle sind hier zu Hause gestorben!», frohlockt sie. Ihr Mann Wolfgang, ihre Großmutter mütterlicherseits, Else Schiftan, ihre Großmutter väterlicherseits, Tilde, ihre Mutter Klara und deren Vater Herbert, der auf seinem Totenbett in einem Krankenhaus in Berlin, wohin er in den fünfziger Jahren zurückgekehrt ist, um als Restitutionsanwalt zu arbeiten, verfügte, dass sein Körper in *seine Heimat*, nach Israel, überführt werden soll. Miriam Blumenreich ist stolz wie eine Hirtin, der es gelungen ist, ihre kleine Herde vor den Wölfen zu schützen. Sie sind nicht im Lager gestorben. Sie sind nicht auf dem Weg ins Exil gestorben, verängstigt und verstört. Sie sind in ihrem Bett gestorben, umsorgt von den Ihren. Und sie alle liegen auf dem Friedhof von Kiryat Bialik begraben. Ganz nah bei ihrem Haus.

Miriam Blumenreich deutet mit dem Kinn auf die Treppe zum ersten Stock. Da oben wohnt ihre ältere Schwester Alissa/ Ilse. Als ihre Töchter heirateten, teilten die Fiegels ihr Haus in zwei Hälften. Unten: Miriam. Oben: Alissa. Miriam Blumenreich führt mich in ihrem dämmrigen Wohnzimmer an einen niedrigen Tisch. Die Läden sind geschlossen wegen der Hitze. Sie reguliert den Ventilator, zieht die Vorhänge zu, bereitet Obst, Kekse und Tee vor, wühlt in den Couchkissen nach ihrem Handy. Und wird ungeduldig: «Ein Haus ist kein Teig, es kann nichts verloren gehen! Das sagte meine Mutter immer!» Ich packe meine Berliner Mitbringsel aus, um die sie mich gebeten hat. Zwölf Tütchen Käsekuchen-Mix und zwölf Tütchen Sahnesteif. Ich habe bei der Kontrolle am Flughafen eine Heidenangst ausgestanden. Werden mir die Zollbeamten meine Geschichte von einer

82

alten Berliner Nachbarin abnehmen oder eher ein trickreiches Versteck für eine Lieferung Kokain oder Sprengstoff vermuten? Dr. Oetker ist Miriam Blumenreichs Marcel Proust. Käsekuchen, mit schön steifer Schlagsahne überzogen ...

Sie legt ihre ganze Kindheit auf ihren Kaffeekränzchentisch, wenn sie mit ihren deutschen Freundinnen aus Prag freitags und samstags Bridge spielt, weil es da nicht so lange Fernsehen gibt wegen des Sabbats. Miriam Blumenreichs Bridgepartnerinnen sind 90, 91 und 96 Jahre alt. «Die eine hat Darmverschluss. Die andere hört nicht. Aber sie spielen prima. Und vor allem: Sie sprechen nur Deutsch.»

In der Nummer 3 meiner Straße befand sich die Wohnung ihrer Großeltern: Simon Schiftan, reisender Handelskaufmann für Stoffe, und seine Frau Else. Sie ziehen 1905 ein, im selben Monat wie Heinrich Ernsthaft. Die Schiftans und die Ernsthafts unterhalten eine freundliche Beziehung. Ihre Tochter, Klara Schiftan, Miriam Blumenreichs Mutter, war die Kindergärtnerin der Straße. Ihr Kindergarten befand sich in der Parterrewohnung ihrer Eltern. Wie zierlich und hübsch es ist auf dem Foto, das Fräulein Schiftan. Mit sanftmütigem Auge wacht es über die nach Größe an der Fassade aufgestellten Kleinen. Sie umfassen einander an den Schultern, das Gesicht dem Objektiv zugewandt. Die ganze Straße war traurig, als das Fräulein Schiftan 1929 den Dr. Dr. Herbert Rudolf Chaim Fiegel heiratete. Nun würde sie ihre eigenen Kinder haben. Nun würde sie die Arbeit aufgeben.

Das Foto von der standesamtlichen Trauung ist auf den Stufen des Schöneberger Rathauses aufgenommen. Fräulein Schiftan, Pelzmantel, kokettes Damenhütchen und weiße Strümpfe, reicht dem Dr. Dr. Fiegel, langer schwarzer einreihiger Paletot und Zylinder, den Arm. Das Paar ist von seinen Zeugen umrahmt.

Links Walter, Klaras Bruder. Rechts Arnold, Herberts Bruder und sein Ebenbild. Dieselben Ohren, derselbe kleine Schnurrbart, dieselbe runde Brille. Walter und Arnold sind beide Ärzte. Das junge Paar zieht bei den Eltern der Braut in der Nummer 3 ein. «Wenn du willst, dass ich dir von meinen Kunden erzähle, dann wirst du meine Bürovorsteherin», schlägt Herbert Fiegel seiner Frau vor. Frau Fiegel verlässt die Kinder aus ihrer Straße.

Miriam Blumenreich stellt die Sache von Anfang an klar: «Wir waren jemand gewesen in Ihrer Straße in Berlin! Mein Vater war Dr. jur., Dr. rer. pol. Merken Sie sich: zweimal Doktor!» Ich zucke zusammen bei dieser doppelten Denotation, die voller Rage ist. Mein Besuch ist für Miriam Blumenreich die Gelegenheit, ihrem Vater seinen gebührenden Platz zurückzugeben, ganz oben in der Ehrenhierarchie der Straße. Bevor sein Leben aus den Fugen geriet. Bevor ein jüdischer Anwalt 1933 auf offener Straße ermordet wurde. Als Herbert Fiegel an jenem Abend nach Hause kommt, verfügt er: «Schluss, aus! Wir verlassen Deutschland, fertig!» Herbert Fiegel ist nicht Zionist, aber er entscheidet sich für Palästina. Seiner Frau wäre Amerika lieber gewesen. In ihren Augen konnten einzig New York oder Chicago Berlin das Wasser reichen. «Palästina, Palästina», hatte ihr Vater Simon Schiftan gerne gespottet, «Palästina ist ein Punkt auf der Landkarte!» Dieser Großbürger, der während der Inflation sein ganzes Vermögen verlor, hätte sich nie in ein so frommes und so fernes Land vorgewagt, er, der am Tag des Sabbats das Taxi nahm und sich an der Straßenecke absetzen ließ, um wie ein guter Jude zu Fuß in der Synagoge anzukommen. Simon Schiftan starb 1931, einige Monate vor der Geburt von Marianne Gerda. Er hat weder seine Enkelin noch den Nazismus kennengelernt. «Er ist in Weißensee, auf dem Friedhof der Jüdischen Gemeinde», sagt Miriam

Blumenreich, als hätte ihr Großvater die Marotte gehabt, plötzlich in ein für ihn passenderes Viertel umzuziehen.

Am 17. Juni 1934 besteigt Familie Fiegel in Triest die Pollonia. Bestimmung: der Hafen von Haifa. Oma Else und Oma Tilde werden ein paar Monate später folgen. «Sand, Sand und noch mal Sand!», ruft Miriam Blumenreich und fuchtelt verzweifelt mit beiden Händen, als fürchtete sie, unter ihm begraben zu werden. Sie ist zwei Jahre und acht Monate alt, als sie in Palästina ankommt. Für sie ist das neue Land eine riesige Buddelkiste. Für ihre Eltern eine Wüste, Lichtjahre von den grünen Straßen Schönebergs entfernt. Herbert Fiegel will einen Garten vor seinem Haus. Einen Garten! Inmitten von Sand und Kiesel! Aber er ist dickköpfig. Er pflanzt in Kiryat Bialik Tomaten, Gurken, Orangen, Zitronen und sogar Rosen an. Sie erinnern ihn an den Vorgarten vor dem Haus Nummer 3, an das einst so unbeschwerte Leben. Als er in der bleiernen Hitze seine Beete umgräbt, zögert der Dr. jur. Dr. rer. pol. Fiegel lange, bevor er seine Jacke ablegt und die Krawatte lockert.

Er weiß, dass er seinen Beruf hier nie wieder wird ausüben können. Er spricht kein Wort Hebräisch, kennt das Ottomanische Recht nicht, das in Palästina in Kraft ist und «nicht geradeaus ist wie das deutsche», und seine Diplome sind völlig wertlos geworden. Seine Jacke und seine Krawatte geben ihm einen letzten Halt bei all dem Zerfall. Als Herbert Fiegel 1937 eine Blutvergiftung bekommt und wochenlang im Krankenhaus liegt, begibt sich seine Frau heimlich zum Antiquitätengeschäft Cohn & Lubarski in Haifa. Um das Krankenhaus zu bezahlen, verkauft sie alles, was sie von ihrem Berliner Haushalt hat retten können: ihr Silberzeug, ihre Kristallvasen. Alles. Selbst den Brillanten auf ihrem Verlobungsring wechselt sie gegen eine gewöhnliche Perle ein.

Klara Fiegel, die zwei geschickte Hände hat, orientiert sich um. Sie repariert Petroleumkochöfen. Die Geräte stinken entsetzlich. «Vom Sonnenaufgang bis die Seele rausgeht» arbeitet Miriam Blumenreichs Mutter. Der Arzt entdeckt Tropenwürmer in Klara Fiegels Darm. Die Familie ist bitterarm. Oma Else streicht statt Butter eine dünne Schicht Mostrich auf ihr Brot. Als die Kontrolleure der elektrischen Werke der Gemeinde eines Tages unangemeldet auftauchen, um zu überprüfen, ob der Zähler kaputt ist, weil die Rechnungen immer weniger als ein Kilowatt betragen, erklären die Fiegels, dass sie die 25-Watt-Birnen an der Decke nur anmachen, um im Finstern den Weg zu finden. Sobald es dunkel wird, gehen sie ins Bett. Um zu sparen. Die Siebenzimmerwohnung in Berlin ist nur noch eine seltsame Erinnerung.

«In diesem Zimmer haben wir gelebt zu viert. Nebenan hat meine Großmutter mit unseren Büchern aus Berlin eine Leihbücherei eröffnet. Erst 1958 haben wir in einer Mall einen Laden übernommen mit Zeitungen und der Bibliothek meiner Großmutter. Alle arbeiteten da: Vater, Mutter und wir Kinder. Ein Zimmer, das ist heute mein Abstellraum, wurde vermietet. An eine Frau Pollack. Kein anderer in Kiryat Bialik wollte sie nehmen. Wir mussten wieder ganz von vorne anfangen», sagt Miriam Blumenreich. Wenn sie die Sehnsucht nach ihrem Leben als gehätscheltes junges Mädchen in der Berliner Wohnung ihrer Großeltern überkommt, denkt Klara Fiegel an ihre Tante, die umgekommen ist. Der Mann war Friedensmillionär und ist nicht ausgewandert. Er wollte das Geld nicht lassen. Sie kamen nicht mehr rechtzeitig raus. Nein, nein, sagt sich Klara Fiegel. Am Geld bleibt man nicht kleben!

1936 ist Kiryat Bialik noch keine richtige Stadt. Nichts als eine Baustelle in der prallen Sonne mit Sandpisten, Staub, herumstreunenden Katzen, Distelbüschen und ein paar wenigen provisorischen Baracken, in denen die Immigranten inmitten ihrer Überseekoffer und ihrem Heimweh leben. Kiryat Bialik wurde von Miriam Blumenreichs Eltern und anderen deutschjüdischen Immigranten auf einem Terrain gegründet, das ihnen der Jewish National Fund zur Verfügung stellte. Ärzte, Juristen und Ingenieure leben hier vom übrigen Land abgeschottet. Das Elend, die Entwurzelung, die Hitze und obendrein das Hebräisch. «Schlimmer als Chinesisch!» Herbert Fiegel ist der einzige Erwachsene der Familie, der es lernt. Klara Fiegel ist 70, als sie in einer Schule für Einwanderer den ersten Kurs besucht. Oma Else hat es gar nicht erst versucht. Sie hat weiterhin nur Deutsch gesprochen. Die alte Dame hat sich in Kiryat Bialik aus einem Freundeskreis von lauter Berlinern wie sie selbst ein Miniaturberlin aufgebaut.

Man nennt sie die Jeckes, diese stets in ihre Jacken gezwängten deutschen Juden. Herbert Fiegel hat Deutschland verlassen, weil er nicht wollte, dass seine Töchter als «Drecksjuden» behandelt wurden. In Palästina waren sie plötzlich Jeckes, erzählt Miriam Blumenreich. «So ein Hass gegen die Deutschen hier. Unseren Eltern hat man gesagt: ‹Geht zurück zu Hitler!› Die Araber schrien uns hinterher: ‹Nazis! Nazis!› Sie hatten keine Ahnung davon, was ein deutscher Jude war. Wir haben uns geschämt als Deutsche. Die Jeckes, die sind ganz anders. Die Jeckes waren gebildet. Das Philharmonische Orchester ist gegründet worden von den Jeckes. Es gab keine Kultur vorher hier. Nehmen Sie mal meinen Mann, Wolfgang Blumenreich, ein echter Jecke aus Berlin. Er wäre nie vor mir in einen Autobus gestiegen. Und er wäre nie ausgestiegen, ohne mir die Hand zu reichen. Wo

hat er das gesehen? In Auschwitz? Er hat das in sich gehabt. Und
dann macht man Witze über uns. Wir kapieren schwer. Wir sind
steif, korrekt, pedantisch, humorlos. Die Mentalität der Polen
und der Russen war ganz anders. Die Deutschen gingen gerade
wie ein Lineal. Die Ostjuden waren Drehköpfe.» Regelmäßig
zählt Miriam Blumenreich die letzten Jeckes in Kiryat Bialik.
Etwa zwanzig vielleicht. Die Neuen kommen aus der ehemaligen UdSSR, aus Argentinien. «Bialik», sagt sie, «ist nicht mehr,
was es war.»

Bei Dr. Dr. Fiegel kommen keine Oliven auf den Tisch. Oliven sind zu orientalisch für diesen Berliner, der an Hitzetagen
weiterhin an seinem Grünkohlsalat mit Schnitzel festhält. Das
Fremde ist ihm unbehaglich. Eine ständige Bedrohung. Auf den
Märkten wird ihm schwindelig. Diese Gewürze, diese Zucchini,
Auberginen, Feigen, Pimente, Chilischoten, Kräuter, die vielen
Sorten von Pfeffer, die noch zuckenden Fische aus dem Mittelmeer. All diese Farben. All diese durchdringenden Gerüche. So
viel Üppigkeit. Welch ein Kontrast zu dem monotonen Einerlei
aus Kohl, Kartoffeln, Karotten, Petersilie, Zwiebel und Dill vom
Gemüseladen der Frau Mertens in der Nummer 5 seiner Berliner
Straße. Noch heute kann Miriam Blumenreich nicht anders als
deutsch essen. Olivenöl verträgt sie nicht. Zum Abendbrot isst
sie Graubrot mit Kümmel und Weißkäse. Wie in Berlin.

Oma Else war nicht bereit, den Namen zu wechseln. Ein
Witz, Else gegen Deborah oder Schlomi zu tauschen! Nein, nein!
Kommt nicht in Frage! Klara ist zu Esther geworden. Marianne
zu Miriam. Und sie fühlt sich als beides. Als Marianne und als
Miriam. Sie hat sich mit ihrer doppelten Identität einigermaßen
arrangiert. Ihre Muttersprache ist Deutsch. Ihr Heimatland Israel. «Doch ich lebe sehr im Zwiespalt. Sie hören, ich spreche

ein sehr gutes Deutsch. Das sitzt im Herzen. Aber ich habe nicht Deutsch schreiben gelernt. Ich habe mir selbst das Deutsche zu schreiben beigebracht.» Miriam Blumenreich zieht das Verb manchmal nach vorne wie im Hebräischen. Das macht die Sätze im Deutschen wackelig, als würden sie aus dem Gleichgewicht geraten und gleich einstürzen. «Ich bin Jüdin mit Leib und Seele. Hier ist mein Land. Meine Kinder sind hier geboren. Meine Enkel auch. Wir waren Deutsche und haben verloren unseren Staat. Nach dem Krieg hätte ich nicht in Deutschland sein können. Ich will, dass Israel am Leben bleibt. Die Palästinenser werden uns nicht schmeißen können ins Meer. Irgendwo müssen auch die Juden leben und ihren Staat haben.»

Miriam Blumenreich hat ihre Tochter Nava gebeten, mit ihren Söhnen auf einen Sprung vorbeizukommen. Nava hat keinen deutschen Vornamen. Ihre Kinder auch nicht. Sie hat drei Jungen. Drei Stammhalter. Echte Israeli. Sie sprechen nur Hebräisch. Und Englisch. Wer hätte es für möglich gehalten, dass am Stammbaum einer jüdischen Familie aus meiner Straße so viele neue Äste sprießen würden. Die vierte und fünfte Generation nimmt auf der Couch Platz.

Ich spüre, dass Miriam Blumenreich sie ein wenig gezwungen hat zu kommen. Diese junge Frau von 43 Jahren und diese drei Jugendlichen haben überhaupt keine Lust, sich Erinnerungen an eine Berliner Straße auszusetzen, in die sie noch nie einen Fuß gesetzt haben. Was für eine komische Idee, müssen sie sich sagen, während sie mich mustern, diesen ganzen Weg auf sich zu nehmen, um ein paar Anekdoten über eine völlig unbedeutende Straße auszugraben. Als Miriam ihre Tochter darauf hinweist, dass sie eine Viertelstunde zu spät gekommen ist, macht sich Nava auf Englisch über ihre Jeckete von einer Mutter lustig: «She is so old-fashioned. (Sie ist so altmodisch.) Sie hat völlig sture Ideen. Wenn ich sie um 6.30 Uhr abholen soll, dann ruft sie um 6.31 Uhr an: ‹Wo bist du?›» Nava, Minirock und hochhackige Sandalen, sitzt auf dem Sesselrand, als wollte sie gleich wieder aufspringen, und interessiert sich zunächst mehr für die Kratzer auf ihrem Nagellack als für unser Gespräch. Sie klimpert auf ihrem Handy herum. Immer wieder fällt eine Popmelodie in unser verlegenes Gespräch ein. Miriam Blumenreich entschuldigt sie: «Sie hat unmögliche Musik am Telefon. Ein englisches Lied.»

Vor mir sprechen Mutter und Tochter Englisch. Wenn sie unter sich sind, Hebräisch. Miriam Blumenreich bereut es, mit ihren Kindern nicht Deutsch gesprochen zu haben: «Ein großer Fehler. Da war irgendwie eine Hemmung. Unsere Muttersprache ist Deutsch, aber meine Enkel lernen Englisch, Französisch und Arabisch. Es gibt noch viele Leute heute, die kein Deutsch hören können. Warum? Die Sprache hat doch nichts mit den Nazis zu tun. Goethe und Schiller auch nicht.»

Die ganze Familie besitzt einen deutschen Pass. Herbert Fiegel war es, der sich für seine Töchter und deren Ehemänner darum bemüht hatte. Heute sind auch Nava und ihre drei Söhne Deutsche. Eine Vorsichtsmaßnahme. In Israel empfiehlt es sich, zwei Pässe zu haben. Miriam Blumenreich möchte aber doch auf den Unterschied hinweisen: «Ich bin nicht *eingebürgert*. Ich bin *rückgebürgert*. 1958.»

Miriam Blumenreich erzählt gerne, wie sie ihren zukünftigen Ehemann Wolfgang kennengelernt hat, «auf sehr ulkige Art». Nava und ihre Söhne müssen die Geschichte schon hundert Mal gehört haben.

Nach dem Krieg besucht Klara Fiegel ihren Bruder Walter in

Amerika. Walter war Arzt in einem kleinen Dorf an der kanadischen Grenze. Herbert und seine Tochter Miriam nehmen ein Taxi, um sie bei ihrer Rückkehr vom Flughafen in Tel Aviv abzuholen. Doch das Flugzeug hat zwölf Stunden Verspätung. Man kommt mit dem Fahrer, Wolfgang Blumenreich, ins Gespräch. Herbert und Wolfgang sind sich sofort sympathisch. «Zwei Berliner, die beiden hatten sich gefunden!» Wolfgangs Besuche in Kiryat Bialik häufen sich. Er fühlte sich wohl inmitten der intakten Berliner Familie, die sich liebevoll mokierte über diesen in Swinemünde geborenen Ostjuden: «Du bist der einzige Polack in der Familie!», antwortet Herbert Fiegel, als Wolfgang um die Hand seiner Tochter anhält. Ein Rabbiner aus Berlin traut sie. «Er hat keine Faxen gemacht. Er hat die Trauung europäisch gemacht und später eine hübsche Beschneidung für meinen Sohn im Krankenhaus. Nur die Männer waren dabei. Und heute sind alle dabei. So ein großes Tatütata.»

«Mein Mann hatte die Registrierungsnummer 17600. 17600!» Schweigen. Miriam Blumenreich hat einen grauen Schleier über den Raum gebreitet. Der sich vor diesen Julinachmittag schiebt. Und sich über die auf dem Tisch verstreuten Fotos des Berliner Lebens legt. Nava versteift sich auf dem Couchsessel. «Bei uns dünsten sogar die Wände den Holocaust aus», sagt sie. Sie vergisst ihren Nagellack und ihr Handy.

Als Nava drei war, erkrankte ihr Vater. Mit 47 Jahren hat Wolfgang Blumenreich einen Zusammenbruch. Er wird ins psychiatrische Krankenhaus von Jerusalem eingewiesen. Vegetative Dystonie mit Angstzuständen, diagnostizieren die Psychiater. Miriam Blumenreich besucht ihn einmal pro Woche. Der Psychologe sagt jedes Mal zu ihr: «Er erzählt mir nichts. Das hat keinen Zweck.» Und es klingt wie ein Vorwurf. «Er sprach nicht», bestätigt Nava. «Kein Wort. Wir durften unseren Vater nicht über die Nummer auf seinem Arm ausfragen. Ich bin mit dem Verbot groß geworden, darüber zu sprechen. Also hörst du auf.» Wolfgang Blumenreich spricht nicht von seinen Eltern, von seinen Brüdern, von seinem Berliner Leben. Noch weniger von seiner Flucht nach Frankreich, am 3. Juli 1939 im Rahmen eines Kindertransports. Sein Vater hat nicht mehr genug, um selbst zu fliehen, aber er rettet seine drei Söhne. «Mein Mann war zu jung, um aus dem Haus zu kommen! Er tut mir bitterleid!», sagt Miriam Blumenreich. Ihr Mutterinstinkt ist beleidigt. Seinen Eltern entrissen, die er nie wiedersehen wird, versteckt man ihn auf dem Land im jüdischen Kinderheim von Chabannes im Departement Creuse. Wolfie war von allen Jungen in Chabannes der größte und sportlichste. Am 26. August 1942 kreuzen am frühen Morgen «die Vichy» auf, wie Miriam Blumenreich die französische Polizei nennt, und nehmen sechs Kinder mit. Wolfie wird in Drancy interniert, danach nach Auschwitz deportiert. Er übersteht dreizehn Selektionen: die Schwächlichen nach links. Die, die noch arbeiten können, nach rechts. Er versteckt sich hinter den Latrinen. Das ist alles, was die Tochter über das frühere Leben ihres Vaters weiß.

Miriam Blumenreich hat die Namen der Konzentrationslager aufgeschrieben, in denen ihr Mann inhaftiert war: Auschwitz, Birkenwald ... «Elf konnte ich rekonstruieren. Zwei sind vergessen. In Dachau ist er befreit worden. Mit 20 Jahren, mein Mann hat 38 Kilos gewogen.» Miriam Blumenreich klammert sich an diese Zahlenkolonnen, um nicht zusammenzubrechen, wenn sie den Parcours des Schreckens ihres Mannes rekonstruiert. Die Genauigkeit der Zahlen, ihre mathematische Sachlichkeit sind verlässliche Ecksteine, von weitem auszumachen in der unförmigen Masse dieses langen Schweigens, das Wolfgang Blumenreich nicht zu brechen bereit war.

Nava hat Mühe, ihren Zorn zurückzuhalten, wenn sie daran denkt, wie ihr Vater in den israelischen Krankenhäusern behandelt wurde: «Die hatten überhaupt keine Geduld, keine Freundlichkeit für meinen Vater. Verrückt, nicht verrückt. So behandelt man keine Leute. Diese Leute hatten zwei Kriege hinter sich. Einen mit Deutschland. Zuvor einen in ihrem eigenen Land. Mag sein, dass es heute mehr Verständnis gibt für Menschen mit psychischen Problemen.»

Während des ganzen Eichmann-Prozesses im Jahr 1961 herrscht bei den Blumenreichs der Ausnahmezustand. Die Zeitungen verschwinden. Der Radioapparat bleibt stumm. Wolfgang Blumenreich will nichts sehen und nichts hören. Er will seine Kinder schützen. Stundenlang legen die Überlebenden Zeugnis ab. Sie sind kaum zu bremsen. Ganz Israel hat das Ohr ans Radio gepresst. Wolfgang Blumenreich sitzt niedergeschlagen zu Hause, hinter seinem Schweigen verschanzt. «Er ist vollkommen in sich zusammengefallen», erinnert sich seine Frau. Und als viele Jahre später die amerikanische Serie «Holocaust» im israelischen Fernsehen ausgestrahlt wird, warten Miriam Blumenreich und Nava, bis der Vater im Bett ist, bevor sie den Apparat einschalten. Jeden Abend sitzen die beiden in der Küche. Sie stellen den Ton ganz leise. Schließen die Tür. Sie fürchten, Wolfgang Blumenreich könnte jeden Augenblick hereinplatzen. Alle zehn Minuten geht eine von beiden auf Zehenspitzen zur Schlafzimmertür, um zu lauschen. Es ist alles still. Er schläft.

«Er war nicht im Stande, darüber zu sprechen. Der Schmerz

war zu groß. Er hat gesagt, er wolle nicht daran erinnert werden. Dann waren wir in Chabannes, und da, als er von seinen Freunden von damals umgeben war, kam es langsam nach und nach heraus. Auf Französisch.» Nava kann es nicht fassen: «Es ist verrückt, wie man Dinge einfach aus dem Denken verbannen kann.» «Sprechen, immer sprechen ...», unterbricht Miriam Blumenreich. «Dieser Exhibitionismus im Fernsehen. Einer hat einen Autounfall, und schon sind die Reporter da und fragen. Man hat auch ein Recht, nicht darüber zu sprechen. Bitte lass mich, das ist mein Privatleben. Warum sollen alle Fremde in unsere Kochtöpfe gucken?»

Wolfgang Blumenreich ist vor fünfeinhalb Jahren gestorben. Vierundfünfzig gemeinsame Lebensjahre, und sie weiß im Grunde nicht viel von den dunklen Jahren ihres Mannes. «Der Holocaust, ist das zu verstehen?» Sie macht eine Pause. «Nein!»

Als Nava im Schwarzwald in den Ferien war, konnte sie nicht anders, als an die im Wald versteckten Juden zu denken. Es war so kalt. «Wir sollten vorwärtsgehen. Man kann nicht die dritte Generation dafür verantwortlich machen.» «Die Welt ändert sich. Wir leben in einem Global Village», sagt ihr Sohn Aviv. Einzig Miriam Blumenreich hat den Zug ins Global Village verpasst. «Den Holocaust kann man nicht evakuieren. Er sitzt in den Knochen», sagt sie. Als sie 1958 zum ersten Mal nach Berlin zurückgekehrt war, fühlte sie sich unbehaglich. Es lief ihr kalt den Rücken hinunter, als eine Passantin ihrer älteren Tochter über das Haar strich, «Gott, ist sie süüß!». Und 13 Jahre früher, hätte sie sie da auch süüß gefunden? «Ich hab's im Herzen gedacht, nicht laut gesagt ... Wenn meine Mutter heute aufwachen und sehen würde, dass so viele junge Israeli nach Berlin strömen ... Sie hätte es nicht geglaubt.» Vor den Deutschen hat sie keine Angst.

Sie hat Angst vor den Muslimen. Dass sie Europa erobern. Und sie hat Angst vor den «Schwarzen Frommen», den ultraorthodoxen Juden. Dass sie die israelische Regierung erpressen.

Miriam Blumenreich hat zehn Stunden lang gesprochen, ohne Atem zu schöpfen. Zehn Stunden, um die Reise von der Nummer 3 meiner Berliner Straße, in der sie geboren ist, bis zu ihrer Straße in Kiryat Bialik zurückzulegen. Ihr Deutschland ist heute auf die Dimension eines Fernsehbildschirms geschrumpft. Zweimal die Woche, Montag und Freitag, guckt sie *Wer wird Millionär*. «Mit Begeisterung! Das ist Ehrensache. Da kann sein, was will, ich verzichte nicht darauf! In Israel kommt die Sendung um 21.15 Uhr. Dann ist der Abend nicht zu lang.» Sie kennt viele Sprichwörter, die die Gäste nicht mehr kennen, «obwohl sie immer in Deutschland gelebt haben! Neulich spielte eine junge Blondine mit. Ist 20. Sieht aus wie 14. So nett, so sympathisch. So würde ich alle Deutschen heute haben wollen.» Abends, wenn die Fenster weit offen stehen, um die frische Luft hereinzulassen, ertönt in ihrer Straße die Stimme von Günther Jauch. Der letzte Traum von Miriam Blumenreich: «Einmal dabei sein bei dem Günther Jauch in einer seiner Sendungen.»

Der Balkon von gegenüber

Für Irma und Leon Rothkugel

C *hère Madame, My name is John Ron, alias Hans-Hugo Rothkugel.*» So beginnt die E-Mail, die ich von dem jüngsten Sohn des Rechtsanwalts und Notars Dr. Leon Rothkugel und seiner Frau Irma, meinen Nachbarn von gegenüber, erhalten habe. «Ich bin ein pensionierter Französischlehrer. Ich bin im Oktober 1922 in Ihrer Straße geboren und lebte dort bis zum April 1934. Das Schreiben fällt mir heute schwer, dafür ist mein Gedächtnis noch immer gut und könnte für Ihr spannendes Buchprojekt vielleicht nützlich sein. Ich würde mich freuen, von Ihnen zu hören.»

Eine Kaktusreihe auf den Fensterbrettern hindert mich, ins Innere seiner Wohnung zu sehen. Ein unauffälliges Paar bewohnt sie heute. Ich habe nie auf diese Nachbarn geachtet, von denen ich nur die beweglichen Schatten hinter den Scheiben kenne. In einigen Jahren werden die Kastanienbäume so hoch und dicht gewachsen sein, dass sie mir die Sicht versperren. Eine blasse Deckenlampe erleuchtet das Wohnzimmer, in dem einst Dr. Leon Rothkugels Studie «Die Gebührentabellen Rothkugel» entstand, eine schwerverdauliche juristische Schrift. In den Repräsentationsräumen zur Straße war die Kanzlei untergebracht. Irma und Leon Rothkugel, ihre drei Kinder und die beiden

Dienstmädchen lebten etwas beengt im Privatbereich des hinteren Teils der Wohnung.

Wenn ich an meinem Schreibtisch sitze, habe ich den Balkon der Rothkugels genau vor mir. An diesen Beobachtungsposten über unserer Straße ist für Hans-Hugo eine glasklare Erinnerung geknüpft. Eine Erinnerung, die durch all die verflossenen Jahre nicht getrübt wurde. Ein Sonntagmorgen im Sommer. Der kleine Hans-Hugo sitzt in der Sonne. Der Himmel ist von einem zarten Blau. In den Blumenkisten Kapuzinerkresse und Petunien. Irma sitzt im Wohnzimmer am Klavier. Es ist die Erinnerung an ein immenses Glücksgefühl. Die Zeit erstarrt wie in Dornröschens Schloss, wenn die Lakaien und Küchenjungen plötzlich bewegungslos werden, die Hand in der Luft innehält, der Mund mitten im Satz weit offen bleibt: ein kleiner Junge in der Sonne, die Beine übereinandergeschlagen, auf einem Balkon über meiner Straße.

Hans-Hugo Rothkugel heißt heute John Ron. Ein angelsächsischer Vorname, ein hebräischer Nachname. Er lebt im kalifornischen Berkeley. Nachdem ich sein Lebenszeichen erhalten habe, rufe ich ihn an. Die Türen meines Balkons stehen weit offen in dieser Sommernacht. Ich höre die hastigen Befehle eines Nachbarn an seinen Hund. Das Säuseln des Windes in den Baumwipfeln. Das gedämpfte Rauschen des Verkehrs. «Que le destin ait voulu que nos chemins se croisent ainsi! C'est un miracle!» (Dass das Schicksal unsere Wege zusammengeführt hat! Es ist ein Wunder!) Wir können es kaum glauben. Wir sind beide ergriffen. «Ich muss Ihnen gestehen, dass es mich rührt, dass Sie Französin sind», sagt John Ron in perfektem Französisch. «Die französische Sprache ist die große und einzige Liebe meines

Lebens. Dieses letzte Kapitel kommt völlig unverhofft.» Er hat Angst, mich zu enttäuschen: «Die Ernte der Erinnerungen an meine Straße ist ein bisschen mager. Und außerdem habe ich nur ein gewöhnliches Leben als Französischlehrer an einer amerikanischen Highschool geführt. Ich bin viel herumgebummelt. Ich war kein gut organisierter Preuße. Außer als es darum ging, meine Haut zu retten.» John Ron hat mit seinen 88 Jahren keine Zeit zu verlieren: «Beeilen Sie sich! Ich hoffe, ich halte durch, bis Sie da sind! Dank einer strengen Diät mit allen möglichen Drogen wird Ihnen das Vergnügen vergönnt sein, eine lebende Leiche vor sich zu haben.»

Zwei Wochen später bin ich in Berkeley. John Ron lebt seit dreißig Jahren in einer kleinen Altersresidenz unweit der Martin Luther King Street, von den Taxifahrern MLK genannt. Er hat mir minutiöse Anweisungen gegeben: «Sie klingeln. Sie warten auf das ‹Murmeln› der Tür. Sie wird sich wie durch ein Wunder öffnen. Ping, meine Altenpflegerin, wird Ihnen entgegenkommen.»

Ping erwartet mich im Vestibül. Eine ganz kleine, strahlende Chinesin von ausgesuchter Höflichkeit. Nach dem Fahrstuhl ein langer dunkler Flur. Ganz am Ende ein viereckiges Licht. Die Tür weit offen. Wen werde ich vor mir haben? Wir haben uns so lange am Telefon unterhalten, dass ich den Eindruck habe, ihn ein wenig zu kennen, ohne ihn je gesehen zu haben, nicht mal auf einem Foto. «Treten Sie ein! Treten Sie ein!» Die Stimme unserer nächtlichen Gespräche. John Ron sitzt in seinem Bett. Er hat den Rücken an ein Mäuerchen aus Kissen gelehnt und eine Wärmflasche auf dem Bauch. Er trägt einen schwarzen Pyjama und auf der Nasenspitze eine Brille. Er hebt den Kopf und ruft:

«Ah, da sind Sie ja!» Und es ist, als wären wir gestern erst auseinandergegangen. John Ron bedeutet mir mit einem Handzeichen, auf dem nah ans Bett gerückten Rollstuhl Platz zu nehmen. Wir tauschen ein paar Höflichkeiten aus. «Sprechen Sie etwas langsamer, so schnell kann der Alte nicht mehr rennen.» Wir lachen. Es kommt kaum Verlegenheit auf zwischen uns. Schließlich sind wir Nachbarn. Wenn auch mit einem Abstand einiger Jahrzehnte. Er nennt mich «ma chère», meine Liebe, und spricht nur Französisch. Mein «Monsieur» bringt ihn außer sich. Er schlägt John und das «Sie» vor. «Auch wenn ich mich nie richtig wohl gefühlt habe in der Haut von John. Aber Hans-Hugo bin ich schon lange nicht mehr ... Wie für viele Juden, ist auch für mich das Leben eine Art Komödie. Ich spiele Verstecken mit mir selbst. Im Grunde habe ich keinen richtigen Namen.» John ist der Vorname eines Sheriffs, eines Apostels, aber sicher nicht der Vorname eines deutschen Juden. Gut, John lässt sich leichter aussprechen als dieses unmögliche Hans-Hugo mit seinen beiden gleich hintereinander, in einem Atemzug auszustoßenden H. John erlaubt es, sich ins Leben hineinzuschlängeln, die Grenzen zu passieren, ohne belästigt zu werden. Und vor allem ist der Name nicht so schwer zu tragen wie dieses Hans-Hugo, das Dr. Rothkugel und seine Gattin sich ausgesucht haben. Ein doppelter Vorname, dafür geschaffen, um wenigstens das Wägelchen eines *Doktor* anzuhängen, besser noch die funkelnde Lokomotive eines *Professor*.

Die neue Armee Israels ist es, die dem Meteorologen Hans-Hugo Rothkugel während des Befreiungskrieges 1948/49 gleichzeitig mit dem Offiziersrang einen neuen Familiennamen gibt. «Rothkugel klang nicht sehr hebräisch. Und Jochanan Rothkugel hinkte. Und so bin ich meinen etwas lächerlichen deutschen Namen losgeworden.» Manchmal fragt sich John Ron, ob er vor seinem Tod nicht wieder seinen ursprünglichen Namen annehmen sollte, um das Andenken an seine Familie zu erhalten. Er ist der letzte Rothkugel. Aber Mister Rothkugel in Amerika … «Nein, nein, das ist nicht seriös! Hier bin ich John H. Ron, ein perfekter Vertreter der amerikanischen *middleclass*.» John hat beschlossen, sein Bett nicht mehr zu verlassen. Rechts auf einem Beistelltisch Baudelaires «Die Blumen des Bösen», publiziert im Oktober 1922 vom Verlag Kurt Wolff in München, im Jahr seiner Geburt, «in dieser atemberaubenden Typographie. Falls ich es brauche, liegt das Buch bereit. Das beruhigt mich.» Zu seiner Linken Sirupe, Tropfen, Pillen. Er nennt sie zärtlich «meine kleinen Wunderfläschchen». John streckt den Arm aus, ohne den Oberkörper zu bewegen. Er tastet, streicht über die Umrisse, erkennt die Flakons mit den Fingerspitzen. Er nimmt einen Schluck eines weißlichen Medikaments, das «all diesen kleinen Unannehmlichkeiten beikommen soll, die das Leben schwierig machen». Dann faltet er die Hände über seiner Brust und lässt genüsslich einen Vers von Tucholsky über die Lippen gleiten:

«Wer viel von dieser Welt gesehen hat
Der lächelt, legt die Hände auf den Bauch
und schweigt.»

Von seinem Bett aus verfolgt John den regelmäßigen Ablauf seiner Tage. Seine Zeiteinteilung sei etwas merkwürdig, sagt er. Er kann nachts schlecht schlafen. Also nimmt er gegen Morgen ein Schlafmittel. Dann döst er bis gegen Mittag. Um 14 Uhr kommt

Ping, bereitet den Tee mit Milch und winzige Toastbrotdreiecke zu. Er nennt sie Ping. Ganz einfach Ping. Und es klingt wie der etwas burleske Name einer Heldin von Walt Disney. Ping ist viel besser als *dear Mrs. Ping* … «*Dear*, das riecht nach Herablassung», hat ihm seine Großmutter mütterlicherseits, Anna, beigebracht, die grummelige Gattin des millionenschweren Kaufmanns Benno Cohn. «Meine Großmutter stand nicht in dieser jüdischen Tradition, die mit ihren Brillanten prunkte und das Personal schikanierte. Dafür war sie viel zu preußisch. Sie stand eher für zurückhaltenden Luxus, der nicht viel Aufhebens machte, und für Haltung unter allen Umständen.» Die Hausherrin der stattlichen Wohnung in der Hardenbergstraße 20 neben der U-Bahn-Station Zoologischer Garten wusste, wie man sich an Dienstboten richtet.

Ping ist von der unerschütterlichen Gelassenheit eines Zen-Meisters. Und die wird von den Wünschen ihres alten Patienten regelmäßig auf die Probe gestellt. Denn Mister Ron ist ein Ordnungsfanatiker. Die Stunden müssen mit der Präzision eines Uhrwerks aufeinanderfolgen. Der Vorhang muss millimetergenau gezogen werden. Mallarmé steht vor Maupassant auf dem dritten Regalbrett. Die akkurate Anordnung der Gegenstände und die penible Einteilung der Abläufe verschaffen John ein wohltuendes Gefühl der Sicherheit. Und Ping gehorcht. «Yes, sure, Mister Ron». Sie huscht lautlos durch das winzige Apartment. Ihre kleinen Füße berühren kaum den Teppich. Stets hat sie ein Lächeln im Gesicht. Mister Ron braucht diese besänftigende Anwesenheit. Er ist in seinem ganzen Leben noch nie so verwöhnt worden. «Es ist wie in einer idealen Ehe», sagt er.

Ping serviert uns eine Tasse Earl Grey und einen Teller Madeleines. Und John ruft aus: «Ein guter Katholik nimmt eine Hostie zu sich, wenn sein Stündchen geschlagen hat. Bei mir wird es eine Madeleine sein. Wie es sich für einen Französischlehrer gehört!» Um sich sogleich der «Ketzerei» zu bezichtigen. Denn er mag die «unverzeihlichen Längen» bei Proust nicht. John Ron spricht mit Ping ein Englisch, das ausgesprochen höflich und *very british* ist. Er ist nicht bereit, den leicht arroganten, aber doch so eleganten Akzent gegen dieses kautschukartige Gebrabbel der Amerikaner auszutauschen. Er ist überzeugt, dass ihm das Upper-Class-Englisch ein besonderes Flair verleiht. John spricht zu Ping im Pluralis Majestatis: «We do have respectable napkins to honour our guest, don't we Ping? Wir haben doch bestimmt anständige Servietten zu Ehren unseres Gastes, nicht wahr, Ping? Wir möchten, dass alles ganz reibungslos abläuft!» Ein «wir», das die Symbiose zwischen dem sehr alten Berliner und der Kantonchinesin beglaubigt. Zwei Entwurzelte im großen amerikanischen *Melting Pot*.

Meine Suchanzeige hatte dieses Leben aus seiner gemächlichen Bahn geworfen: «Ping! Ping! Es ist was passiert. Jemand sucht nach mir.» Als Ping eines Morgens ankam, fand sie Mister Ron in großer Erregung aufrecht in seinem Bett sitzen. Endlich ein Ereignis im eintönigen Leben ihres Patienten, der sein Apartment seit sechs Monaten nicht verlassen hatte.

Schon eine ganze Weile ist dieser alte Gentleman im marineblauen Blazer, Krawatte, Tweedmütze, bei Regentagen Schirm, unter dem weißen Holzpavillon im Strada, dem Café gegenüber dem Universitätscampus, nicht mehr gesehen worden. Er saß dort stundenlang an einem kleinen Tisch und betrachtete das Leben um ihn herum. Und wunderte sich, wie schnell die Welt sich verändert hat. Mit der Steifheit eines pensionierten Obersten der British Indian Army und den Höflichkeitschnörkeln, mit denen er die Kellner bedachte, war John unter den über ihren Laptop gebeugten Studenten in Shorts und Flipflops eine anachronistische Figur. Er kam von anderswo. Von einem anderen Kontinent. Aus einer für immer verschwundenen Welt. «Ich bin der letzte deutsche Jude», stellte er manchmal fest. «Eine Kuriosität. Eine seltene Spezies. Auf jeden Fall der letzte Überlebende einer ausgerotteten Sippe.» Eine menschliche Gattung, die die Amerikaner in der Kategorie *Holocaust Survivors* einordnen. Man beachtet sie mit Respekt, manchmal mit Entsetzen, aber niemand interessiert sich noch wirklich für sie. John Ron weiß selbst nicht mehr, wie er in Berkeley gelandet ist. «Ich komme mir vor wie ein Schiffbrüchiger, der sich nicht erinnert, woher das Schiff kam, das ihn ans Ufer gespült hat», sagt er.

Er hatte die verlässliche Gesellschaft von Kurt Tucholsky und Christian Morgenstern der seiner Zeitgenossen vorgezogen. Jeden Nachmittag suchte er die deutschen Schriftsteller im anregenden Halbdunkel der John D. Library unter dem Campanile auf. Mit seiner dicken schwarzen, rechteckigen Brille über die Bücher gebeugt, ließ er das ehrwürdige Interieur auf sich wirken. Die Entdeckung einer seltenen illustrierten Ausgabe machte ihn überglücklich, und er strich mit der Hand über den weichen Ledereinband. Taschenbücher und Neuauflagen konnte er nicht ausstehen, «weil sie nie denselben Zauber haben wie die Originale». Die Bücher waren seine Rüstung gegen die triste Wirklichkeit. Im Inneren der John D. erwartete ihn Deutschland, still und unveränderlich. Das Vor-Hitler-Deutschland.

Bei unserer zweiten Begegnung achtet John darauf, dass sich unser Geplauder in Grenzen hält. «Die Flitterwochen sind vorbei. Was wollen Sie von mir?» Die Frage kommt so brüsk, dass ich zusammenzucke. Aber ich bin erleichtert, dass er sie stellt. Ich hatte mir in den letzten Tagen in Berlin ein wenig Sorgen gemacht: Habe ich das Recht, bei einem so alten Mann all diese Erinnerungen hervorzulocken? Und wie ließ sich der Schmerz in Schach halten, den sie mit Sicherheit auslösen würden? John Ron lebt zurückgezogen in seinem kleinen Apartment, als wäre er froh, dass sein stürmisches Leben endlich der glatten Oberfläche eines großen Wintersees gleicht. Meine Kleinanzeige hat eine gewaltige, vielleicht gefährliche Flutwelle ausgelöst. Seit einigen Tagen steigt die Vergangenheit aus der Tiefe auf. Seine Eltern, seine Onkel und Tanten, seine Nachbarn, seine Freunde aus der Kindheit … So viele Tote, die seine schlaflosen Nächte heimsuchen. John Ron ist in unsere Straße zurückgekehrt. Er lebt wieder in den dreißiger Jahren.

Seit dem Morgengrauen regnet es ohne Unterlass. Ein strammer, lauwarmer Regen. Lange Streifen am hellen Himmel. Die Studenten rennen über den Campus, mehrere unter denselben Schirm zusammengedrängt. Dienstag ist Pings freier Tag. Wir sind allein im Zimmer. Der Regen prasselt an die Scheiben, auf die Hügel ringsum. Die Bucht in der Ferne ist nicht mehr zu sehen. John findet den kalifornischen Regen monoton. Er sehnt sich nach dem dramatischen Himmel von Berlin, wenn nach einem Hitzetag plötzlich ein Sturzregen ausbricht.

Er bittet mich, *would you in the kindness of your heart,* ihm ein zusätzliches Kissen zu bringen. Im Sitzen fühlt er sich besser gewappnet, sich der Vergangenheit zu stellen. Er hat Angst, dass er bei dieser Rückkehr in seine Straße gezwungen sein wird, seit langem fest verriegelte Türen zu inneren Räumen zu öffnen, und dass das, was zum Vorschein kommt, ihn überwältigen wird. Düstere, schaurige Zimmer. Die Vergangenheit, sagt er, hat ihn sein ganzes Leben lang begleitet wie die dumpfe Melodie eines Basses, dessen Ton mit vorrückendem Alter immer tiefer und stärker wurde. Als er jung war, nach dem Krieg, war ihm das Ausmaß der Katastrophe nicht bewusst. Er wollte leben, auf Teufel komm raus. Und vergessen.

Er setzt diesem Ausflug in unsere Straße, den ich mit ihm unternehmen will, seine Grenzen. Bloß nicht ausrutschen. «Ihr Projekt überschattet meine jetzige Geborgenheit. Aber zu dieser späten Stunde meines Lebens spüre ich eine gewisse Verpflichtung meinen Eltern gegenüber, die ich im Grunde kaum gekannt habe. Ihr Buch ist ein wenig das Grab, das sie auf dem Friedhof von Weißensee nicht bekommen haben. Es ist die letzte Gelegenheit, ihren Namen und ihre Geschichte zu erhalten. Ich glaube, sie hätten sich darüber gefreut.»

Hans-Hugo Rothkugel kam 1922 im Schlafzimmer zum Hof zur Welt. Ein Nachzügler. Seine Schwester Ilse ist 1914 geboren. Sein Bruder Paul 1915. Seine Mutter Irma Rothkugel legt ihr Korsett ab und beschließt, zu Hause niederzukommen und die Brust zu geben. Wenn Dr. Leon Rothkugel abends aus dem Gericht zurückkehrt, deklamiert er über der Wiege Schillers Balladen. Bubi, so nennt man ihn, verbringt Stunden damit, die Reflexe in den rotgeschliffenen Römer-Weingläsern zu betrachten, die auf der Anrichte des Speisesaals aufgereiht sind.

John besitzt nur ein einziges Foto der Straße: Hans-Hugo Rothkugel ist sechs. Er posiert mit leicht zur Seite geneigtem Oberkörper. Er trägt Handschuhe und eine linksgestrickte Bommelmütze. Im Hintergrund ist eine Fassadenreihe zu sehen. Ein Gehsteig. Ein Mann mit Hut, die Hände in den Taschen seines Mantels. Meine Straße im Jahr 1929. Die Temperatur ist an jenem Tag in Berlin auf minus 25° Celsius gefallen. Ein sibirischer Winter.

Hans-Hugo wächst in dieser «von einem soliden Kleinbürgertum bewohnten Straße» auf. Er kann sich an ihre Gerüche erinnern. An den Geruch des «Plätteisens» von Fillipponi, dem italienischen Schneidermeister im Eckgebäude. An den Duft nach Vanillezucker und frischem Mehl des rheinländischen Waffelherstellers, «ein wundervolles Etablissement». An den Dampf von der Mangelmaschine der Frau Kubeth, Bettwäsche-Büglerin. An die Seifenbarren im Kolonialwarengeschäft Gebrüder Kohn an der Ecke. «Und dann gab es auf Ihrer Seite ein Bäckerei-Konditorei-Café», das frühmorgens seinen Duft verströmte.

«Nette, einfache Leute ... Meine Mutter verstand es, mit allen Bevölkerungsschichten zu sprechen. Sie war leutselig. Leutselig ... Welch schönes Wort.» John hält inne, um den Reiz des Adjektivs auszukosten, bevor er zum monumentalen Gewölbe seiner jüdischen Nachbarin Frau De Levie übergeht. «Was für ein herrliches sprachliches Fundstück für einen Popo! Wir verdanken es Erich Kästner: ‹Sie fühlte sich schon zur Hälfte verführt. Und schwenkte vergnügt ihr Gewölbe.›» Und Frau Martens! Streng katholische Inhaberin des Obst-und-Gemüse-Ladens im Erdgeschoss «auf dem Gehsteig gegenüber dem Ihren, links von Ihrem Balkon». Frau Martens nahm den Kleinen sonntags zur Messe mit. Er war begeistert.

«Na, Leonschen, wie jeht et dir?» Die Animierdamen auf der Caféterrasse am Platz küssten mit ihrem großen knallroten Mund den kahlen glänzenden Schädel von Leon Rothkugel, wenn er in den langen Berliner Sommernächten mit seiner Frau auf ein frisches Bier vorbeikam. Hans-Hugo schlief nicht. Er lauerte in seinem Bett auf die Rückkehr der Eltern.

Wenn er von seiner Kindheit spricht, gleitet John ins Deutsche über. Die Portiers in seinem Haus sind für ihn der Inbegriff des Berliners. «Frech und draufgängerisch, mit einem dreckigen Humor.» Frau Schenkel und Herr Schulze lebten in der Loge seines Gebäudes in wilder Ehe zusammen. Offiziell war Herr Schulze Frau Schenkels Onkel. Frau Schenkel gab nicht auf sich acht. Sie war fett wie eine Bratwurst. Bubi Rothkugel nannte sie Frau Oberschenkel. «Der wird det die schon besorjen, Frau Rothkugel!», rief Herr Schulze Irma Rothkugel zu, während sie Hans-Hugos Haare zerzauste.

Einmal pro Woche kam Tante Luzy, Leon Rothkugels jüngste Schwester, zum Mittagessen. Tante Luzy Rothkugel war unverheiratet, hatte rot gefärbte Locken und wohnte zwei Straßen weiter. Wenn man sie nach dem Alter fragte, antwortete sie unveränderlich: 39. Und sie glaubte, dass alle Männer auf sie scharf waren. «Verheiratete Männer sind für mich wie dicke Milch in Tüten!», verkündete sie eines Abends der Runde, die sich zu einem Empfang bei den Rothkugels eingefunden hatte. Hans-Hugo dachte lange über diesen Satz nach. Tante Luzy lebte in ärmlichen Verhältnissen in einem möblierten Zimmer, aber sie trug die Nase hoch.

Um ins Haus der Rothkugels zu gelangen, musste man beim Portier klingeln. Dann schaute Herr Schulze aus seinem kleinen Fensterchen heraus und öffnete die Tür. Und jedes Mal, wenn Tante Luzy wie immer grußlos an seiner Loge vorbeiging, sagte Herr Schulze zu Frau Schenkel: «Jeden Tach muss ick dem Aas offmachen!» Er wusste, was sich gehört. Schließlich war er Portier in einem anständigen Haus. Tante Luzy wurde im Januar 1942 deportiert. John fällt ins Englische zurück: «Erst in diesem hohen Alter erlaube ich mir, Witze zu reißen über eine Frau, die nonstop nach Auschwitz deportiert wurde. Sie war eingebildet. Das ist keine Todsünde.»

Ein kleiner rebellischer Akt dieses Herrn Schulze, eines Sozialdemokraten, verleiht unserer Straße übrigens einen Hauch von Heldentum und Widerstand. Es war zu Beginn der dreißiger Jahre. Hitler war gerade an die Macht gekommen. Drei Nazijünglinge tauchten auf, um im Hausflur ein Plakat anzubringen. Herr Schulze stellte eine große Zimmerpalme davor. Das ganze Haus schmunzelte und fand das in Ordnung. Und es wohnten keineswegs nur Juden in dem Gebäude. Als die Nazijünglinge wiederkamen, fragten sie: «Was soll denn das, was stellen Sie denn dahin?»

Da donnerte Herr Schulze: «Da müssen Sie aber früher aufstehen, wenn Sie mir wat sagen wolln.»

«Sie wissen ganz genau, dass Sie sich gefährden. Sofort weg mit dem Blumentopf!»

«Is det Ihr Blumentopf oder ist det meiner? Det jeht Sie jarnüscht an, wo ick meene Palme hinstelle, die steht da sehr jut.»

Und die Rotznasen zogen wieder ab.

Johns Erinnerungen reihen sich verlässlich aneinander. Da ist nichts Ungefähres. John erinnert sich, dass die Straßennummern in Hufeisenform angebracht waren. Er erinnert sich, dass sich die Nüchternheit der Fassade seines Hauses «bereits von der wilhelminischen Üppigkeit abgewandt hatte». Keine Putten, keine Atlanten. «Die Balkone waren Vorsprünge ohne jede künstlerische Ambition.» Ich betrachte die Wohnung gegenüber, sehe die Rothkugels vor mir. Ich beobachte das Leben auf dem Gehsteig. Die Vergangenheit vermischt sich mit der Gegenwart. Seine Straße und meine. Welcher Kontrast, wenn ich die beiden übereinanderlege. Wie tot meine heute ist. John ist auf einmal beunruhigt: «Aber die Straße wurde doch wieder aufgebaut, sorgfältig, im Stil der damaligen Zeit? Und nicht im Sowjetlook, hoffe ich?»

Hans-Hugo Rothkugel wächst in einer Familie auf, in der «alles Jüdische mit einem obskuren Schandfleck behaftet war, wie eine Geschlechtskrankheit». Leon Rothkugel ist ein Exzentriker. Sohn von Albert Rothkugel, Prokurist der Bleichröder Bank, der größten jüdischen Privatbank, die Bismarcks preußisch-französischen Krieg finanziert hatte. Der Großvater war ein strenger Preuße, sparsam, ohne jeden Humor. Nie hellte ein Lächeln sein Gesicht auf. Jeden Sonntag oktroyierte er seiner Familie einen Spaziergang in geschlossener Formation zum Savignyplatz auf. Bei schlechtem Wetter wurde eine Regenpelerine übergestreift. Und dann schälten die Rothkugels auf einer öffentlichen Bank ihre hartgekochten Eier.

Leon Rothkugel ist das genaue Gegenteil seines Vaters. Er mag Operetten, Frauen, Mathematik und Schach. «Eine Marotte respektabler als die andere», mokiert sich sein Sohn. Leon Rothkugel verbringt seine Abende damit, nach dem mathematischen Gesetz zu suchen, das die Periodizität der Primzahlen beweist. Irma Rothkugel ist entsetzt über die «etwas gewagten» Schlager, die Leon seinem Sohn beibringt. *«Ich hab das Fräulein Helen, Fräulein Helen baden sehen. Das war schön. Wunderschön ...»*

In Berkeley ist es vier Uhr nachmittags. Ein uralter Mann trällert in seinem Bett «*Ich küsse Ihre Hand, Madame. Und träum, es wär Ihr Mund ... Ich bin ja so galant, Madame ...*» und freut sich wie ein Schelm: «Ach, ach, ick fall um!»

Leon Rothkugel ist sich kaum bewusst, Jude zu sein. «Er hatte sogar eine leicht antisemitische Seite», gesteht sein Sohn. Leon

109

Rothkugel verachtet die *Ostjuden*, diese armen Juden mit obskuren Traditionen aus den polnischen oder ukrainischen Schtetl. Wenn die polnischen Cousins zu Besuch kamen, schaute Leon Rothkugel auf sie herab. Hans-Hugo ist dreizehn, als sein Vater ihn in die Grenadierstraße mitnimmt. Lichtjahre von diesem Bayerischen Viertel entfernt, das die Berliner «jüdische Schweiz» nennen. Er hört zum ersten Mal Jiddisch, diesen «Jargon», wie es sein Vater nennt. Er erinnert sich an den Geruch von weichgekochtem Kohl und nasser Wäsche. Schwarz gekleidete Männer mit breitrandigen Kopfbedeckungen, langen Schläfenlocken und zahllosen Kindern. Eine völlig andere Welt, diese mittelalterlichen Gassen rund um den Alexanderplatz. Leon Rothkugel ist Mitglied der jüdischen Reformgemeinde, einer aus damaliger Sicht liberalen Kongregation. Der Gottesdienst findet am Sonntag, nicht am Samstag statt. Die Männer tragen keine Hüte. Man spricht von «Konfirmation» statt von «Bar-Mizwa», von «Tempel» statt von «Synagoge». Das Gebetbuch der Reformgemeinde ist zu 95 Prozent auf Deutsch verfasst. Die Speisegesetze werden bei Rothkugels nicht beachtet, ebenso wenig wie die jüdischen Feiertage. Einmal stellt Irma Rothkugel am Jom Kippur einen Schweinebraten mit Sauerkraut auf den Tisch. Leon bricht in Lachen aus: «Irma, jetzt übertreibst du aber. Musst du zum Versöhnungstag ausgerechnet Schweinebraten kochen?»

Den Antisemitismus lernt Hans-Hugo über den Schuhmachermeister in der Nummer 26 kennen, «ein Skelett mit großen Ohren». Seine Mutter hatte ihn geschickt, um nach den Schuhen zu fragen, die schon seit langem neu besohlt sein müssten: «Wenn es dir nicht passt», schleudert ihm der in seinem Stolz verletzte Schuster ins Gesicht, «dann geh doch gleich nach Jerusalem!» Hans-Hugo versteht nicht, was ihm diesen Wutausbruch eingebracht hat. Zehn Jahre später emigriert er nach Jerusalem.

Hitler? Wenn Irma Rothkugel ihre Freundinnen zum Tee empfängt, trumpft sie auf: «Was, dieser Böhme will mir sagen, wo ich hingehöre und was ein Deutscher ist? Der kann ja noch nicht mal richtig Deutsch!» Irma und Leon Rothkugel sind sich der Gefahr nicht bewusst. «Meine Eltern fühlten sich so deutsch. Nie hätten sie sich so etwas vorstellen können. Mein Vater war im Ersten Weltkrieg Frontsoldat. Eine Granate hat ihm ein Mittelfingerglied der rechten Hand zerfetzt, als er die Hand aus dem Schützengraben streckte, um zu fühlen, woher der Wind blies.» 1934 bricht bei den Rothkugels die Welt zusammen. John nennt es «den Zusammenbruch». Ein Jahr nach Hitlers Machtübernahme, als ob die historische Katastrophe eine nächste, von privater Art, hervorgerufen hätte. Leon und Irma Rothkugel lassen sich scheiden. Leon Rothkugel hat große Geldsorgen. Er steckt in einem üblen Prozess. Die Scheidung ist die einzige Möglichkeit, zu retten, was von Irmas Mitgift noch übrig ist. Hans-Hugo verliert die Straße seiner Kindheit und seine Unbekümmertheit. Er zieht mit seiner Mutter in eine bescheidenere Wohnung in Charlottenburg. Dr. Leon Rothkugel hat nicht mehr das Recht, seinen Beruf auszuüben. Er fristet ein kümmerliches Dasein ohne Einkommen. 1936 flieht er nach Prag. Hans-Hugo wird ihn nie mehr wiedersehen.

Ab 1934 darf Hans-Hugo Rothkugel das Hohenzollern-Gymnasium nicht mehr besuchen. Seine Mutter schickt ihn in ein Privatinternat für jüdische Kinder, das Landschulheim Herrlingen in der Nähe von Ulm. Es wird vom Zionisten Hugo Rosenthal geleitet. Seine Mission: eine jüdische Erziehung für Kinder aus assimilierten Familien. Hans-Hugo ist der einzige Stipendiat des Internats und einer seiner brillantesten Schüler. Er lernt Hebräisch sowie Geschichte und Bräuche des Judentums. Er liest die alten Texte, isst vegetarisch und koscher und schleicht sich nachmittags davon, um im Dorf Cervelatwurst zu kaufen. Er lernt, Felder zu bestellen, und treibt viel Sport, «wie bei der Hitlerjugend. Wir wurden um 6.25 Uhr geweckt. Wir mussten den Trainingsanzug überstreifen und zum Waldlauf antreten. Es war noch dunkel, wir rannten mit Fackeln. Nach fünf Kilometern gab es Freiübungen.» 1935 feierte er seine Bar-Mizwa. Seine Mutter und seine Schwester Ilse reisen zu diesem großen Tag aus Berlin an. «In Herrlingen bin ich judaisiert worden», sagt er. «An diesem abgeschiedenen Ort auf dem tiefsten Land konnten die Pädagogen uns formen wie Lehm. Ich musste mir Gewalt antun, um mich an diesen Lebensstil anzupassen. Aber nach vier Jahren war ich endgültig zurechtgebogen! Ich war bereit, nach Palästina zu emigrieren. Herrlingen hat mir vielleicht das Leben gerettet.»

Während des Krieges wird das jüdische Internat geschlossen, und das Haus Breitenfels geht an den Marschall Erwin Rommel über. Es beherbergt heute ein Museum zum Gedächtnis des «Wüstenfuchses», wie der bei Hitler in Ungnade gefallene General genannt wird. «Seltsamer Zufall», spottet John. «Stellen Sie sich vor, ein großer deutscher Feldmarschall hat in einem Judenhaus gelebt! Aber vorher kam der Kammerjäger.»

Von Herrlingen kehrt Hans-Hugo zu seiner Mutter nach Berlin zurück. Er hat nur noch einen Gedanken im Kopf: Emigrieren. Irma Rothkugel will nach Australien. Sie ist, mit ihrem gewohnten Optimismus, überzeugt, dass sie es schaffen wird. Ohne Geld. Ohne Verbindung zu dem Land. «Das war der helle Wahnsinn! Man musste im Sommer 1938, kurz vor der Kristallnacht, kein verbissener Pessimist sein, um zu begreifen, dass es immer schlimmer und schlimmer wurde. Meine Mutter war von Blindheit geschlagen ...» Ilse arbeitet bei der Reichsvertretung der Deutschen Juden unter der Leitung des Rabbiners Leo Baeck. Sie weiß um die Schikanen gegen die Juden. Auch sie will raus, raus, bloß raus hier. Anfang 1938 emigriert sie nach Palästina. Von dort erhält Hans-Hugo einen Brief, dessen Inhalt er noch heute auswendig kennt. Der Direktor des Konservatoriums in Jerusalem, Emil Hauser, ein international renommierter Violinist, bietet ihm ein Vorspiel an. Hans-Hugo übt Tag und Nacht. Chopin und Bach werden ihm das Leben retten. Emil Hauser ist bereit, ihn für 4000 Reichsmark aufzunehmen, Studienkosten und Lebensunterhalt für zwei Jahre. Tante Luzy nimmt die Sache in die Hand. Sie lädt Onkel Erich, den Einzigen in der Familie, der noch über ein bisschen Geld verfügt, zum Tee ein: «Erich, du wirst es dein ganzes Leben bereuen, wenn du dem Kleinen nicht hilfst!» Onkel Erich gibt dem «Ansturm der Tante Luzy» nach.

Irma Rothkugel begleitet ihren Sohn nicht zum Anhalter Bahnhof. John bringt die Erzählung der Abschiedsszene rasch hinter sich. «Stellen Sie sich bloß keine Tränen und Umarmungen vor. Ich war sehr angespannt. Hätte ich dem leisesten Gefühl nachgegeben, wäre ich schwach geworden und nicht gefahren. Als ich die Wohnungstür hinter mir zuschlug, war ich erleichtert wie jemand, der einem Feuer entronnen ist. Ich wusste, dass ich sie nie wiedersehen würde.»

Hans-Hugo Rothkugel ist knapp sechzehn, als er in den Zug von Berlin nach Venedig steigt, um das Schiff der Compagnie Lloyd Triestino zu erreichen. Er verlässt Deutschland in letzter Minute. Es ist die letzte Septemberwoche des Jahres 1938. An die Reise hat John keine genaue Erinnerung. Zum ersten Mal lässt ihn sein beeindruckendes Gedächtnis im Stich. Er kann sich nur noch vage an die *Galileo* entsinnen, an Bord deren er das Mittelmeer überquert hat. Und an den Lautsprecher, der in regelmäßigen Abständen skandierte: «*Peace in our time!*» Daladier, Chamberlain und Mussolini unterzeichneten gerade mit Hitler die «Katastrophe von München», wie John Ron das Abkommen vom 30. September 1938 nennt, das den Frieden in keiner Weise sicherte, im Gegenteil. Im Hafen von Haifa wird er von einem entfernten Cousin seiner Mutter empfangen, der ihn für ein paar Tage bei sich auf dem Carmel unterbringt. Er schläft in einer mit Decken vollgestopften Badewanne.

Sechs Wochen später, am 9. November 1938, werden die jüdischen Geschäfte verwüstet, die Synagogen in Brand gesteckt. Leon Rothkugel hält sich in Prag mit dem Verkauf von Büroartikeln über Wasser. Er versucht mit allen Mitteln, ein «Einreisevisum irgendeines Staates» zu bekommen. Am 13. Dezember 1938 beschreibt er seiner Tochter Ilse in Palästina in einem letzten Brief von eisiger Klarsicht die «furchtbaren Einzelheiten», von denen er gehört hat: «In Komotau sind die jüngeren Leute unter Fußtritten und Kolbenstößen gezwungen worden, kniend bis zur Demarkationszone zu rutschen. In Saaz ist ein 80-jähriger Advokat mit einem Strick um das Bein und einer Tafel ‹Judenschwein› um den Hals auf allen vieren über den Viehmarkt getrieben worden.» Leon Rothkugel sitzt in einer «Rattenfalle» fest: «Hier sieht es so aus. Die Regierung in Prag ist noch demokratisch, die Slowakei schon stark faschistisch. Man ist aber sehr auf den großen Nachbarn angewiesen und muss letztlich tun, was» – Leon Rothkugel zeichnet einen Kopf: Tolle, kleiner Schnauzbart, große Ohren; er weigert sich, den Namen «Hitler» zu schreiben – «verlangt. Unter diesen Umständen müssen alle

Immigranten Prag verlassen. Dadurch entsteht eine große Panik. Eine Schwierigkeit besteht darin, dass die ganze Welt die armen heimatlosen Juden bedauert, aber niemand sie haben will. Darum muss ich mein Schicksal selbst in die Hand nehmen, denn ich will nicht warten, bis es zu spät ist.» Ilse ist Mitbegründerin des Kibbuz Hazorea im Jordantal. Sie lebt in einem Zelt, nimmt in einer Holzbaracke frugale Mahlzeiten zu sich, bearbeitet die fruchtbare Erde, gräbt und pflügt, sät und gießt. Diese idealistischen jungen deutschen Intellektuellen graben mit der Hand die Steine aus und lassen auf dem Mount Carmel einen Wald sprießen, der eigenartig dem Schwarzwald ähnelt. Abends sitzen sie singend am Lagerfeuer. Ilse, braungebrannt, ein Tuch um den Kopf, ist voller Begeisterung für ihr neues Leben. Obwohl ihr die deutsche Kultur auf der Haut klebt. «Meine ganze seelische Klaviatur ist durch die deutsche Kultur geprägt», gesteht sie ihrem Bruder. Hans-Hugo versteht sehr schnell, dass er nicht für dieses Leben gemacht ist. Für ihn ist «das zionistische Ideal keine Alternative zur deutschen Identität». Er fühlt sich überhaupt nicht an seinem Platz unter diesen kräftigen Pionieren, die ganz von ihrer Mission erfüllt sind: das neue Land aufbauen. Er ist zu kurzsichtig und nicht kräftig genug für die Arbeit mit der Erde. Und sich hinter dem Steuer eines Traktors oder beim Melken einer Kuh wiederzufinden, er mit seinen zwei weißen, linken Händen ... Außerdem hätte er den «militaristischen Stil» und die primitive Holiday-Resort-Atmosphäre, die damals im Kibbuz herrschten, schlecht ertragen.

Hans-Hugo zieht Jerusalem vor. Hier ist er nicht ganz so fremd. Er lebt in einem ausschließlich deutschen und österreichischen Milieu: Da waren die Lehrer im Konservatorium, der Notenhändler, Herr Popper, der Hamburger Chef der Buchhandlung, in der er arbeitet, sein Kollege Jakob, der Berliner Arzt, der ihm ein Zimmer untervermietet, der Pastor Heinz Kappes aus Stuttgart, der sich für den Frieden zwischen Juden und Arabern einsetzt – «der heiligste Mann, den ich je gekannt habe. Er gab Privatkurse über Bhagavad Gita und Meister Eckhart» –, der Schneider, der ihm die Vorhänge nach Maß anfertigt, der Inhaber der Konditorei Vienna, wo sich die deutschen Immigranten unter den Kronleuchtern zum Kaffee mit Sachertorte zusammenfanden ... «Jerusalem war eine Mischung aus dem sehr alten ottomanischen Stil und dem Funkelnagelneuen. Vom Mittelalter bis zum Bauhaus ... die ganze Palette. Die Straße, in der ich wohnte, war moderner als unsere Berliner Straße. Und sobald Sie das Jaffator überschritten hatten, betraten Sie den Basar mit seinen tuchbedeckten Gassen, wo nie die Sonne hereinkommt. Eine andere Welt mit exotischen Menschen, Kurden, Lastenträgern, beinlosen Bettlern.»

Einige Wochen später taucht Hans-Hugos Bruder Paul mit einem Handkoffer, seiner Freude am Leben und an hübschen Mädchen ohne Abitur, ohne Beruf und ohne einen Pfennig in der Tasche in Jerusalem auf. «Paul war extrovertierter als ich und *better looking*.» Paul wird, «mangels eines Besseren», Lokalreporter der Zeitung *Bourse égyptienne* und verliebt sich in die junge Pianistin Miriam. Die beiden Brüder teilen sich ein kleines Häuschen im arabischen Stil im Vorort von Jerusalem am Rand eines Wadi, eines Tals mit Blick auf die Judäischen Berge. Eine karge Schönheit. Ringsum kein anderes Wohnhaus. «Ich war sehr bequem eingerichtet. Ein Zimmer mit Klavier, ein gut gebauter Arbeitstisch, Fayencefliesen und vor dem Bett ein Samtteppich. Das Badezimmer war primitiv und ohne fließendes Wasser. Im Winter floss der Regen in ein Reservoir. 1940 gaben wir ein kleines

Fest zu meinem achtzehnten Geburtstag. Wir dekorierten das Gärtchen, luden meinen Chef ein. Wir waren etwa zehn Leute unter freiem Himmel.»

Wäre da nicht dieser Packen Briefe, den John mir anvertraut hat und den ich abends in Berkeley in meinem Hotelzimmer lese, würde ich vergessen, dass dieser junge unbekümmerte Abenteurer, den er mir beschreibt, seiner Familie, seinem Land, seiner Sprache entrissen worden ist. In einem Brief vom Februar 1941 gesteht Hans-Hugo seiner Schwester Ilse: «Ich habe keine Möglichkeit, mich mit einem Menschen über meine Angelegenheiten auszusprechen. Nun bin ich diesen Mangel aber schon so gewohnt, weiß, dass ich alles mit mir selbst ausmachen muss, und dadurch bin ich sehr verschlossen geworden; mehr, als es mich im Grunde genommen anspricht. Mit Paul kann ich nicht rechnen, so nett er oft ist und anständig, so ist er mir in keiner Weise beispielgebend, eher im Gegenteil: Er kann mir eben nicht richtig helfen, innerliche Schwierigkeiten zu überwinden. Weißt du, mir fehlt eben doch ein Vater oder Führer. Früher habe ich mir das sehr schön gedacht: Völlige Freiheit zu haben, sich sein Leben einrichten zu können, wie man es will; aber man darf dazu nicht so jung sein wie ich.»

Nach der Abreise ihrer drei Kinder zieht Irma Rothkugel zu ihrem Bruder Rudolf Cohn und ihrer Schwägerin in die Vionvillestraße in Berlin-Steglitz. Ein für die Epoche sehr modernes Bauhaus-Gebäude am Rande des Stadtparks. Hans-Hugo hatte dort früher stundenlang mit seiner Cousine Lola gespielt. Irma Rothkugel schreibt ihren Kindern über das Rote Kreuz. Sie unterschreibt: «Voll Sehnsuchtsliebe. Mutter.» Auf 25 Wörter beschränkte Briefe. Irma Rothkugel mogelt, indem sie Wurstwörter baut. «Das Deutsche ist eine sehr elastische Sprache. Das Französische lässt sich nicht derart vergewaltigen!», freut sich John. Anfang 1940 erhält John ein Foto von seiner Mutter bei einem Schiffsausflug auf der Havel. Er ist froh zu sehen, dass ihr dieses kleine sommerliche Vergnügen nicht untersagt ist. Im Juli 1941 werden Irma Rothkugel, ihr Bruder und ihre Schwägerin mit anderen Juden in einer Wohnung in der Knesebeckstraße zusammengepfercht.

Der einzige Trost für Irma Rothkugel: Ihre drei Kinder sind gesund und heil in Palästina. Nach ihrer Abreise fängt sie an, kleine Gedichte «ohne jeden Anspruch» zu schreiben, um die Zeit, den Kummer und die Angst totzuschlagen. John bewahrt sie in einem Umschlag in seiner Nachttischschublade in Berkeley auf.

«So manchmal das Glück ich beinahe nicht fass',
Die Kinder entzogen dem tödlichen Hass!
Gerettet die Kinder, und sie alle drei
Vor wahnsinnigem Toben und Blutraserei!

Sie müssen nicht hungern, sie frieren auch nicht,
Die Qual des Gehetztseins zeigt nicht ihr Gesicht.
Sie fristen nicht furchtsam ihr Leben dahin,
Ihr Tun und ihr Wirken, das hat einen Sinn.

Sie dürfen am Tage froh schaffen mit Sang
Und ruhn in den Nächten nicht angstvoll und bang.
Bewegen sich frei in der schönen Natur
Und büßen für eigene Taten doch nur.

Ach, wahrlich, es dünkt mich der Preis nicht zu hoch,
Muss zahlen mit eigenem Leben ich's noch.
Die Kinder gerettet! Was liegt noch an mir?
Du Herrgott im Himmel, wie danke ich dir!»

John nimmt es sich übel, seine Mutter unterschätzt zu haben:
«Das übertrifft das Niveau der Sonntagsdichter, finden Sie nicht?
Ich habe ein schlechtes Gewissen, dass ich in ihr nur eine simple
Hausfrau und Mutter gesehen habe, die Klavier spielt und sich
um kleine philanthropische Werke kümmert. Sie, die so schlecht
vorbereitet war auf diesen Horror. In einer Notlage entdeckte sie
die Kraftquellen in ihrer Seele. Sie hat sich nicht umgebracht wie
viele andere Juden. Die Gewissensbisse plagen mich ein wenig,
dass ich damals nicht mehr an meine Eltern gedacht habe. Das
ist der Egoismus der Jugend und die Erleichterung, den Nazis mit
knapper Not entwischt zu sein. Es passierte so viel in meinem
Leben. Solange die Rotkreuzbriefe meiner Mutter eintrafen,
machte ich mir keine übermäßigen Sorgen.»

1942 ist das schlimmste Jahr in Johns Leben, der inzwischen in
den meteorologischen Dienst der Royal Air Force eingetreten ist.
Ich spüre, dass John sich einem seiner «inneren Räume» annähert.
Ende des Sommers 1942 ertrinkt Paul. Ein Unfall. John spricht
im Telegrammstil, als er von dieser neuen Tragödie erzählt. Er
erzählt weder von den Umständen des Unfalls noch von der Beerdigung noch von seinem Kummer. John und Ilse beschließen,
ihre Mutter nicht zu informieren. «Nun Folgendes», schreibt
Hans-Hugo an Ilse. «Wir werden also eine plausible Erklärung
finden müssen, die Mutti trotzdem nicht zu sehr beunruhigt. Ich
dachte etwa an: ‹Paul außer Landes›; oder (wenn von der Zensur
erlaubt) ‹Im Heeresdienst, ohne Möglichkeit eines Rote-Kreuz-

Briefes. Es geht ihm gut, er lässt Dich vielmals grüßen.› Falls
Du etwas Besseres weißt, so schreibe mir bitte gleich. Je mehr
Zeit verstreicht, desto leichter kann Mutti Verdacht schöpfen.»
Irma Rothkugel wird Paul nur um acht Monate überleben. Sie
wird am 14. Dezember 1942 deportiert. Ein paar Tage vor ihrer
Abfahrt schreibt sie ihren Kindern drei Abschiedsworte: «Ich
verreise heute.» Sie stirbt fünf oder sechs Tage nach ihrer Ankunft in Riga, am Tag vor Weihnachten. Am 4. März 1943 verabschieden sich auch Onkel Rudolf und seine Frau mit einem Brief
von ihrer Tochter Frieda-Lore Noemi, Johns geliebter Cousine,
die ebenfalls in einem Kibbuz lebt. Sie werden nach Auschwitz
deportiert: «Lolalein! Herzensdank für Mairotkreuzbrief! Wir
folgen heute Irma. Bleibe ruhig, auch wenn lange Post ausbleibt.
Du warst uns nur Freude. Gottbefohlen! – Voll Gottvertrauen
auf Wiedersehen. Vati und Mutti.»

«Um Ihnen zu beweisen, wie sehr ich gezögert habe, mich der
Vergangenheit zu nähern ...» John verrät mir, dass er mitten in
der Nacht aufgestanden ist, um den Umschlag zu öffnen, den er
vor vier Jahren von Yad Vashem erhalten hat und an den er bisher
nicht zu rühren wagte. Er enthält die Deportationsdaten seiner
Familienmitglieder. «Ich kannte das Jahr der Deportation meiner
Mutter. Aber nicht das meines Vaters. Ich habe gestern erfahren,
dass er nach Ankunft der Nazis in Prag im März 1939 noch fast
drei Jahre überlebt hat. Er ist am 9. Mai 1942 in Lodz gestorben.
Acht Tage, nachdem mein Bruder ertrunken ist. Meine Mutter
wurde Ende desselben Jahres 42 in Riga erschossen.»
    John macht eine Pause. «Während ich Ihnen das alles erzähle,
sind die Schmerzen wiedergekommen. Die Schmerzen sind lo-
yal, hat Colette gesagt. Mein Körper reagiert heftig. Der Schock

von Pauls Unfalltod hat mich viel mehr erregt als der Tod meiner
Eltern. Das Ertrinken meines Bruders war nicht Teil des kollektiven Schicksals. Wie sollte ich ohne ihn leben? Ende 42 war ich
ziemlich am Ende meiner Kräfte.»
John hat neben den Namen seiner Onkel und seiner Tanten
auf der Liste von Yad Vashem kleine Kreuze angebracht. Er stellt
Statistiken auf: «Meine Eltern hatten beide drei Geschwister. Die
vier Rothkugel auf Seite meines Vaters, Luzy, Otto, Karl und
Leon, sind alle von den Nazis ermordet worden. Ein Volltref-
fer. Auf Seite meiner Mutter hat es nur Onkel Erich, derjenige,
der mir das Leben gerettet hat, geschafft, im letzten Augenblick
nach Ecuador zu emigrieren. Tante Edith, die modernste von
uns, die eine Psychoanalyse nach Adler machte und sich über ihren Miko, kurz für Minderwertigkeitskomplex, beklagte, ein damals sehr in Mode stehendes Seelenwirrwarr, ist im Februar 1933
an Leukämie gestorben, im Augenblick, als Hitler an die Macht
kam. Meine Mutter und Onkel Rudolf sind deportiert worden.
Damit sind 75 % meiner Familienmitglieder von den Nazis ermordet worden.»

Am 25. August 1946 schreibt Hans-Hugo an Ilse: «Es braucht
sicher Jahre, ehe wir ganz verstehen können (wenn überhaupt?),
was für ein wahnsinniges Schicksal unsere Leute getroffen hat.
In mir ist eine große Trauer aufgekommen; all das uneingestan-
dene Schwere, Verlustreiche, womit meine Kindheit und Jugend überschattet waren, findet seinen Höhepunkt in Muttis
Ende. War ich zum Hadern gegen die dauernden Widrigkeiten
geneigt, so beuge ich mich heute vor der Tragik unserer Situation, persönlich, wie auch die alle Juden betreffend. Wir sind in
jeder Beziehung der Rest, den der Zufall (oder das Schicksal?)
verschonte, aber sind nicht auch unsere Vorräte schon zur Hälfte

aufgebraucht, werden wir noch das Neue, Kommende aufbauend erleben? Die gute, alte, grüne Hoffnung, so sehr verachtet, aber doch die Schwester des Glaubens, möge sie uns weiter zur Seite stehen! Verzeih vorangegangenes Impromptu, aber ich musste mit jemandem sprechen!»

Was bleibt von der Familie Rothkugel? Ein paar Fotos in der Schreibtischschublade in Berkeley. Nicht einmal ein Album, in dem die Onkel und Großeltern, gut geschützt zwischen Kartondeckeln, vereint gewesen wären. Onkel Rudolf, seine Frau Grete und die Cousine Lola einander umfassend, auf dem Balkon in der Vionvillestraße wenige Tage vor der Auswanderung Lolas. Der Großkaufmann Benno Cohn mit seiner Gemahlin beim Promenieren in Bad Kissingen im Jahr 1921, «zu einer Zeit, wo ein großer Teil seines Vermögens bereits futsch war». Omama Anna 1880, vor ihrer Heirat, als viktorianische Schönheit. Leon als junger Mann in der Uniform als Frontsoldat, die rechte Hand verbunden, nach der Heimkehr von der Front. Er gleicht einer Figur von Proust. «Die Frauen mochten ihn ziemlich. Nicht bis zum Wahnsinn, aber ziemlich.» Irma sitzt auf dem Sesselarm ihres Mannes, der ihr um die Taille fasst. Paul in Hazorea, «der dritte von rechts, im dicken Pullover».

Da ist auch dieses Porträt von Jochanan Ron aus dem Jahr 1950, ein *eligible bachelor* (begehrter Junggeselle), Meteorologe auf dem Flughafen Lydda bei Tel Aviv. Dieser ernste junge Mann mit Brille und Pomade im Haar hat einen Traum: Paris kennenlernen, «bevor es durch einen dritten Weltkrieg zerstört wird». Er ergattert ein einjähriges Stipendium, um an der Sorbonne Meteorologie zu studieren. «Ich war ein kleiner Lebemann. Und um meinen Lebenshunger zu stillen, war Israel nicht der geeignete

Rahmen. Ich wollte um das Goldene Kalb tanzen!» Die Flucht war vielleicht das einzige Mittel, diesem Gewitter zu entrinnen, das sich in ihm zusammenbraute, sagt er.

Jochanan Ron lebt im Style Hotel, Rue Claude Bernard, geführt von Monsieur und Madame Petit. Er bewohnt ein winziges Zimmer mit fließendem lauwarmem Wasser und einem herrlichen Bidet, das er für einen Spucknapf hält. Er lernt mit dem Docteur Zacharias, dem nach Frankreich emigrierten Berliner Familienarzt, Schnecken zu essen, entdeckt in der Patisserie *A la marquise de Sévigné* auf der Place de la Madeleine den großen Luxus. Das Deutschland der fünfziger Jahre lebt noch immer in großer Kargheit, «aber in Paris hat man gefressen».

In einem Brief beschreibt er Ilse seine ersten Eindrücke: «Es ist schwer, das Gefühl gedämpfter Begeisterung zu schildern, das wie ein Grundton alle Eindrücke begleitet: Ich sage mit Absicht gedämpft; denn so wie Licht und Menschen und Häuser Europas sind, so stellt sich Denken und Empfinden langsam wieder auf eine andere Tonwertskala um: ein von kultivierter Vergangenheit gesättigtes Grau, aber eben doch kein tristes Grau, sondern ein überaus nuanciertes, reifes Grau, leise lockend, von alten Mauern mahnend, in winklig-mittelalterlichen Gässchen, und wieder voll großartiger Fülle bei monumentalen Durchblicken, die geradezu mit dramatischer Wucht begabt sind.»

Von diesem Pariser Jahr geblieben sind das Wörterbuch *Le Petit Larousse* auf dem Nachttisch, Malherbe, «Wo wären wir denn heute ohne Malherbe!», Verlaine, den er aus voller Kehle deklamiert, und das Vergnügen, die Wörter abzuwägen, neue zu erfinden, andere Verbindungen auszuprobieren. Auf einmal richtet er sich beglückt in seinem Bett auf: «Das ist wunderbar, finden Sie nicht? Hören Sie das? Hören Sie die Melodie der Wörter ...» Und vor allem die Freude, wenn er von einer Sprache zur anderen springt. Vom Deutschen ins Französische, dann ins Englische, ins Hebräische.

John sagt, dass er «von jeder Sprache den Nektar einsammelt». «Deutsch mag ich mit vielen geistigen Einschränkungen. Es gibt allerdings Sachen, die kann ich nur auf Deutsch sagen. Diese Sprache rührt mich, ich kann es nicht leugnen. Deutsch ist ein Teil von mir. Das ist die große Tragödie zwischen mir und meiner Muttersprache.» Goethe, «ihr Idol!», mag John nicht: «Ich weiß nicht, ob Sie schon einmal versucht haben, *Wilhelm Meister* zu lesen. Das ist furchtbar! Aufgesetzt! Unnatürlich! Hätte ich die Wahl, entweder Goethes Gedichte oder die Galgenlieder von Morgenstern in die Hölle mitzunehmen, würde ich keine Sekunde zögern. Ich brenne darauf, Ihnen ein Gedicht von Heine zu zitieren. Kein anderer Dichter hätte zu schreiben gewagt ‹*Süßes, dickes Kind* ...› Geht es Ihnen auch so? Sehen Sie diesen gewissen Charme auch? Bevor ich dahinschwinde, kann ich der Versuchung nicht widerstehen, Ihnen einen kleinen Leckerbissen aufzusagen, das erste Kapitel der ‹Berliner Bälle› von Rideamus, der beschreibt, wie glücklich es sich als Berliner unter dem Kaiser leben ließ:

Anne-Marie, die Tochter vom Haus
Sieht heute wieder entzückend aus.
Sie ist gewachsen wie eine Pinie
Und hat eine klassische Nackenlinie.
Aber sie hat einen schlechten Ruf
Weiß der Himmel, was ihr den schuf.

Ich war ein Kind, das von den Wörtern lebte. Mein Vater rezitierte mir alles, was in der Luft lag. Es war eine etwas alberne, etwas unglückliche und vor allem sorglose Zeit. Die Vergnügungsmöglichkeiten waren eingeschränkt. Die Wörter nahmen einen größeren Platz ein als heute. Im E-Mail-Zeitalter, sprießen da die Reime noch? Soll ich Ihnen noch ein Gericht à la John Ron vorsetzen?» Und schon legt er los:

«Belle warste
Triste biste
Siehste Du wie du biste
Belletriste.»

«Kein sehr bedeutendes Werk, ich gebe es gerne zu. Aber es gefällt mir, etwas zu lesen, das nicht von den großen Problemen wie Leben und Sterben spricht.»

Als sein Pariser Jahr 1951 zu Ende ist, beschließt John, nicht nach Israel zurückzukehren. Er hat eine Tante in London, in Notting Hill. Um nicht wie Balzacs heruntergekommener Cousin Pons an der Tafel seiner Verwandten aufzukreuzen, lässt er sich bei «Madelon», einem Herrenkonfektionsgeschäft im 15. Arrondissement, einen olivgrünen Anzug maßschneidern. Er lässt sich in London nieder. John könnte eine ganze Sammlung von Pässen anlegen. Deutscher bei der Geburt. Einwohner des britischen Mandatsgebiets Palästina 1938. Israeli, dann Brite. «Heute bin ich technisch Engländer und Inhaber einer amerikanischen Greencard. Aber Deutscher? Wie könnte ich das sein? Die deutsche Staatsbürgerschaft ist mir aberkannt worden. Es ist mir nie eingefallen, sie wiederzuerlangen. Ich habe meinen deutschen Pass sowieso verbummelt, dieses historische Dokument!»

Weil er den «gelben Nebel» von London nicht mehr erträgt und diese «verrückten Engländer, die ein Faible für Durchzug und unbeheizte Wohnungen haben», geht John Ron auf die Bermudas. Und weil er die «Cocktailpartys, den Wasserski, die Kakerlaken und die allzu umtriebigen New Yorker Scheidungswitwen» nicht mehr erträgt, zieht er in die Vereinigten Staaten weiter, das Land der Freiheit, der großen Weiten und der besten Klempner der Welt. Er ist 39. Er unterrichtet auf der Highschool Englisch, Deutsch und Französisch. 1972 lebt er in Denver und unternimmt einen letzten Versuch, nach Israel zurückzukehren. Vier Monate hält er durch. «Zu diesem Zeitpunkt herrschte in Israel große Euphorie. Ich sah am Unabhängigkeitstag Militärparaden in den arabischen Vierteln, ohne jede Rücksicht auf Empfindlichkeiten. Was für eine Arroganz. Ich sah, dass die ultraorthodoxe Minderheit, die ‹Schwarzen›, immer mehr Macht hatten. Das Land war gewiss sehr florierend hinsichtlich der Wirtschaft, wurde getragen von der Siegeseuphorie nach einem so kurzen wie entscheidenden Krieg, aber dieser angeberische Nationalismus gefiel mir nicht.» John kehrt in die USA zurück.

Von draußen steigen Grillgerüche herauf. Eine Salsa latino, Lachen und Gesprächsfetzen sind zu hören. Das weiße Middle-Class-Amerika feiert. Es ist der 4. Juli. Independence Day. Ich bin gekommen, um mich von John zu verabschieden. Er sucht nach einem Schlusswort für unser Gespräch. «Mit zunehmendem Alter verstehe ich meinen Vater besser. Geld und Karriere zählten wenig für ihn. Ich war wie er ein Glücksritter. Ich stelle in diesem letzten Moment meines Lebens fest, dass ich keinerlei jüdische

Identität spüre. Es ist eher eine Solidarität des Schicksals. Das hat nichts mit der Religion zu tun. Das Einzige, was mir davon geblieben ist, sind die in Herrlingen gelernten hebräischen Gesänge. Aber zwischen einem Lied und der Weltanschauung ... liegt ein großer Abgrund.»

Unten auf der Straße sitzen Johns Nachbarn, nackte Oberkörper, Bermudas und Baseballmützen, in ihren Klappsesseln und schlecken Zuckerwatte. Die amerikanischen Flaggen wehen an den Fassaden der Holzhäuser mit den Rosen in den Vorgärten. Die Wagen stehen geschützt in den Garagen. Über der Bucht von San Francisco in der Ferne liegt ein leichter Hitzeschleier. Oben das kleine Apartment. Ping bereitet Mister Rons Tee mit Milch zu. Sie werden heute Abend die Einzigen der Straße sein, die nicht zum Feuerwerk gehen.

Hannahs Kleid

Für Susanne Wachsner

God knows, wie viele Kleider Hannah zur Wohltätigkeitsorganisation Good Will gebracht hat. Zu eng gewordene Röcke hat sie weggegeben, Blusen, deren jugendliche Farbtöne sich nicht mit der Gravität des fortgeschrittenen Alters vertrugen, wie sie eines Tages beschied, während sie sich vor dem Spiegel drehte. Aber um sich von diesem Ballkleid zu trennen, das sie so behutsam aus dem Kraftpapier schält, dafür hat sie nie den Mut gehabt. Auch nicht, als sie vor ein paar Jahren ihre Wohnung von Grund auf entrümpelte, Säcke voll altem Plunder wegwarf, ganze Kleiderkartons fortschaffte, weil sie genau wusste, dass in dem kleinen Apartment des Bristal, des Assisted Living Home von North Hills, das sie im Vorort von New York beziehen würde, kein Platz für die Sachen eines ganzen Lebens ist. Ein langes schwarzes Abendkleid aus Crêpe de Chine, Zeuge der Wespentaille, die sie mit 19 hatte, als sie es unter dem wachsamen Blick ihres Vaters und ihrer Mutter für die Dauer eines Walzers auf der *S. S. Rotterdam*, dem Passagierschiff, das die Familie Kroner nach New York brachte, zum ersten Mal trug. Es war im Jahr 1939.

Ich bin am Tag zuvor aus Berlin gekommen. Wir sind zu dritt auf dem Bahnsteig des Bahnhofs Mineola in Long Islands verabredet: Hannah Kroner-Segal, fast 92 Jahre alt, ihre Tochter Evelyn und ich. Der Zug durchquert *Suburbs*, wie man sie in amerikanischen Filmen sieht: Eine breite, ausgestorbene Straße, apfelgrünes Rasenviereck, der Wagen in der Allee geparkt, das Haus mit heller Holzveranda. Kilometer um Kilometer dieselbe regelmäßig wiederholte Komposition. Hin und wieder durchbricht ein Parkplatz oder ein Riesensupermarkt den Rhythmus dieser Vorstadtsiedlungen. Viele Tempel und Kirchen von skurrilen Religionen. Über die Fassaden gespannte Banderolen singen das Loblied irgendeines Gottes, nie wirklich desselben, so wie man mit überspitzten Slogans eine besonders leistungsfähige Automarke preist. Ein strahlender Sonntag. 30 Grad Celsius. Die New Yorker sind am Strand, in den Parks, im Schatten. Der kleine Bahnhof von Mineola ist menschenleer.

Hannah und Evelyn prüfen die aussteigenden Passagiere. Sie erkennen mich sofort. «You see, the girls from Berlin find their way to the end of the world!», raunt Evelyn ihrer Mutter zu. Mutter und Tochter haben seit jeher Englisch miteinander gesprochen. Beide winken mir lebhaft zu. Hannah steht mit geradem Rücken und der Kopfhaltung einer Tänzerin fest auf ihren flachen Sandalen. Mit ihren rot geschminkten Lippen, ihren perfekt gekämmten kastanienbraunen Haaren sieht man ihr das Alter überhaupt nicht an. «Man muss dankbar sein, wenn die Natur mitspielt. Das Tanzen hat mich körperlich fit erhalten», sagt sie, als ich ihr ein Kompliment mache. «Dass ich mit 92 den Fuß noch hochschwingen kann!» Und wir umarmen uns.

Wir steigen in Evelyns Auto. Hannah fährt noch selbst, um ins Theater zu gehen oder einzukaufen. Sie meint, ohne Auto wäre sie aufgeschmissen. Das Bristal ist ein kleines, von allem abgeschnittenes Inselchen, in ein Nest aus dreispurigen Straßen gebettet. «The Bristal lies in the heart of Long Island's Gold Coast. Reach major thoroughfares like New Hyde Park Road, Shelter Rock Road, the Northern State Parkway and the Long Island Express Way in seconds», verkündet der Prospekt der Einrichtung, der seinen potenziellen alten Mietern weismachen will, dass sie hier ins sprudelnde Leben eintauchen werden.

Hannahs Einzimmerwohnung befindet sich am Ende eines langen Flurs, dessen dicker Teppich das Klappern der Gehstöcke dämpft. Je weiter man sich vom Fahrstuhl entfernt, desto billiger wird die Miete der Apartments. Hannah schlängelt sich mit leichtem, fast tanzendem Schritt zwischen den Rollstühlen und Rollatoren hindurch, grüßt nach rechts und nach links. «Als ich hier ankam, waren noch fast alle auf den Beinen», sagt sie auf Deutsch, damit ihre Mitbewohner sie nicht verstehen. Sie möchte sie nicht kränken. Sie findet sie ein bisschen deprimierend, all diese Alten, die sich im Sommer unter ihrem Fenster auf den Liegestühlen am Rande des Pools aufreihen. Im lauen Wasser herumzuplanschen und sich stundenlang in der Sonne braten zu lassen, das ist nichts für sie. Hannah hat bis zum letzten Sommer Tanz unterrichtet. Noch heute gibt sie im Bristal einmal wöchentlich Gymnastikkurse: «Wir bewegen, was sich noch bewegen lässt, die Schultern, die Hände, die Finger, den Oberkörper. Zum Tanzen ist es nie zu spät.» Und dann bückt sich Hannah, ohne die Beine zu beugen, mit gestrecktem Rücken und ohne jede Anstrengung, um den Schlüsselbund aufzulesen, der ihr aus der Hand gefallen ist.

Als wir uns in ihrer Einzimmerwohnung an dem kleinen Tisch mit unseren überdimensionalen Putensandwichs abmühen, schrumpft die Zeit, die ganze verstrichene Zeit auf einmal zusammen. «Mit zunehmendem Alter steigt die Vergangenheit wieder hoch, in unglaublicher Klarheit.» Und die Vergangenheit, das ist Susanne. Susanne Wachsner, Hannahs Freundin aus Kindertagen. Eigentlich sind es ihre Mütter, die über alles entschieden haben. Frau Kroner und Frau Wachsner sprachen sich am Tag der Einschulung im Pausenhof der Volksschule an. Die beiden Frauen hatten sich einen langen Moment gemustert, das Für und das Wider abgewogen: Kind von ansprechendem Äußeren, gut erzogen, Strümpfe weiß und Schuhe blankpoliert, gleiches soziales Milieu und darüber hinaus jüdisch ... Alle diese Fragen, die sich die Mütter bürgerlicher Familien meiner Straße stellen, darauf bedacht, den Umgang ihrer Töchter gut durchzusieben. Dann fragte Hannahs Mutter Susannes Mutter noch der Form halber: «Sollen unsere Töchter Freundinnen sein?»

Susanne wohnte in der Nummer 9 meiner Straße, genau an der Ecke zum Platz, da wo heute der «Park» neben dem Supermarkt beginnt. Das Gebäude ist von den Bomben zerstört und nicht wieder aufgebaut worden. Eine dunkle, freudlose Wohnung, wo Hannah oft zum Mittagessen eingeladen war, sich jedoch nie wohl gefühlt hat. Einmal, als Susannes Vater kurz aus dem Raum gegangen war, um ans Telefon zu gehen, hat sie ihren Spinat in eine Pflanzenschale gekippt. Fritz Wachsner, Verfechter einer preußischen Erziehung, hätte es nie geduldet, dass ein Kind seinen Teller nicht leer isst. Nach dem Tod von Susannes Mutter engagierte dieser kalte, strenge Mann, erster Berliner Vertreter des illustren Hauses Staedtler, Hersteller von Blei- und Farbstiften, eine Hausdame, die sich um die beiden Kinder, Bruno und Susanne, kümmerte. Als kurz nacheinander auch der Vater und die Hausdame starben und Bruno nach England ging, wo sich seine Spur verlor, blieb Susanne allein als Waisenkind in der großen leeren Wohnung in der Nummer 9 zurück.

Sie ist vierzehn. Hannahs Eltern beschließen, sie zu sich zu nehmen. Sie wohnen gleich um die Ecke, gegenüber der erdrückenden Fassade des Amtsgerichts. Und sie haben Platz. Am Ende des Flurs ist ein Zimmer frei geworden. Als die Juden «keine weiblichen Staatsangehörigen deutschen oder artverwandten Blutes unter 45 Jahren» mehr in ihrem Haushalt beschäftigen dürfen, als ob jeder gute jüdische Familienvater per se lüstern wäre und sich augenblicklich auf sie stürzen würde, müssen sie ihr Zimmermädchen entlassen. Hannah, einem ängstlichen Einzelkind, konnte diese Adoptivschwester nur guttun. Hannah ist froh, dass der Neuankömmling sie ein wenig von der Überbehütung ihrer Mutter ablenkt. Denn Elsa Kroner lässt ihre Tochter nicht aus den Augen. Sie beugt sich aus dem Fenster, wenn die Kleine in die Schule geht, und wenn Hannah mittags nach Hause kommt, sieht sie sie schon von weitem. Ihre Mutter steht wieder da, als hätte sie ihren Beobachtungsposten über der Straße den ganzen Tag lang nicht verlassen.

Susanne gehört nun zur Familie. Einmal wird sie am Weihnachtsabend Zeugin einer eigenartigen Szene. Hannahs Großvater schneit herein, den Deckel einer Zigarrenkiste unter dem Arm. Er stellt sich vor den sechs Fuß hohen Weihnachtsbaum, der mitten im Esszimmer thront. Die Äste biegen sich unter den Kugeln und Lamettagirlanden. Die Pfefferkuchen hängen nicht zu niedrig, damit der Hund sie nicht erreichen kann. Eine einzige Pracht. Der Großvater möchte seiner Enkeltochter einen «Hauch von Judentum» vermitteln. Er weigert sich, sämtliche Traditionen in den «großen Brei» der Assimilation zu schmeißen. «Deine Mutter», sagt er zu seiner Enkelin, «hat einen großen Weihnachtsbaum, und du weißt nicht einmal, dass du Jüdin bist. Komm mal her, ich zeige dir, was du als jüdisches Kind zu machen hast.» Er nahm den hölzernen Deckel seiner Zigarrenkiste, aus seiner Tasche acht Kerzen und steckte sie darauf. «Warum zündet er denn die Kerzen am falschen Ende an? Er nimmt die acht Kerzen und singt mit furchtbarer Stimme: *Ma-os zur je-schu-a-ti*. Ich verstand: Schuhe ausziehen.» Der Großvater sagte: «Man darf sie nicht auspusten. Sie müssen runterbrennen.» Hannah hatte Angst, dass er das Haus in Brand steckt. «Dann nahm er den Hut ab und sagte ganz zufrieden: ‹So, jetzt weißt du, dass du Jüdin bist.› Und ich mittendrin! Zu meiner Rechten der prächtige Weihnachtsbaum, zu meiner Linken die Zigarrenkiste mit den Kerzen und die schreckliche Stimme meines Großvaters. Aber I was good erzogen. Ich sagte nichts. Chanukka hat acht Tage, that is better als die zwei für Weihnachten. Aber trotzdem dachte ich: Ich nehme die zwei für Weihnachten, thank you!»

Das ist der Grund, warum Hannah, als ihre Tochter Evelyn sich viele Jahre später kurz nach Weihnachten mit dem Sohn einer streng konservativen jüdischen Familie verlobt, den Eindruck eines *Déjà-vu* hat. Als die zukünftigen Schwiegereltern zu Besuch kommen, um Bekanntschaft zu schließen, versteckt Hannah in aller Eile den Weihnachtsbaum hinter dem Schreibtisch und wirft eine Decke über ihn. «Was ist jetzt mit uns? Haben mein Mann und ich uns nach der Hochzeit unserer Tochter gefragt. Wir feierten Weihnachten zu zweit in Atlantic City, ohne Kinder und ohne Baum. Es war absurd! Wir haben es fünfzehn Jahre geschafft, zu verhindern, dass der Vater und der Schwiegervater von Evelyn sich begegnen. Doch an der Bar-Mizwa von Ray, Evelyns Sohn, fanden sich die beiden Männer an einem

Tisch gegenüber. Und das Erste, was mein Mann zum Schwiegervater meiner Tochter sagte: ‹Wissen Sie was? Wir haben einen Weihnachtsbaum!›» Und seither werden bei Evelyn Weihnachten und Chanukka gleichzeitig gefeiert.

Bald dürfen Hannah und Susanne das Lyceum auf dem Platz nicht mehr besuchen, weil sie Jüdinnen sind. Man rät ihnen dringend, einen Beruf zu erlernen, einen richtigen, den sie nach ihrer Emigration in den Vereinigten Staaten ausüben können. Hannah entscheidet sich für eine Ausbildung als Tänzerin beim Schweizer Choreographen Max Terpis, dem ehemaligen ersten Ballettmeister der Staatsoper, der eine Synthese zwischen klassischem Ballett und Ausdruckstanz versucht. Er kündigt 1930, eröffnet seine eigene Tanzschule in der Nähe des Lietzensees und ist bereit, jüdische Schüler aufzunehmen. Susanne nimmt Nähstunden. «In meiner Familie gab es nur zwei mögliche Wege», amüsiert sich Hannah. «Man studierte entweder Recht oder Medizin. Da können Sie sich vorstellen, Tanz und Nähen ...»

Als Hannah und ihre Mutter eines Nachmittags wie gewohnt in der Silberterrasse des KaDeWe ihren Tee trinken wollen, versperrt ihnen ein quer über die Treppe gespanntes Schild, *«Hunde und Juden unerwünscht»*, den Weg. (In diesem Augenblick unterbreche ich Hannah. Hunde auch? Sind Sie sicher, beide im selben Topf? – Very sure!!) Sie machen kehrt. Und Elsa Kroner eilt in die Kleidungsabteilung für Damen und kauft ihrer Tochter ein sündhaft teures Kostüm: «Das leisten wir uns noch!», schleudert sie der perplexen Verkäuferin entgegen.

Dieselben Flurnachbarn, die Hannah am 6. Dezember einen Schokoladennikolaus auf die Fußmatte gelegt hatten, als sie klein war, brüllen ihnen nun ein «Heil Hitler!» entgegen, er in Uniform, sie mit langen blonden Zöpfen. Mit diesen blonden Zöpfen, von denen Hannah und Susanne träumen. Sie fabrizieren sich Zöpfe aus Wollfäden und Raffiabast und machen sie hinter den Ohren fest. Sie nennen das: deutsche Mädchen spielen. Die Lage ist unerträglich geworden. Die Kroners beschließen zu emigrieren. Und Susanne selbstverständlich mitzunehmen. Ein Cousin, der schon vor dem Krieg nach New York gegangen ist, schickt ihnen ein Affidavit. Ohne Affidavit keine Einwanderung in die USA. Jetzt muss nur noch die Immigrationserlaubnis auf dem Konsulat der Vereinigten Staaten abgeholt werden. Vor dem Konsularbüro hat sich eine lange Warteschlange gebildet. Hannah und ihre Eltern reihen sich ein. Susanne ist benachrichtigt worden. Sie trifft außer Atem eine Viertelstunde später ein. Vor Susanne sind zehn Personen an der Reihe. Der Beamte teilt die Gruppe und bittet die fünf letzten, nach Hause zu gehen. Susanne muss ein anderes Mal wiederkommen. Auch Elsa Kroner hätte beinahe umkehren müssen. Als der amerikanische Beamte feststellt, dass Frau Kroner unter hohem Blutdruck leidet, runzelt er die Brauen. Sie lässt sich nicht einschüchtern: «Sir, wenn Sie in Nazideutschland Jude wären, hätten Sie auch einen hohen Blutdruck!» Der Beamte drückt seinen Stempel in den Pass.

An jenem Abend wird am Esszimmertisch beschlossen, dass die Kroners vorangehen und Susanne ihnen ein paar Wochen später folgen wird. Man setzt das Abreisedatum fest: 15. November 1939, der 65. Geburtstag von Eugene Kroner. Zwei Wochen vor der Abfahrt bekommt Hannah eine Blinddarmentzündung. Onkel Karl, Elsa Kroners Bruder, ist Arzt. Er hatte im Ersten Weltkrieg in einem Lazarett einen jungen Soldaten namens Adolf Hitler untersucht. «Bloß nicht operieren!», ordnet Onkel Karl an. «Sie lassen sie niemals reisen mit einer ganz frischen Wunde.» So verbringt Hannah ihre letzten Tage in Berlin im

Bett mit einem Eisbeutel auf dem Bauch. Um die Überfahrt zu bezahlen, verkaufen die Kroners zu einem Spottpreis ihre Möbel. Im Treppenhaus formt sich eine gierige Warteschlange. Der Flügel geht *für'n Appel und 'n Ei* weg. «Was kümmert uns das Klavier, solange wir mit dem Leben davonkommen!», verkündet Eugene Kroner und beißt sich auf die Lippen. Er kauft drei einfache Fahrkarten zweiter Klasse für die *S. S. Rotterdam* und amüsiert sich mit schwarzem Humor über die beiden Initialen, die sie, ihn und seine Familie, in die Freiheit führen werden.

Mit einem Ozeandampfer über den Atlantik! Der Kapitänsball, das Deck voller Lampions, in den Armen eines jungen Mannes im Smoking herumwirbeln … Hannah und Susanne malen sich die Überfahrt wie in einem Groschenroman aus. Dabei wissen sie eigentlich, dass diese jugendlichen Träume grotesk sind. Diese Reise ist keine Luxuskreuzfahrt, sondern der letzte Versuch, ihre Haut zu retten. Seit zweieinhalb Monaten herrscht Krieg. Hitler hat angekündigt, dass die jüdische Rasse in Europa vernichtet werden wird. Hannah und Susanne gestatten sich trotzdem das Recht, zu träumen, wenn sie sich abends auf der Wohnzimmercouch aneinanderschmiegen. Damit Hannah auf der Tanzpiste glänzen wird, verbringt Susanne die Nächte damit, ihr ein Ballkleid zu schneidern. Sie schneidet den Stoff zurecht, fügt ein lachsfarbenes Baumwollfutter hinzu, bringt die Träger an und rundet das Dekolleté ab. Nachts ist aus dem ehemaligen Dienstbotenzimmer der Kroners das Rattern der Nähmaschine zu hören. Am dritten Morgen öffnet Susanne ganz weit die Tür. Das Kleid liegt auf dem Bett ausgebreitet. «Für wenn du auf dem Schiff bist nach Amerika!»

«Ein schönes Kleid. Ich habe es damals auf dem Schiff getragen. Und später, wenn ich mit meinem Mann ausging. Dann wurde ich schwanger, und es passte nicht mehr.» Hannah verstaute das Kleid mitsamt der Erinnerung an Susanne tief in einem Schrank. Sie musste zu vergessen versuchen, wenn sie fähig sein wollte, in ihrem neuen Leben voranzukommen. Erst viele Jahre später wagte Hannah Susannes Kleid herauszuholen, um es Evelyn zu geben. Aber es ist zu eng und zu kurz für Evelyn, die es an ihre amerikanische Schwiegertochter Courtney weitergibt. Seit dem Tod ihres Mannes ist Courtney jedoch nicht mehr nach Feiern zumute, und so wanderte das Kleid wieder in die Tiefe von Hannahs Schrank zurück. Während wir über Susanne sprachen, hat Hannah mich mit ihrem Blick gemustert. «Das Leben ist merkwürdig, es ist, als ob jemand da oben entscheiden würde ...», sagt sie, indem sie die Augen zur Decke hebt. «Es gibt nur eine, die dieses Kleid tragen könnte ... Sie! Und ich würde mich glücklich schätzen, wenn Sie es nehmen und dahinbringen, wo es hingehört, in Susannes Straße. Vielleicht werden Sie Gelegenheit haben, es einmal zu tragen und die Erinnerung aufleben zu lassen, die es verkörpert? Bitte, nehmen Sie es ...»

«Das Kleid hat die Person überlebt», sagt Hannah, als ich aus dem Badezimmer trete. Ich fühle mich etwas eingeschüchtert in diesem 74-jährigen Ballkleid. Hannah arrangiert die Träger, streicht mit der Hand über die Hüfte, um den Stoff zu glätten. Man müsste es bügeln und ein wenig kürzen. Aber es sitzt perfekt. Ich stehe vor Hannah, mit baumelnden Armen, rundem Rücken, verlegen. «Nein, nein, nein», entrüstet sich Hannah. «So sieht das nach gar nichts aus!» Und sie zeigt mir, wie man die Wirbelsäule gerade hält, einen Fuß ein paar Zentimeter vor den andern stellt, den Oberkörper wölbt und die Hand mit dem stolzen Blick einer Flamenco-Tänzerin auf die Hüfte legt. *So* wird ein Abendkleid getragen!

Hannah betrachtet mich. Tränen steigen ihr in die Augen. Die Tränen einer alten Dame, die ihren Haselnussblick kaum benetzen. «Ein Abendkleid, im Jahr 1939 mit viel Liebe gemacht. Und wenn es einen Himmel gibt, wo Susanne hingehört, so würde sie sich bestimmt heute sehr darüber freuen!» Sie nähert ihr Gesicht dem meinen. Sie spricht jetzt Deutsch. Langsam. Ganz deutlich. Als könnte sie diesen Moment einzig in ihrer Sprache beschreiben: «Und was ich Ihnen jetzt erzählen werde, das werde ich nie vergessen, solange ich lebe. Nie werde ich vergessen, wie ich Susanne zum letzten Mal gesehen habe. Susanne und mein Kindermädchen wollten uns bis ans Schiff nach Rotterdam begleiten. Wir sind gemeinsam im Zug bis zur niederländischen Grenze gereist. Dort betraten meine Eltern und ich eine immense Halle. Wir wurden von oben bis unten durchsucht. Wir mussten uns vollständig ausziehen. Manche Frauen hatten Diamanten in der Vagina versteckt! Meine Mutter weigerte sich, sich so zu erniedrigen. ‹Auf das Leben kommt es an, nicht auf die Diamanten!› Und als wir die Halle verließen, uns entfernten, um die Grenze zu passieren, fing Susanne an zu schreien, ‹Mami! Mami!›. Ganz laut. So laut. Ich höre den Schrei noch immer. Meine Mutter versuchte sich zu befreien und sich einen Weg durch die Menge zu bahnen, aber mein Vater hielt sie am Ärmel zurück: ‹Wenn du gehst, Elsa, wirst du nach Deutschland zurückkehren, und sie werden dich nicht mehr rauslassen! Wir wollen nicht ohne dich fahren!› Da ist meine Mutter an ihren Platz in der Warteschlange zurückgekehrt. Einige Minuten später öffnete sich das Türchen, und wir waren auf holländischem Boden. Das letzte Bild, das ich von Susanne habe: Sie weint wie ein Kind, in die Arme meines Kindermädchens geschmiegt.» Eugene Kroner versucht seine Frau und seine Tochter zu beruhigen: «Es ist nur eine Frage von

138

Monaten. Susanne wird bald nachkommen.» Als das Schiff den Hafen von Rotterdam verlässt, hängt Hannah das Kleid in den Schrank der winzigen Kabine, die ihnen zugeteilt worden ist.

Als die *S. S. Rotterdam* die Reede vor New York erreicht, ist es bereits finster. Nach 18 Uhr dürfen die Schiffe nicht mehr in den Hafen einlaufen. Eine stockdunkle Nacht, nicht mal eine Mondsichel am schwarzen Himmel. Hannah und ihr Vater stehen nebeneinander auf dem Deck, zusammengedrängt wie zwei verängstigte Tiere. Sie erkennen den schwarzen Schatten der Lagerhallen von Brooklyn, die Silhouette der Freiheitsstatue, die ihren kräftigen Arm in den tintenschwarzen Himmel streckt. Genau vor ihnen die Spitze von Manhattan, die Umrisse der Wolkenkratzer und, wie verrückte Glühwürmchen, die Scheinwerfer der Autos. Hannah kommt es vor wie eine Filmkulisse, die sich vor ihren Augen entfaltet. Eugene Kroner macht sich keine Illusionen. Er weiß, was ihn in seinem neuen Leben erwartet. 1936 hat er die Manufaktur eleganter Damenbekleidung, deren Inhaber er war, abgeben müssen: «Es bleiben mir 10 Mark in der Tasche, dabei konnte ich mir mein ganzes Leben lang immer leisten, was ich wollte. Komm, Hannah, wir nehmen unser letztes Abendessen ein. Ab jetzt bin ich ein alter, mittelloser Mann», sagt er, während er seine Tochter in den Speisesaal des Schiffes führt. An jenem Abend servieren die Kellner mit den weißen Handschuhen *a Tomatoe Soup, Boiled Flounder Hollandaise Sauce, Roast Leg of Lamb with Gravy, Brussels Chicory in Cream, Steamed Rice and Boiled Potatoes, Lettuce Salad French dressing, Ice-cream, Vanilla Eclairs, Fruit et Coffee.* Hannah hat die Speisekarte vom 24. November 1939 aufbewahrt.

Sobald sie sich in ihrem winzigen Apartment in Manhattan eingerichtet haben, kümmern sich die Kroners um das Affidavit für Susanne. Sie kaufen ein Doppelbett für die beiden Mädchen. Alles ist für die Ankunft bereit. Die Kroners haben Mühe, in der neuen Welt Fuß zu fassen. Eugene Kroner wird Vertreter für Bürobedarf. Er kauft sein Material zu niedrigen Preisen bei Woolworth und putzt dann in der 57th Street die Klinken, um es mit einem mageren Profit an Sekretäre von Kunsthändlern weiterzuverkaufen. «Er war so stolz, die ersten Dollars zu verdienen», erinnert sich Hannah. Elsa Kroner findet eine Arbeit am Fließband. Mit 55 Jahren klebt sie Sohlen an Hausschuhe. Stundenlang dieselbe geisttötende Handbewegung. Aber nie zeigt sie Überdruss: «Wir sind in Amerika, wir sind am Leben, wir haben nicht das Recht, uns zu beklagen.» Hannah zeigt mir zwei Fotos von ihren Eltern. 1922: Elsa und Eugene Kroner an einem Strand an der Ostsee. Elsa, den Bubikopf vom Meerwind zerzaust, trägt die kleine Hannah auf dem Arm. Eugene, Wohlstandsbauch, kleiner Schnurrbart und ein keckes Lächeln. In den Fünfzigern: Elsa und Eugene Kroner auf der Promenade unter der Brooklyn Bridge. Elsa stützt sich mit kleinem, verzagtem Lächeln auf ihren Mann. Eugene hat seinen Bauch, seine Haare und seine Selbstsicherheit verloren. Auf beiden Fotos legt Eugene Kroner eine Hand auf den Rücken seiner Frau. 1922 eine stolze und beschützende Hand. 1950 eine zögerliche, etwas schlaffe Hand. Das alte Paar klammert sich aneinander in der neuen Welt.

Für Hannah ist die beschützte Kindheit zu Ende. Sie stellt sich in einer Agentur für Tänzerinnen vor. Im Wartezimmer erkennt sie das Mädchen, das ihr gegenübersitzt. Es ist Marion Leiser, ihre Berliner Nachbarin von der anderen Straßenseite. Hannah erinnert sich an einen Regennachmittag. Sie, das Einzelkind, hatte die Stirn an die Fensterscheibe im Esszimmer gedrückt und beobachtete neidvoll die Polonaise, die die Geburtstagsgäste der Tochter im Haus gegenüber gebildet haben. Hannah stand einen langen Moment traurig und reglos hinter den schweren Vorhängen und schaute der Fröhlichkeit auf der anderen Straßenseite zu. Und nun sitzt Marion Leiser, das Nachbarmädchen von damals, ihr auf einmal in dieser Tanzagentur in Manhattan gegenüber. Nach ihrem Bewerbungsgespräch gehen die beiden Berlinerinnen einen Kaffee trinken und beschließen, sich zusammenzutun. Sie werden die Corley Sisters, aus Kroner-Leiser, eine Silbe für jede Person. Sie tanzen in Cabarets. Die Männer liegen ihnen zu Füßen. Die Zukunft vor ihnen. «Eine großartige Zeit!», sagt Hannah, während sie Fotos auf den Tisch legt. «70 Dollar die Woche! 35 Dollar für jede. 25 Dollar für meine Eltern. Es blieben mir noch 10 Dollar zum Leben. Das war beinahe ein Vermögen!»

Eines Tages, als sie in Massachusetts auf Tournee ist, erhält Hannah einen Brief von ihrer Mutter: «Susanne hat eine große Dummheit begangen. Sie hat sich verliebt und geheiratet. Sie haben sich in einer Suppenküche kennengelernt. Er heißt Günther Cohn. Er ist polnischer Jude. Das bedeutet», übersetzt Elsa Kroner, «dass Susanne nicht mehr unter die deutsche, sondern unter die polnische Quote fällt.» Als Hannah den Brief sinken lässt, ist ihr klar, dass Susanne verloren ist. Denn für polnische Staatsbürger stehen die Chancen für eine Einwanderung schlecht. Sie wird nie zu ihnen stoßen: «Susanne war so allein in Berlin. Sie brauchte Sicherheit. And when you fall in love, you are not rational. Wir wussten, dass alles aus war.»

Die Bestätigung folgt einige Monate später. Wie ein unentrinnbarer Fluch. Elsa Kroner erhält einen Brief von einer christlichen Freundin aus Berlin. «Sie» haben Susanne am frühen Morgen geholt. Die Freundin erzählt, sie sei in einen Bus gesprungen und dem Wagen gefolgt, der Susanne zum Bahnhof brachte. Dort hat sie gesehen, wie Susanne in einen «besonderen Zug» einstieg. Susanne stirbt, während Hannah in den Cabarets von Massachusetts tanzt. Die beiden Freundinnen sind gerade mal 21.

«Warum hat es die Kristallnacht gebraucht, um sie wachzurütteln? Ich weiß die Antwort nicht!», sagt Evelyn, als scheitere sie an der Eine-Million-Dollar-Frage, die ihr der Moderator in einem Fernsehquiz gestellt hat.

Vor ein paar Jahren hat Hannah in einem College von Queens eine Ausstellung besucht. Die Listen der Deportierten waren ausgelegt. Man konnte sie einsehen. Sie enthielten den Tag und den Bestimmungsort des Transports und das Todesdatum. Hannah ließ einen Finger über die Seiten gleiten, auf denen die Namen alphabetisch aufgereiht waren. Plötzlich zuckte sie zusammen. Beim Buchstaben C Susanne Cohn, der Name der verheirateten Susanne ... «Alles schwarz auf weiß in einem Junior College von Queens! Ich bin rausgerannt und mit meinem Auto gefahren durch die Straßen. Ich wusste nicht mehr, wo ich war. Ich konnte es nicht fassen, dass sie alles aufgeschrieben hatten, in this typical german order, sodass für die Zukunft alles stand. Wer. Was. Wann.»

Evelyn nennt Susanne ganz vertraut «Sanne», als hätte sie sie gekannt. Hannah muss ihr oft von ihr erzählt haben. Manchmal nimmt Evelyn sogar Hannahs Erzählung vorweg. Sie ist es, die erzählt, dass Sanne für Hannah die Anstandsdame spielen musste. Die Kroners verstanden keinen Spaß, wenn es um die Tugend ihrer Tochter ging. Als Josef Schechter, ihr erster *boyfriend*, ein Violinist, Hannah zum Tanzen ausführt, folgt ihnen Sanne im Auftrag von Elsa Kroner wie ein Schatten. Evelyn muss diese

Geschichte hundertmal gehört haben. Und sich hundertmal über die undankbare Rolle der armen Sanne erregt haben, die aus den Augenwinkeln das Schäkern der beiden beobachtete.

Als sich die Dinge in Berlin zuspitzen, bestimmt Frau Kroner, dass ihre Tochter das Verhältnis mit diesem Jungen, der sie heiraten und an der Emigration hindern will, auf der Stelle beendet. Nach dem Krieg wird Hannah erfahren, dass Josef Schechter durch die norwegische Staatspolizei nach Auschwitz deportiert worden ist. «Granny hat stets Intuition besessen», sagt Evelyn. «Sie wusste im richtigen Moment zwischen Leben und Tod zu entscheiden.» Sie sagt das, als hätte sich Granny vor dem Kleiderschrank mit sicherem Händchen zwischen zwei Kleidern entschieden.

In New York heiratet Hannah einen Berliner. «Ein von den Müttern arrangiertes *match*.» Man trifft sich bei Schrafft's, Broadway Ecke 96th Street, zum *afternoon tea*. Als Gustav Segal, in seinen Mantel gehüllt, mit geschmeidigem Gang in Erscheinung tritt, ist es, als stiege Cary Grant persönlich vom Hollywood'schen Olymp herab. Gustav Segal ist groß, sportlich, charmant. Ein *sonny boy*. Hannah, 1 Meter 60 und braune Locken, bleibt der Atem stehen. Gustav Segal ist 1936 in New York angekommen. Der Sohn aus guter Berliner Familie hatte ein Faible für große blonde Arierinnen. Zu gefährlich, beschied die Mutter. Also spedierte man diesen *swinging bachelor* auf die andere Seite des Atlantiks. Er sollte den amerikanischen Markt für das Unternehmen seines Vaters erobern, das Leuchtschilder herstellt wie jene, die am Broadway an den Kino- und Geschäftsfassaden blinken. Doch das Unternehmen scheitert an den amerikanischen Gewerkschaften, die gegen das Montieren eines Produkts *made in Germany* opponieren. Gustav Segal ist nicht mehr unbedingt

143

eine gute Partie. Die beiden jungen Leute gefallen einander, aber
es bräuchte etwas Zeit, um sich kennenzulernen. Ein Mann für
das ganze Leben wird nicht in fünf Minuten zwischen einem
Hot Club Sandwich und einem *Peanuts Sponge Bar* gewählt. Doch
die Vereinigten Staaten treten in den Krieg ein und die unver-
heirateten Männer werden automatisch eingezogen. Die Mütter
sind der Ansicht, das sei nicht der Moment zu trödeln und sich
wählerisch zu zeigen. Es muss so schnell wie möglich geheiratet
werden.

«Am 11. Dezember sahen wir uns zum ersten Mal. Am 31. Januar heirateten wir. Nach nur drei Begegnungen», amüsiert sich
Hannah, der Wirkung sicher, die ihre Geschichte von der überstürzten Heirat haben wird. «Die Ehe hat immerhin 49 Jahre gehalten!», lacht Evelyn. Zwei Monate später ist Hannah schwanger. Sie arbeitet nachts in einem Nightclub und kommt um 3 Uhr
morgens nach Hause. Gustav arbeitet tagsüber in einer Waffen-
fabrik und kehrt um 5 Uhr zurück. Zwei Stunden Eheleben am
frühen Morgen. Etwas knapp, um sich kennenzulernen. Hannah
gibt das Tanzen auf. 1945 kommt Evelyn zur Welt.

Nach dem Krieg wird Gustav Segal Gebäudemaler. Er erfindet
das «Stippling», eine Technik, die darin besteht, die Farbe mit zu-
sammengeknülltem Zeitungspapier an die Mauer zu tupfen. «So
entstehen keine Flecken und Fingerabdrücke, und es sieht aus
wie Tapete», demonstriert er seinen Kunden. Und wenn diese
die Mundwinkel skeptisch nach unten ziehen, zückt Gustav Segal das entscheidende Argument: «Es stammt aus Deutschland!»
Die Kunden vergessen den Krieg und seinen Horror. Deutsche
Handwerker sind zuverlässig. Die Stempeltechnik macht Furore
in Brooklyn.

Evelyn hatte nie das Gefühl gehabt, ihre Eltern seien arm.

Dienstags gab's *Corned beef and potatoes*, mittwochs Spaghetti. Hannah und Gustav müssen auch für ihre Mütter aufkommen. Als Hannah wieder zu arbeiten beginnt, kümmern sich die beiden deutschen *grannies* um Evelyn. Zum Entsetzen ihrer Eltern spricht Evelyn Englisch mit deutschem Akzent. «Ich ging die Wände hoch!», ruft Hannah aus. «Ich wollte ein amerikanisches Kind!» Resultat: Evelyn spricht kein Deutsch. Nur ein paar einzelne Wörter: «rote Grütze», «Königsberger Klopse». Sie ist, mit ihrem Hosenkostüm und ihren Sneakers, durch und durch Amerikanerin.

1947 gründet Hannah ihre Tanzschule. Max Terpis hatte Hannah bereits in Berlin vorgewarnt: «Mit deiner Morphologie wirst du nie eine Spitzentänzerin.» Also brachte er ihr das Unterrichten bei. Zunächst gibt Hannah Evelyn und drei ihrer Freundinnen im Wohnzimmer Stunden, bevor sie ein paar Jahre später ihr eigenes Studio eröffnet, die Hannah Kroner School of Dance. Die Wände in der Tanzschule profitieren noch heute von der Stempeltechnik, die unter den Stangen eingesetzt wurde, damit die Füße keine Abdrücke hinterlassen. Über dem Empfang erinnert ein Foto an den 65. Geburtstag der Schule. Hannah thront auf dem Ehrenplatz am Ende der Festtafel. Ihr Gesicht ragt aus einer Hecke von fächerartig angeordneten rosa Servietten, Champagnerflöten, silbrigen Luftschlangen und weiß-rosa Nelkensträußen hervor. Rosa ist die obligatorische Farbe der Strümpfe und Trikots der kleinen Schülerinnen. Hannahs Lächeln wirkt ein bisschen verkrampft auf dem Bild, aber der Stolz ist ihr anzusehen: «Es ist der Tanz, der mich beschützt und gerettet hat.»

An den Wänden der Hannah Kroner School of Dance hängen Fotos illustrer ehemaliger Schüler. Einige von ihnen haben es zu Hannahs Genugtuung an den Broadway geschafft. An diesen

Broadway, den die Kroners, als sie in New York ankamen, begeistert von einem Ende zum andern abgelaufen haben. Doch der Broadway ist nicht der kleine Kurfürstendamm. Beim stundenlangen Gehen ist ihnen bewusst geworden, dass sie aus einem Liliputland stammen. Das große Deutschland, das sie terrorisiert hat, ist plötzlich zusammengeschrumpft und macht ihnen nicht mehr so viel Angst.

An der Hannah Kroner School of Dance kennt niemand die Herkunft ihrer Gründerin. Der Schulprospekt vermerkt nur, dass Hannah das Tanzen *in Europe* gelernt hat. Hannah und ihr Mann fanden es nach dem Krieg nicht nötig, an die große Glocke zu hängen, dass sie Juden und Deutsche waren. Es gab damals in den Vereinigten Staaten viele Ressentiments gegen die Deutschen, und es gab auch Antisemitismus. Sie schicken ihre Tochter Evelyn in die katholische Schule des Viertels. Wie oft hat Evelyn am Fronleichnams- oder Dreikönigstag allein vor verschlossener Tür gestanden. Wie oft hat sie sich fremd gefühlt.

Um ihr Heimweh zu bekämpfen, versuchen die Segals in New York Berlin wiederaufleben zu lassen. Sie treffen sich mit ihren Berliner Freunden Ruth und Heinz Warschauer, Irma und Leo Bachschall und Lothar und Else Lisser zu Rouladen und Königsberger Klopsen. Hannah bereitet die rote Grütze für den Nachtisch zu. Man erzählt sich Geschichten mit diesem schnellen Berliner Witz. Der Freundeskreis erweitert sich, als Gustav Segal im «Aufbau» eine Anzeige schaltet, um Überlebende seines «Berliner Ruder-Club Oberspree» zu finden. Mehrere ehemalige Mitglieder melden sich. Man stellt seine eigene Berliner Weiße her. Und vor allem spricht man Deutsch.

Die Männer haben mehr Mühe, sich zu integrieren, als die Frauen. Manche von ihnen können kaum Englisch. Die Segals tätigen ihre Einkäufe in den Geschäften der 86th Street, von den New Yorkern «German Broadway» genannt. Hier wird Sauerbraten, Knackwurst, Hering, Schwarzbrot, Räucheraal angeboten. Auf dem Weg zum Strand legt Gustav Segal stets in der 86th Street einen Halt ein. Er kauft Schmalz und Leberwurst für die belegten Brote. Und zu Weihnachten gibt es einen *bunten Teller* mit Marzipan, Pfefferkuchen und Bahlsen-Keksen. Was Hannah nicht hindert, zu beteuern: «Ich fühle mich als Amerikanerin, auch wenn ich meine Vergangenheit nicht abschütteln kann. Ich bin als Berlinerin geboren. Ich hatte eine sehr schöne Kindheit dort. Wenn ich an Deutschland denke, denn denke ich an die guten Dinge in meinem Leben.»

Als ich wieder in Berlin bin, schicke ich Hannah ein Foto von meinem Balkon über der Straße. Ich trage das Kleid. Einige Tage darauf erhalte ich von ihr eine E-Mail auf Deutsch: «Meine Freundin bleibt unvergessen. Was sie auch verdient. Sie sehen so großartig aus auf dem Balkon in der Straße, wo Susanne wohnte, und ich fühle sehr stark, dass dieses Kleid bei Ihnen bleiben muss und nicht in einem Museum – wo man es sieht, aber nicht die Umstände kennt. Irgendwie fühle ich mich erleichtert, wenn das Kleid in Ihrer Straße bleibt! Bitte tragen Sie es, und Susanne kann ruhen! Ich auch. Und ein Buch über ‹ein Kleid›, das eine Weltreise macht und nach über 70 Jahren unversehrt zurückkehrt, sollte ein gutes Thema sein! Nun genug für heute, bitte die vielen Tip Fehler zu entschuldigen! Meine Gedanken gehen immer schneller als meine Finger auf der Maschine! Herzliche Grüße von Ihrer Hannah.»

Ganz der Vater!

Liselotte steht aufrecht vor dem Badezimmerspiegel, die Schere in der Hand. Einmal Zwetschge. Zweimal Zwetschge. Weg sind die beiden blonden Zöpfe. Von entschlossener Hand abgeschnitten. Ohne zu zittern. Sie rollt sie in Seidenpapier, legt sie in eine Pappschachtel, schreibt Name und Adresse ihres Vaters drauf, Gustav Bickenbach, Festungsbau-Hauptmann, Gadebuschstraße 30, Swinemünde, Ostsee. Dann bringt sie ihr Päckchen zur Post. Es war die erste Geste der jungen Frau, als sie am 1. Februar 1935 ins Haus Nummer 3 am Platz einzieht, der meine Straße in zwei Teile trennt.

Liselotte Bickenbach ist 19, und das ist ihre Weise, mit dem preußischen Geist Schluss zu machen, der im väterlichen Haus in Swinemünde weht. Bei Tisch die Ellbogen an die Seite gepresst. Den Rücken grade, sodass er die Lehne kaum berührt. Die Haare zu langen strengen Zöpfen gebändigt. Gustav Bickenbach, Absolvent der Offiziersschule Metz, ist nach Swinemünde versetzt worden. Dort ist er für die Festungsanlagen entlang der Ostseeküste zuständig. Nach der Trauung mit Dorothea Margarete Helene Lau am 12. September 1910 posiert Gustav Bickenbach auf der Kirchentreppe: Uniform, weiße Handschuhe, Pickelhaube, dreister Schnurrbart, Absätze aneinandergepresst und am Arm die junge Braut. In ihrem großen weißen Haus gleich neben der

Kaserne herrschen preußische Tugenden: Pünktlichkeit, Verlässlichkeit, Sparsamkeit, Aufopferungsbereitschaft, dazu die Disziplin des Kaiserlichen Offizierskorps: politische Enthaltsamkeit und absoluter Gehorsam gegenüber der Führung.

Berlin ist für Liselotte auch die Möglichkeit, den Fängen ihrer Mutter zu entkommen. Eine strenge Frau, die nur einen Gedanken im Kopf hat: eine gute Partie für ihre Tochter zu finden, mit Vorliebe einen jungen Offizier mit Anstand und Ehrgeiz. Liselotte hat keine Lust mehr, sonntags in ihrer Begleitung die Promenade von Swinemünde auf und ab zu gehen. Auch wenn sie zum Tanztee geht, kommt die Mutter mit. Und weil Dorothea Bickenbach ihrer Tochter nicht erlaubt, auf das mehrheitlich von Jungen besuchte Gymnasium zu gehen, sieht sich Liselotte dazu gezwungen, Stenographie, Nähen und Haushaltsführung zu lernen.

Gustav Bickenbach misstraut den großen Städten. Nach monatelanger Diskussion gibt er notgedrungen nach: «Ist gut, Mädchen, aber nur unter einer Voraussetzung: Ich besorge dir eine Wohnung und eine Stelle!» Liselotte wohnt bei Bekannten ihres Vaters. Gustav Bickenbach gibt ihnen genaue Anweisungen: kein Umgang mit jungen Männern. Liselotte ist noch mehr unter Kontrolle als zu Hause. Nach ein paar Wochen hat sie es satt, nach Mitternacht auf den Zehenspitzen, die Pumps in den Händen, durch die Wohnung zu schleichen, wenn sie tanzen war. Sie beschließt umzuziehen. Eines Abends geht sie nach Dienstschluss meine Straße entlang. An den Hauswänden überall «Zu vermieten»-Schilder. Die Wirtschaftskrise hat viele Leute in Bedrängnis gebracht. Sie versuchen ein Zimmer unterzuvermieten, um über die Runden zu kommen. Liselotte Bickenbach klingelt an der Nummer 3 des Platzes. Frau Nehrenberg bittet sie herauf. Die beiden Frauen sind sich sofort sympathisch. Einige Tage später bezieht Liselotte ein kleines möbliertes Zimmer. Frau Nehrenberg, eine mittellose Witwe mit drallem Busen, hat bei jedem Kummer ein tröstendes Wort. Liselotte nennt sie bald «Mutti Nehrenberg», was ihr ganz natürlich vorkommt. Von ihrem Fenster aus sieht sie die Schule am anderen Ende des Platzes. Mutti Nehrenberg vermietet noch drei weitere Zimmer. Am Abend treffen sich die Untermieter in der Küche zum Plaudern. Es ist die erste WG in meiner Straße. Liselotte ist Sekretärin beim Oberkommando der Wehrmacht, Abteilung Ausland. Danach wird sie zum OKM versetzt, Oberkommando der Marine, 3. Abteilung, Seekriegsleitung. Sie arbeitet für den Gruppenleiter für Feindaufklärung, der die Überwachung der internationalen Seehandelswege zur Unterstützung des U-Boot-Kriegs gegen die Alliierten unter sich hat. Morgens verlässt Liselotte, kurzer Bubikopf und enganliegender langer Musselinrock, das Haus, geht in wogendem Schritt die Straße entlang und die U-Bahn hinunter. In dieser Straße, weit ab vom Haus ihrer Eltern, lernt Liselotte die Freiheit und die Liebe kennen.

Als sie eines Abends von einem Wochenende in Swinemünde zurückkehrt, wird sie auf dem Stettiner Bahnhof von einem jungen Mann angesprochen, der sie zu einer Erfrischung einlädt. Er ist groß, blond und gut erzogen, Liselotte nimmt an. Mutti Nehrenberg drückt ein Auge zu, wenn ihre Untermieterin Herrenbesuch bekommt. Ihr Mann ist jung gestorben, und die beiden Verliebten rühren sie. Liselotte und Wilhelm Wagner leben mehrere Monate in «wilder Ehe», bevor sie heiraten. Die Feier findet am 19. September 1942 im Rathaus Schöneberg in ganz kleinem Kreis statt. Liselotte hat ihre Eltern nicht informiert. Sie

stellt sie vor vollendete Tatsachen. Gefeiert wird auf dem Guts-
hof der Familie Wagner in Ostpreußen. Dorothea und Gustav
Bickenbach sind nicht eingeladen. Sie, die von einer großen Hei-
rat für ihre Tochter träumten, um vor aller Augen ihr Glück und
ihren sozialen Erfolg auszustellen. Das junge Paar lebt die ersten
Monate im Zimmer bei Mutti Nehrenberg. Dann finden sie eine
Wohnung in Tempelhof. Der Unteroffizier Wilhelm Wagner ist
Flugingenieur und Testpilot und in der Flugerprobungsstelle der
Luftwaffe in Rechlin, nördlich von Berlin, stationiert.

Am 17. September 1944, zwei Tage vor dem zweiten Hochzeitstag, nimmt Liselottes Glück ein jähes Ende. Bei einem Pro-
beflug stürzt die Maschine des Testfliegers Wagner am späten
Nachmittag vom grauen Himmel. Ein bedauerlicher Unfall,
steht auf dem Telegramm des Standortkommandanten. Liselotte
erhält einen Beutel mit den Privatgegenständen ihres Mannes.
Einer der beiden Lederstiefel fehlt. Die blutjunge Witwe kehrt
zu Mutti Nehrenberg zurück, die ihr Trost zu spenden versucht.
Sie findet sich wieder in der Umgebung ihrer anfänglichen Liebe,
deren Erinnerung noch ganz frisch ist. Für Liselotte ist das so
kurze Glück in diesem kleinen Zimmer in meiner Straße erstarrt.

Ich habe Liselotte Bickenbach nur ein einziges Mal gesehen. Es
war wenige Monate vor ihrem Tod. Im Gemeinschaftssaal ihres
Altersheims in Berlin, ganz in der Nähe meiner Straße. Es war
ein wenig so, als wäre sie nach einem sehr langen Leben dahin
zurückgekehrt, wo es seinen Anfang genommen hat. Wenige
hundert Meter vom Haus der Mutti Nehrenberg bereitete sie sich
aufs Sterben vor. Und das war vielleicht mehr als ein Zufall.

Liselotte Bickenbach, eine hagere, knochige Frau, saß mit aufrechtem Rücken auf ihrem Rollstuhl. Den Blick starr geradeaus gerichtet. Sie hatte sich nur schlecht von einem Schlaganfall erholt. Es war kurz vor Weihnachten. Sie wartete auf den Besuch ihres Sohnes. Sie lächelte nicht, als ich kam. Sie beklagte sich, dass sie keine Vase für die Blumen habe, die ich ihr mitbrachte: «Was mach ich bloß damit?» Ich habe versucht, ihr ein paar Fragen zu stellen in der Hoffnung, die Erwähnung eines fernen Glücks in der Straße, die wir mit dem Abstand von einigen Jahrzehnten teilten, könnte ihr Gedächtnis anregen, die Atmosphäre etwas erwärmen, die im Raum so frostig war wie auf den schneebedeckten Straßen draußen. Aber Liselotte Bickenbach hatte schließlich mit schroffer Stimme gemurmelt: «Ja, das waren schöne Zeiten. Ich will darüber nicht sprechen. Es macht mich zu traurig.»

Ihr Sohn Joachim war es, der mir die Geschichte seiner Mutter erzählte. Wir sind uns ganz zufällig in der Buchhandlung meines Viertels begegnet. Ich erzählte der Buchhändlerin über den Verkaufstresen hinweg von meiner Idee, die Geschichte meiner Straße zu schreiben. Ich kehrte gerade unverrichteter Dinge von einer Expedition zu zwei Seniorennachmittagen mit Kaffeekränzchen und Kartenspiel in zwei Pfarreien meines Viertels zurück. Weder die Katholiken noch die Protestanten konnten mir das fehlende Puzzlestück in meinem Projekt liefern: ein Nichtjude, der in den dreißiger Jahren in meiner Straße gewohnt hat. Und es kam nicht in Frage, gegen die Regel zu verstoßen, die ich aufgestellt hatte: Meine Protagonisten mussten in meiner Straße oder an ihrem Platz gewohnt haben. Jemanden zu befragen, der in einer Nachbarstraße gewohnt hat, war ausgeschlossen. Joachim Bickenbach räusperte sich und mischte sich in unser Gespräch: «Vielleicht kann ich Ihnen weiterhelfen. Meine

Mutter hat vor und während des Krieges in der Nummer 3 des Platzes gewohnt.» Und ohne sich lange bitten zu lassen, begann er, mir zwischen den Krimis und den psychologischen Ratgebern «Das Glück in 10 Schritten» die Geschichte seiner Mutter zu erzählen.

Später ist mir bewusst geworden, dass die Geschichte der Liselotte Bickenbach genau da einzuordnen war, zwischen der Lösung eines Rätsels und der Suche nach dem Glück. Ich dachte an jenem Abend noch lange über das Zusammentreffen all dieser Umstände nach, über all diese Zufälle, die mir ermöglicht haben, die Spur dieser ehemaligen Nachbarn aufzuspüren, die schon lange nicht mehr in meiner Straße wohnen, die aber Zeugen eines Fragments ihrer Geschichte waren. Dass der Sohn der Liselotte Bickenbach von der Nummer 3 am Platz – am selben Tag und zur selben Stunde wie ich – plötzlich Lust bekam, auf den Auslagen der Buchhandlung die neu eingetroffenen Bücher zu durchstöbern ... War das ein weiteres kleines Wunder?

«Bei meiner Mutter kann man täglich zugucken, wie die Erinnerung weniger wird. Ich fürchte, ich bin vier Jahre zu spät gekommen mit meinen Fragen», bemerkte Joachim Bickenbach. Während das Gedächtnis seiner Mutter nachließ, füllte sich das des Sohnes. Wie nach dem Prinzip der kommunizierenden Röhren. «Ich weiß mittlerweile mehr als meine Mutter!», stellte der Sohn fest. Man muss dazu sagen, dass Joachim Bickenbach schon lange hinter seinen Familiengeschichten her ist. Wenn es Besuch gab, saß der kleine Radar-Junge am Ende des Tisches. Ein Kind in ständiger Alarmbereitschaft inmitten all dieser großen Leute, die in lebhafte Gespräche verwickelt waren. Er bekam alles mit. Er ortete Indiskretionen, lokalisierte Skandale, fing Familiengeheimnisse auf. Irgendwann vergaßen ihn die Erwachsenen und ließen ihrem Geplauder, das nicht für die Ohren eines Jungen bestimmt war, freien Lauf.

Onkel Rudolf war in einem Taxi tödlich verunglückt und starb an Gehirnblutungen. Tante Klärchen sprang 1943 aus dem Fenster, weil sie – nervlich sowieso labil – durch die Bombenangriffe so belastet war. Tante Paula leitete ein Ladengeschäft für Noten und Musikbedarf. Das Geschäft begann durch den Absatz von Musikinstrumenten für die Kapellen nationalsozialistischer Organisationen richtig zu florieren. Paulas Sohn Otto wurde noch mit 16 von seiner Mutter angezogen. Sie schliefen zusammen im Ehebett. Bevor er starb, brachte Otto sein Geld in der Schweiz in Sicherheit: «Ich würde eher dem Tiergarten was geben als euch!», schleuderte er seinen Verwandten entgegen. Und da ist der kleine Fritz, Gustavs jüngerer Bruder, den seine Geschwister in der NSDAP angemeldet haben, damit es wenigstens ein Parteimitglied gab in der Familie. Fritz bekam sofort eine Arbeit in der Stadtverwaltung. Jahrelang schob er überglücklich einen Aktenwagen durch die Gänge. Es gibt noch ein Foto von Liselotte neben Fritz in Uniform. Wäre da nur nicht diese verflixte Armbinde mit dem Hakenkreuz gewesen. Wenn der Blick im Familienalbum darauf fällt, blättert man schnell weiter: «Das waren andere Zeiten!» Aber da es das einzige Foto seiner Mutter zu Besuch bei ihrer Schwiegerfamilie kurz nach der Heirat ist, hat ihr Sohn für seinen Schreibtisch eine Kopie davon gemacht und den Onkel Fritz herausgeschnitten, um die junge Mutter abzutrennen.

«Damals verstand ich nicht viel davon», sagt Joachim Bickenbach. «Aber jetzt kommt alles zurück: die Namen, die einzelnen Sequenzen ... Ich kann unwahrscheinlich gut behalten, wenn geredet wird. Jetzt würde ich gern die Zusammenhänge kennen.» Er hat im Übrigen bereits begonnen, die Geschichte seiner Familie aufzuschreiben. Der Titel seiner Chronik: *«Was ich alles über meine Mutter weiß.»* Er hat Angst, dass seine Kinder mal nichts mehr einordnen können. Dass diese Erinnerungen «in die Fremdheit abdriften». Er will «festhalten», «fixieren.» Für seine Kinder alles «mundgerecht machen».

Nach dem Tod von Wilhelm Wagner überstürzen sich die Ereignisse. Wenige Tage vor der deutschen Kapitulation und dem Ende des Krieges, am 12. März 1945, wird Swinemünde innerhalb kaum einer Stunde durch einen amerikanischen Flugangriff fast vollständig dem Erdboden gleichgemacht. 1609 Tonnen Bomben werden auf die Stadt abgeworfen, in der es von Flüchtlingen aus den östlichen Gebieten wimmelt, die vor der Roten Armee fliehen. Die Straßen von Swinemünde sind von Karren, Tieren, Bündeln und Hausrat verstellt. Ein Blutbad. Das Villenviertel am Strand, wo sich auch das weiße Haus der Bickenbachs befindet, wird verschont. Am 30. April bringt sich der Führer in seinem Bunker um und Berlin kapituliert. Am 2. Mai hisst die Rote Armee auf dem Reichstag die rote Fahne. Am 5. Mai 1945 besetzt sie Swinemünde. Die Stadt ergibt sich kampflos. Sämtliche von Gustav Bickenbach kommandierten Festungen werden besetzt. Deutschland kapituliert am 7. Mai in Reims und am 8. Mai in Berlin bedingungslos. Um drei Uhr nachmittags flattern in London Tausende kleine Union Jacks am königsblauen Himmel, die andächtige Menge hört in der BBC Winston Churchills Rede: «Heute eine Minute nach Mitternacht werden die Kampfhandlungen offiziell eingestellt. Wir können uns einen kurzen Moment der Freude zugestehen. (We may allow ourselves a brief period of rejoicing.)» In Paris spricht General de Gaulle: «La guerre est gagnée. (Der Krieg ist gewonnen.) Deutschland ist geschlagen und hat seine Niederlage unterzeichnet. Von neuem erstrahlen unsere Fahnen im Glorienschein des Ruhmes ...» In Moskau tanzt eine ausgelassene Menge, um den Sieg im Großen Vaterländischen Krieg zu feiern, und in New York wird der V-Day zelebriert: Victory!

Am Morgen des 9. Mai hört Gustav Bickenbach allein in seinem Büro die Bekanntgabe der deutschen Kapitulation im Radio. Der Offizier erhebt sich und geht den Hügel hinter dem Haus hinauf. Minuten später fällt ein Schuss. Gustav Bickenbach hat sich eine Revolverkugel in den Kopf gejagt. Seine Offiziersehre ist zum zweiten Mal verhöhnt worden. Er ist bereits 1918 vor Schande am Boden zerstört heimgekehrt. Der Versailler Vertrag war eine solche Erniedrigung. Er hatte so viel Hoffnung in diesen Krieg gesetzt: Deutschland wird sich revanchieren, den Kopf wieder aufrichten, die geschändete Ehre retten. Und nun kehren die französischen Generäle aus London zurück und werfen sich schon wieder in die Brust. Und die Russen machten sich in den Straßen von Swinemünde breit wie zu Hause.

«Man steht zu dem, was man macht, auch wenn es der letzte Mist ist!», sagt sein Enkelsohn Joachim, als er den höchst preußischen Akt seines Großvaters kommentiert. Der Selbstmord wird sofort «unter dem Mantel des Schweigens» versteckt, wie Joachim Bickenbach die Tabus seiner Familie nennt. Bis zum heutigen Tag kennen die Onkel und Tanten, die Cousins und Cousinen die genauen Todesumstände nicht. Das Ansehen der Familie muss um jeden Preis gerettet werden. Offiziell ist Gustav Bickenbach «in Kriegshandlung vom Gegner erschossen worden». Dieses Verschweigen hat auch eine rein praktische Seite. Nach dem

Krieg bekommt Witwe Dorothea eine Kriegswitwenrente, die nie so hoch ausgefallen wäre, wenn es sich herausgestellt hätte, dass es ein Selbstmord war. «Noch Jahre später ist dieser Tod in Mark und Pfennig umgesetzt worden. Meine Großmutter war sehr pfiffig. Wenn man lügt und betrügt, dann ist es besser, kein Mensch weiß davon.»

In den letzten Kriegsmonaten arbeitet Liselotte Bickenbach im OKM, dessen Büro in Ausweichquartiere nach Flensburg verlegt worden ist. Am 15. Juni 1945 wird ihr die KVM überreicht – die Kriegsverdienstmedaille. Eine surrealistische Zeremonie: Die besiegte deutsche Armee dekoriert ihre ergebenen Diener. Am nächsten Tag macht sich Liselotte auf den Weg nach Swinemünde. Seit Wochen fliehen ganze Flüchtlingskolonnen westwärts. Liselotte schlängelt sich in Gegenrichtung durch sie hindurch. «Nehmt euch vor den Russen in Acht!» warnen alle. Als sie in Swinemünde ankommt, ist das Elternhaus von der Roten Armee beschlagnahmt worden. Im Erdgeschoss nimmt ein aus Schneidemühl in Ostpommern geflüchteter Arzt Abtreibungen am Band vor. So viele Frauen sind von den Russen vergewaltigt worden. Dorothea Bickenbach, eine große weiße Schürze um die Hüfte, assistiert. Diese einst so sensible Offiziersgattin hantiert nun mit blutigen Zangen. Liselotte ist schwanger. Einige Monate später, am 18. Januar 1946, wird sie vom Abtreibungsarzt entbunden. Ein Junge! Joachim.

Als das Potsdamer Abkommen die Oder-Neiße-Grenze zieht, die die Ostgrenze Deutschlands festlegt, wird Swinemünde zu Swinoujsce und polnisch. Die letzten verbliebenen Deutschen werden vertrieben. Sie verlassen die Stadt in Massen. Liselotte, ihre Mutter und der kleine Joachim haben zehn Minuten, um das Notdürftigste zu packen und ihr Haus zu verlassen. Sie werden an den Bahnhof von Stettin gebracht, wo Eisenbahnwagen warten, die sie in den Westen bringen. Ein paar Wochen leben sie in einem Ausweichlager in der Nähe von Hamburg. Hier wird Joachims Geburtsurkunde ausgestellt. Liselotte würde gerne nach Berlin zurückkehren. Aber ohne Wohnung und ohne Geld? Das Haus von Mutti Nehrenberg ist zerstört worden. In Berlin herrscht großer Wohnungsmangel. Die Flüchtlinge werden auf ganz Deutschland verteilt. Die beiden Frauen werden einem Dorf in Ost-Westfalen zugewiesen. Ihre Gastfamilie verhält sich feindselig. Sie muss eineinhalb Zimmer abtreten. Liselotte arbeitet als Heimnäherin. Sie stellt Regencapes für die in der Region stationierten britischen Soldaten her. Wenn sie die Ware ausliefert, begleitet der kleine Joachim sie. Auf dem Weg über die Wiesen steckt er seinen Stock in die Kuhfladen.

Im Dezember 1950 stellt sich Joachims Tante väterlicherseits auf die Hinterbeine: Ihr kommt jetzt hierher nach Hagen ins Haus! Wir werden schon zusehen, wie wir euch durchgefüttert kriegen! Wir werden das Dach reparieren, das von einer Brandbombe aufgerissen worden ist, und euch eine Wohnung einrichten! Die anderen Verwandten sind weniger begeistert. Gustav Bickenbach ist das einzige der Geschwister, das Hagen verlassen hat, und man hat es ihm nie ganz verziehen. Hierherkommen, die Hochnäsigen aus Swinemünde! Wir waren nie fein genug für sie! Aber jetzt, wo sie in Not sind …, tuschelt man, als Liselotte Bickenbach und ihre Mutter mit ihren drei Habseligkeiten in Hagen, der Wiege der Familie, ankommen.

Liselotte Bickenbach findet in einem Industrieverband in Hagen eine Anstellung als Chefsekretärin. Ihr Schicksal ist eng mit dem ihrer Mutter verkettet, die sie nicht liebt. «Das musste ich durchstehen», sagt sie zu ihrem Sohn. «Die Oma wäre gestorben.

Familie ist Familie.» Jahrelang lebt diese aufdringliche Großmutter in der kleinen Hagener Wohnung mit ihrer Tochter und ihrem einzigen Enkelkind zusammen. Und darüber hinaus mag Liselotte Hagen nicht. Sie träumt davon, diese tiefste Provinz zu verlassen. Die Verwandschaftskonstellation in der Familie ihres Mannes findet sie fürchterlich. «Das ist Sodom und Gomorrha!», ruft sie aus, als sie erfährt, dass ihr Schwiegervater neun Kinder und drei verschiedene Frauen hatte. Gustav ist der Älteste der zweiten «Truppe». Liselotte Bickenbach hat alles verloren: ihren Mann, ihren Vater, die Stadt ihrer Kindheit und vor allem die Freiheit ihres Zimmerchens bei Mutti Nehrenberg. Jetzt geht's ums Überleben.

Joachim wächst in Hagen auf. Ein Kind ohne Vater wie so viele andere. Wenn der Lehrer in der Schule Appell macht und nach dem Beruf des Vaters fragt, springt die Hälfte der Jungen von der Bank auf und brüllt: «Tot!» Auch Joachim. An der Wand gegenüber dem Sofa prangt, in Leder gerahmt, das Profilbild des flotten Testfliegers der Luftwaffe in Zivil. Dieser Vater, den der Junge nie gekannt hat, lässt ihn nicht aus den Augen. Vater und Sohn haben im Lauf der Jahre eine virtuelle Nähe aufgebaut. Sie sind unzertrennlich. «Er ist ganz der Vater!», rufen die Besucher und beobachten den kleinen Joachim von der Seite. «Mein Mann ist gefallen …», erklärt Liselotte Bickenbach dann, als wäre der Flieger beim Rennen querfeldein über eine Wurzel gestolpert und nicht wieder aufgestanden. Ein Tollpatsch.

Vom Krieg wird nicht mehr gesprochen. Genauso wenig wie vom Nationalsozialismus. Von Politik im Allgemeinen. «Was mit Politik zu tun hat, ist sowieso eine große Schweinerei», bringt Liselotte Bickenbach ihrem Sohn bei. Und man geht zu etwas anderem über. Man war so sehr damit beschäftigt, sagt Joachim, das tägliche Leben in den Griff zu bekommen, dass keine Zeit blieb, «um etwas hochkommen zu lassen». Alle waren «froh, schweigen zu können». Liselotte Bickenbach hat keine Zeitung abonniert. Jahrelang geht sie nicht wählen. Der erste Wahlzettel, den sie in die Urne legt, ist 1969 für die FDP und die Koalition Brandt-Scheel. Sie befürwortet die Ostpolitik Willy Brandts: «Was wir verloren haben, ist weg!» Sie will nichts mehr von Swinemünde hören. Den Fuß dorthin setzen schon gar nicht! In der Schule hören die Geschichtsstunden beim Ersten Weltkrieg auf. Joachim muss auf Herrn Marx warten, «der Name war Programm!», seinen Gymnasiallehrer, um den Nationalsozialismus zu entdecken. «Ich war 17. Ich habe nachgefragt. Aber es kam nicht viel. Meine Mutter sagte, sie hätte mit den Nazis nichts zu tun gehabt, weil sie beim Militär war, bei den Generälen der alten preußischen Armee. Sie gehört zu der Truppe, die extrem und optimal verdrängt hat. Dadurch hat sie überlebt. Andere sind daran kaputtgegangen. Meine Mutter war genauso ein Rädchen, das funktioniert hat. Für sie war das Kapitel abgeschlossen. Sie wollte nicht mit irgendwelchen Details konfrontiert werden. Sie hat es aber selber mitgekriegt: Nachts die Lastwagen auf der Straße, die die jüdischen Familien mitgenommen haben, auch aus Mutti Nehrenbergs Haus. Sie ist nicht blind durch Berlin gelaufen. Sie erzählte manchmal … Aber wie eine Tatsache, die nichts mit ihr zu tun hatte. Aber dass sie sich nicht damit beschäftigt hat … Das glaube ich ihr nicht! Bei ihr zu Hause in Hagen standen meterlang Bücher über das Dritte Reich. Ganz dicke Schinken. Sie hatte alles gelesen. Viel angekreuzt. Manchmal war sie sogar wütend: Das, was da steht … Das stimme nicht! Sie wüsste es doch besser! Sie sei schließlich dabei gewesen!»

Abends sitzt Liselotte Bickenbach in ihrem Sessel und liest.

Hans-Hugo Rothkugel bei seiner Einschulung

Die Eltern Rothkugel, daneben Hans-Hugos
Großmutter Anna und Onkel Rudolf

Hans-Hugo Rothkugels Bruder Paul (3. v. r.) mit Freunden im Kibbuz

John Ron als junger Meteorologe des neu gegründeten Staates Israel am Flughafen von Lydda bei Tel Aviv

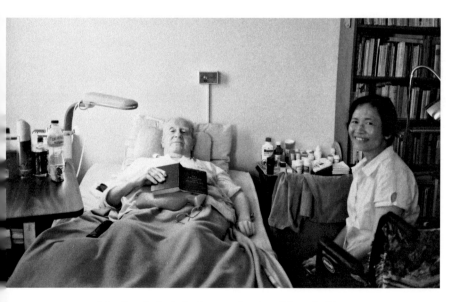

John Ron in Berkeley heute, mit seiner Pflegerin Ping

Hannah Kroner mit ihren Eltern, 1922

Hannah mit ihrer Freundin Susanne Wachsner

In New York, 1941

Hannah Kroner in ihrer
Tanzschule heute

Joachim Bickenbach und seine Mutter

Der «falsche Vater» …

… und der wahre Vater (2. von rechts)

Liselotte Bickenbach am Strand von Swinemünde

In den sechziger Jahren in Hagen

Wenn sie schlafen geht, lässt sie die kleine Lampe im Wohnzimmer an und die Tür zu ihrem Schlafzimmer einen Spalt offen. Seit dem Krieg und dem Luftschutzkeller der Mutti Nehrenberg erträgt sie keine dunklen Räume mehr. Sie zieht nie die Vorhänge zu, damit das Straßenlicht hereinfällt. Die Nacht muss sichtbar sein.

Liselotte arbeitet hart, von 8 bis 18 Uhr und den halben Samstag. Sie begleitet ihren Chef mit ihrem Stenoblock. Neben ihm auf dem hinteren Sitz im Auto, schreibt sie nach seinem Diktat, ungeachtet des Straßenzustands, trotz Schlaglöcher und Kurven. Wenn der Chef fertig ist, setzt der Fahrer sie am nächsten Bahnhof ab, damit sie nach Hagen zurückkehren kann. Kaum angekommen, eilt sie ins Büro, um die Notizen in die Schreibmaschine zu tippen. Am nächsten Morgen findet ihr Chef die Briefe – tipptopp – in der Unterschriftenmappe auf seinem Schreibtisch. Frau Bickenbach liebt ihren Chef innig. Und ihr Chef ist in gewisser Weise der einzige Mann in ihrem Leben. Nie verguckt sie sich. Nie verliebt sie sich. Nie ein Flirt, nie ein Mann für ein Abendessen oder eine Nacht. Im Übrigen vergisst Dorothea Bickenbach nie, ihre Tochter daran zu erinnern, indem sie mit dem Kinn auf das Porträt Wilhelm Wagners weist, dass ihr Ehemann fürs Vaterland gestorben ist. Eine Kriegerwitwe hat treu zu bleiben bis in den Tod!

Beim Essen bringt Liselotte Bickenbach ihrem Sohn anständige Tischmanieren bei, «dass du in jeglicher Situation bloß nicht auffällst». Abends wird zu zweit in der Küche der ganze Kanon der bürgerlichen Familie eingeübt: Es ist verboten, wie ein Vogel mit den Ellbogen herumzuschlagen, den Mund zum Löffel zu führen und in der Butter rumzustochern. Joachim lernt sogar auf völlig abstrakte Weise, wie man Hummer schneidet und

Schnecken aus dem Gehäuse pult. Man weiß nie, wann das mal nützlich wird. Aber statt dieser unbezahlbaren Köstlichkeiten kommt nur ein tristes Abendbrot auf den Hagener Tisch. Man übt sich in der Schiebewurst-Technik, legt sein Wursträdchen aufs Graubrot und schiebt es mit den Zähnen immer weiter zurück, um es als krönenden Abschluss aufzuheben.

Liselotte gehört der Kriegsgeneration an. Nie isst sie ein Stück Wurst ohne Graubrot, und nie schneidet sie ein frisches Brot an, bevor das alte aufgebraucht ist. Abends geht Liselotte Bickenbach in die Waschküche hinunter und rührt mit einer langen Holzkelle in einem großen Kessel die kochende Lauge um. Man fährt nicht in die Ferien. Man gönnt sich nichts. Zwischen dem exakten Büroalltag und den abendlichen Bügelstunden bleibt nicht viel Platz zum Träumen. Liselotte Bickenbach fällt es nicht ein, alles zum Teufel zu jagen: den Bügeltisch, die zänkische Mutter, den Chef und seine Launen und diese kleine Provinzstadt, in der sie sich nicht heimisch fühlt. Als das Unternehmen Krupp ihr eine Stelle in Essen anbietet, lehnt sie ab wegen ihres Sohnes, der in Hagen die Schule besucht. Das ist die Regel: Man opfert sich für die nachfolgende Generation auf. Ihr einziger, geliebter Sohn ist ihr ausschließlicher Lebensinhalt.

Joachim wird das Geheimnis, das er eines Tages entdeckt, als er die Steuerunterlagen seiner Mutter ins Finanzamt Hagen bringt, drei Jahre lang tief in seinem Innern bewahren. Der Kleine ist zwölf. Als er in den Umschlag linst, fällt sein Blick auf das Todesdatum seines Vaters: Der Pilot auf dem Foto stürzt im September 1944 ab. Joachim kommt im Januar 1946 zur Welt. Abends im Bett zählt der Junge wieder und wieder die Monate. Nein, es steht fest, er kann auf gar keinen Fall der Sohn dieses inzwischen über dem brandneuen Fernseher gegenüber dem Sofa gerahmten Mannes sein. Es ist mathematisch unmöglich. Er wagt nicht nachzufragen. Unaufhörlich führt er sich die schlimmsten Szenen vor Augen. Ist seine Mutter auf dem Weg von Flensburg nach Swinemünde von einer Bande nach Schweiß und Wodka stinkender russischer Soldaten vergewaltigt worden? Wieder beginnt er zu rechnen. Mai 1945 bis Januar 1946, das macht exakt neun Monate. Joachim ist entsetzt. Er hat große Angst, die Wahrheit zu entdecken. Am Abend vor seiner Konfirmation sitzt Joachim mit seiner Mutter beim Essen. Und da enthüllt Liselotte ihrem Sohn ganz nebenbei das Geheimnis. «Übrigens, ich muss dir noch was erzählen ...»

Am Tag, an dem sie von Wilhelms Tod erfährt, nimmt sich Liselotte fest vor, nie wieder zu heiraten. Aber sie will ein Kind. Koste es, was es wolle. Also wählt sie unter dem Schwarm der jungen Männer, die ihr den Hof machen, einen Erzeuger aus. In Flensburg sind viele Zivilangestellte stationiert. Liselotte verbringt eine Nacht mit einem Kapitän der Handelsmarine. Er kommt aus Hamburg. Er heißt Albert. Albert ist Joachims zweiter Vorname. Als die Engländer das Zivilpersonal entlassen, gehen Albert und Liselotte noch gemeinsam nach Schwerin, wo sie ein paar Wochen verbringen. Dann trennen sie sich. Als er erfährt, dass Liselotte schwanger ist, will Albert sie heiraten. Sie lehnt es kategorisch ab.

Diese Erklärung ist für Joachim eine immense Erleichterung: «Irgendwas ist passiert, du getraust dich nicht zu fragen, und plötzlich lichtet sich der Nebel!» Liselotte zeigt ihrem Sohn das einzige Bild von seinem Vater: Auf einem blumengeschmückten Balkon in Berlin, an einem gedeckten Teetisch lächelt Liselotte, zart und elegant, die Haare zu einem neckischen Knoten gebunden, zwei jungen Männern in Hemd und Krawatte zu, die sie mit den Augen verschlingen. Der rechts ist Joachims Vater. Sein Gesicht ist kaum zu erkennen. Liselotte erklärt ihrem Sohn, dass er ihr seit seiner Geburt Unterhalt bezahlt. «Es ist meine Entscheidung gewesen», stellt sie klar. «Was du damit machen willst, das steht in deiner Hand.»

Ein außereheliches Kind ist in diesem verklemmten Adenauer-Deutschland eine große Schande. Sie kann das Gespött beim Vorbeigehen bereits hören: Ihr Mann stirbt fürs Vaterland, und sie vergnügt sich in den Armen eines anderen! Eine Schande! Dorothea Bickenbach kennt die Wahrheit. Sie hat ihrer Tochter im Haus von Swinemünde bei der Entbindung geholfen. Ein Schandfleck für die ganze Familie! Joachim erinnert sich, dass es oft Ärger zwischen Mutter und Tochter gegeben hat. Einmal musste sich der Kleine, wie versteinert, anhören, wie Dorothea in einem Wutanfall schrie: «Ich habe deine Geburt sowieso nie gewünscht!» Die Familie ihres Mannes hat Liselotte gezwungen, wieder ihren Mädchennamen anzunehmen. Sie würde den Namen Wagner in den Dreck ziehen!

Liselotte Bickenbach hat ein solches Lügengerüst aufgebaut, so viele wackelige Verbindungen errichtet, Daten versteckt und die Abfolge der Ereignisse verfälscht, dass ihr Sohn Mühe hatte, die Tatsachen zu rekonstruieren. Er versucht, das fragile Gebäude zu stabilisieren. Er möchte seiner Familienchronik einen soliden Unterbau geben. Möchte Antworten auf all die Fragen, die er sich noch heute stellt: Hatte Liselotte Alberts Heiratsantrag aus Scham abgewiesen und sich darauf verlassen, dass sich in den Wirren der letzten Kriegsmonate niemand über diese suspekte Geburt wundern würde? War Albert bereits liiert und hatte aus Verantwortungsgefühl angeboten, bis zur Volljährigkeit für den Kleinen zu zahlen? Hatte sich Liselotte eine leidenschaftliche

Liebe ohne Zukunft herbeiphantasiert? Eine romantische Verklärung, um die Sinnlichkeit einer jungen Frau zu kaschieren? Wollte sie, um ihren Ehebruch gutzumachen, eine vorbildliche Witwe sein? Lauter Hypothesen. Heute ist es zu spät. Die Mutter hat ihr Geheimnis mit ins Grab genommen.

Zwei Fotos sagen mehr als sämtliche von Joachim ausgemalte Szenarien. Legt man sie nebeneinander, ist die Metamorphose fast erschreckend. Das erste: ein bildhübsches Mädchen in Shorts und Pullunder am Strand von Swinemünde, sonnengebräunt, strahlend, die Haare unter einem gepunkteten Seidentuch versteckt, Schultern und Beine nackt, die Arme um die Knie geschlungen. Das zweite: Liselotte Bickenbach in den sechziger Jahren in Hagen. In weißer Rüschenbluse, ihre kurzen, dauergewellten Haare von einem schwarzen Stirnband zurückgehalten. Sie hat den Blick leicht zum Himmel erhoben, wie diese kleinen, traurigen Jungfrauen auf den Gemälden bei der Erscheinung des Erzengels Gabriel. Sie presst die Lippen aufeinander. In ihren Augen eine unendliche Traurigkeit. Was ist zwischen den beiden Aufnahmen passiert?

Viele Jahre nach dieser Entdeckung nimmt Joachim an einer Tagung in Hamburg teil. Während der Mittagspause streicht er um das Haus seines Vaters Albert herum. Auf dem Balkon steht ein alter Mann. Zwanzig Meter von ihm entfernt. Joachim geht über den Bürgersteig. Jetzt bloß nicht stolpern, nicht den Schritt beschleunigen, auch nicht stehen bleiben, nicht auffallen. Er hat die Hände in den Taschen und gibt sich gleichgültig. Was für eine absurde Situation. «Was hätte ich denn zu ihm sagen sollen? ‹Guten Tag, ich bin dein Sohn!› Ich wusste, dass er verheiratet war und Kinder hatte. Welche Probleme hätte ich heraufbeschworen?

Was hätte ich davon gehabt? Er war ein Fremder. Meine Zeugung ist das Einzige, was uns miteinander verbindet.»

Die ganze Szene dauert vier Minuten. Joachim biegt um die Straßenecke und kehrt zu seinen Kollegen zurück.

Sobald Joachim das Abitur in der Tasche hat, geht er weg. Er studiert Mathematik und Physik in Marburg, eine linke, progressive Universität. Joachim will sich freistrampeln. In Marburg liest er Wolfgang Abendroth, die Standardwerke über die deutsche Arbeiterbewegung, liebäugelt mit der KPD und lässt sich Haare und Bart wachsen. Es ist die Revanche für den «ordentlichen preußischen Haarschnitt», den seine Großmutter ihm verpassen ließ, wenn sie ihren Enkel zum Hagener Friseur brachte. «Ich kann mir zwar nicht vorstellen, was eine Frau daran schön finden kann, aber das musst du wissen!», befindet die Mutter. Genau wie für Liselotte bei ihrer Ankunft in Berlin besteht der erste Schritt in die Freiheit in Marburg in einer neuen Frisur. Auch die Bundeswehr will Joachim abschütteln. Nach Absolvierung des ersten Offizierslehrgangs stellt er nachträglich den Antrag auf Wehrdienstverweigerung. Als er seiner Mutter davon erzählt, beglückwünscht sie ihn. Diese Bundeswehr ist sowieso keine richtige Armee wie die Kaiserliche Armee ihres Vaters. «Ein Glück, dass du nicht zu diesem Haufen gehst! Man kann die nicht ernst nehmen! Zu lasch!»

Joachim Bickenbach erinnert sich an einen Nachmittag vor ein paar Jahren. Er besuchte seine Mutter in Hagen. In der Mitte des Couchtisches stand eine hölzerne Bonbonniere. Um sie herum die Porzellantassen für den Kaffee, das Foto des Testfliegers Wagner in seinem Lederrahmen, ein Porträt von Joachim als Kind, eine Kerze und eine Packung Muratti. Liselotte Bickenbach hatte ihre Inszenierung minutiös vorbereitet. Die Gegen-

166

stände ausgewählt und auf dem Tischchen angeordnet. In der Bonbonniere liegt auf einem Wattebausch eine rote Kugel, eine mit dunkelbrauner Flüssigkeit gefüllte Kapsel. Joachim hat immer damit gelebt, «sie gehörte zum Haushalt wie ein Pudel oder eine Katze». Er wusste, dass die Kapsel in einer kleinen Geldkassette mit Schloss aufbewahrt wurde. Und er wusste auch, wo seine Mutter den Schlüssel versteckte. Es ist die Zyanidkapsel, die Liselotte 1945 in Flensburg von einem Offizier des OKM bekommen hatte. Liselotte hatte eine Pistole gegen die Kapsel getauscht, weil sie nicht mit einer Waffe umgehen konnte. Sie wollte sich bis Swinemünde durchboxen, den ganzen, von Russen übersäten Osten durchqueren. Falls sich eine Russenkompanie auf sie stürzen sollte, war sie gewappnet. Und an jenem Nachmittag verkündet die Mutter ihrem Sohn, während sie ihm den heißen Kaffee serviert: «Die möchte ich für den Fall behalten, dass dir etwas passiert. Ich habe Schicksalsschläge genug!» Und dann betrachtete sie die kleine rote Kugel mit beunruhigender Zärtlichkeit.

Liselotte Bickenbach und Mutti Nehrenberg sind ihr ganzes Leben in engem Kontakt geblieben. Sie machten gemeinsam Ferien in Spanien. Liselotte Bickenbach kam ans Totenbett ihrer früheren Vermieterin, um sich von ihr zu verabschieden. Aber in unsere Straße zurückkehren wollte sie nie. Dabei hatte ihr Joachim eines schönen Sonnentags angeboten, sie im Auto herzubringen.

Das Haus der Mutti Nehrenberg existiert nicht mehr. Es gehört zu den Gebäuden, die mit «51–100 % schwere Schäden» taxiert wurden bei den Bestandsaufnahmen, die der Bezirk Schöneberg von Groß-Berlin 1947 durchführte. An seinem Platz steht ein Wohnblock aus den späten fünfziger Jahren. Doch da ist der

Kinderbrunnen in der Mitte des Platzes, das Lyzeum für höhere Töchter, das zur Volkshochschule geworden ist. Vielleicht können sie ihre Erinnerungen wecken, hofft Joachim. Liselotte Bickenbach weigert sich. «Es war ihre Strategie, mit Verlust umzugehen», sagt ihr Sohn. Ein Strich unter die Vergangenheit. Eines Tages vertraut sie ihrem Sohn an, dass sie auf dem Golm beerdigt werden möchte, auf diesem Hügel von Swinemünde, wo nach den Bombardierungen von 1945 die anonymen Toten in Massengräbern aufeinandergestapelt wurden. Sie will dort «mit allen andern» ruhen. Auf diesem Hügel, über den sie oft gemeinsam mit ihrem Vater geritten ist. Aber Joachim erklärt ihr, dass das nicht geht, weil der Golm eine Gedenkstätte ist. Sie entscheiden sich für eine Seebestattung.

Liselotte Bickenbach ist am 5. Oktober 2011 friedlich eingeschlafen. Zwei Tage nach dem deutschen Nationalfeiertag. 96 ½ ist sie geworden. Joachim und seine Kinder sind zum ersten Mal gemeinsam nach Swinemünde gefahren. «Für meine Kinder», sagt Joachim, «ist die Oma eine Figur, die mit viel Nebel verbunden ist.» Die Ostsee war spiegelglatt wie ein Dorfteich. Dicker Nebel bedeckte den Himmel über der Fähre. Die Urne stand, mit ein paar Blumen geschmückt, auf einem kleinen Tisch am Bug des Schiffes. Auf hoher See angekommen, versammelte man sich auf der Brücke. Die beiden Mitglieder der polnischen Crew postierten sich zu beiden Seiten der Urne. Kein Pomp. Keine Rede. Keine Musik. Kein Aufwand. Plötzlich löste sich der Nebel auf. Der Kapitän ergriff die Urne: «Nun, Liselotte, übergeben wir dich der Ostsee!» Sie sank sofort. Nur die Blumen blieben auf der Oberfläche. Die Fähre fuhr noch eine Weile im Kreis darum herum.

Die Möbel müssen
gerettet werden

Es ist Mitternacht. Silvester. Von meinem Balkon herab betrachte ich meine Straße im Kriegszustand. Es knallt und blitzt und donnert. Silberne Kometen durchbohren die Nacht. Über den Dächern explodieren rote und blaue Bouquets. Der Himmel ist erleuchtet wie am helllichten Tag. Ein Geruch nach Schwefel. So ähnlich muss es, sage ich mir, während ich mit den Augen dem Regen des bengalischen Feuers auf dem gegenüberliegenden Gehsteig folge, in meiner Straße bei den Bombardierungen ausgesehen haben, die sie fast vollständig zerstörten.

Im Repertoire der Kriegsgeschichten, die man sich an französischen Familientischen erzählt, kommen nicht so viele Luftschutzkeller und Bombennächte vor. Da gibt es Lebensmittelkarten, Schwarzmärkte, ein paar Kollaborateure, jede Menge Widerstandskämpfer und, unverzichtbarer Statist, den blonden deutschen Offizier mit den eiskalten blauen Augen, der seine bestialischen Befehle brüllt ... Die Bombardements nehmen im kollektiven Gedächtnis der Franzosen keinen so wichtigen Platz ein wie bei den Deutschen – und das mit Grund, sind doch die französischen Städte nicht systematisch ausgelöscht worden. Brest, Toulon, Le Havre und die Häfen haben die Bomben zu spüren bekommen, zum Teil Lyon, Paris wurde verschont.

Meine Begegnung mit Ursula Krüger verdanke ich einer Verknüpfung von Zufällen. Auf einem Schulfest sprach ich zwischen Tombola und Musikwettbewerb mit dem Direktor über mein Projekt. Er erzählte noch am selben Tag seiner Frau davon, die am übernächsten Abend bei ihrem Italienischkurs an der Volkshochschule mit ihrer Tischnachbarin zwischen zwei Konjugationsübungen darüber plauderte. Worauf Ursula Krüger mit sich überschlagender Stimme ausrief: «Oh! Oh! Aber in dieser Straße habe ich doch meine ersten Lebensjahre verbracht! In der Nummer 19!»

Und so wurde das arabische Telefon rückwärts in Gang gesetzt: Die Gattin kehrte nach Hause zurück und gab Ursula Krügers Worte an den Schuldirektor weiter. Dieser berichtete am nächsten Morgen seiner Tochter, Inhaberin einer Chocolaterie in meinem Viertel, von dem eigenartigen Zufall. Zwei Tage später saß ich mit einem Espresso und drei *macarons* an einem kleinen Tisch im Hintergrund dieses Lokals, zu dessen begeisterten Stammgästen ich gehöre. Da stellte sich die Chefin vor mich hin und überbrachte mir die Nachricht brühwarm: Ihr Vater habe ihr gestern erzählt, eine Bekannte ihrer Mutter habe in meiner Straße gewohnt. In der Nummer 19. Sie sei gebeten worden, mir ihre Telefonnummer zu geben.

Ich rief Ursula Krüger auf der Stelle an. In derselben Woche kam sie auf einen Espresso und drei *macarons* zu mir nach Hause, ein paar Dutzend Meter von dem Haus, in dem sie mit ihren Eltern die ersten sechs Lebensjahre verbracht hat. Sie erzählte davon, als sei es gestern gewesen.

Da ist eine Erinnerung im Ohr. Ursula verkriecht sich unter ihrer großen Daunendecke. Presst sie an den Kopf, um die Stille nicht zu hören. Denn seit in der Straße die Bombardierungen eingesetzt haben, ist die Stille verdächtig geworden. Normalerweise dauert sie nicht lange. Ein kurzes Vorspiel. Ursula schläft nicht. Sie liegt auf der Lauer. Sie horcht auf die Geräusche auf der Straße, in der keine einzige Lampe mehr brennt. Ursula hört, wie die Leute anfangen, schneller und schneller zu laufen. Tapp. Tapp. Tapp. Die kurzen, erschrockenen Schritte unten auf dem Gehsteig zerkratzen die Stille. Schneller und schneller. Lebhafte Stimmen, schlagende Türen. Kurz darauf fängt die Sirene an zu heulen. Sie durchdringt das Kinderzimmer, ein Eckzimmer, von dem der Eltern durch eine Tapetentür getrennt. Ursula krümmt sich in ihrem Bett zusammen. Sie hört ihr Herz gegen die Brust pochen. Hört die Holzlamellen der Jalousien klappern. Die Mutter stürzt herein: Anziehen! Schnell! Husch! Husch! Die Anziehsachen hat Ursula schon am Abend zuvor auf den Stuhl gelegt. Damit es schnell geht. Rock, dicke Strickjacke, Mantel. Die Wollstrümpfe und ihren Pullover hat sie zum Schlafen anbehalten. Ein Nachthemd trägt sie schon lange nicht mehr. Man hat zehn, höchstens fünfzehn Minuten, bevor die Bomber eintreffen. Husch! Husch! Jetzt wird's gefährlich. Ursula presst die Hände auf die Ohren.

Im Gänsemarsch die Wendeltreppe runter zum Keller. Das Köfferchen nicht vergessen, Luftschutzkoffer nennt man es. Mit dem Wichtigsten: Papiere, Geld und dem Porträt des Vaters in Uniform. Er ist weit weg, an der «Ostfront», wie die Erwachsenen dieses graue Magma auf der Weltkarte nennen, von dem Ursula die Konturen nicht ausmachen kann. Eine Mondlandschaft ohne Bäume, ohne Flüsse, ohne Hügel, so stellt sie sich das Land vor, in dem ihr Vater kämpft. Die «Ostfront» gehört nicht wirklich

zum Planeten Erde. Der Koffer steht immer bei der Tür. In Bereitschaft. Neben dem Eimer, der mit Sand gefüllt ist, um einen schwelenden Brand zu löschen. Ursulas kleiner Bruder Michael muss getragen werden. Kira, das sechzehnjährige Kindermädchen aus Sewastopol, nimmt den Korb mit etwas Verpflegung und Trinkwasser mit. Kira ist eine Zwangsarbeiterin. Als sie ein paar Jahre zuvor in die Familie kam, weigerte sie sich zu essen. Man hatte ihr erzählt, die Nahrung der Deutschen sei vergiftet. Und dann das schwarze Loch. Die muffige Luft. Der enge Raum. Der Luftschutzwart schließt die Stahltür am oberen Ende der Kellertreppe. Eine Birne an der Decke wirft ein schwaches Licht auf die gekalkten Wände. In ihre Mäntel gehüllt sitzen die Mieter der Nummer 19 aneinandergedrängt im Dämmerlicht auf den Bänken. Jeder hat seinen Stammplatz. Es gibt nur Alte, Frauen und Kinder. Sie sind aus dem Schlaf gerissen worden. Die Frauen stricken, flicken. Man spricht mit leiser Stimme. Jemand murmelt ein Mariengebet. Man wartet, dass es an einem vorbeigeht. Die Straße über ihren Köpfen ist dem glänzenden Himmel ausgeliefert. Das Brummen der Lancaster. Wiiii … jetzt kommt was! Sprengbomben, Brandbomben, Blindgänger, Feuerregen …
Ursula kennt den Abzählvers des Luftkriegs auswendig.

Der Luftschutzwart wacht mit seinem Helm und seiner Feuerpatsche, einem langen Stiel mit nassem Lappen am Ende, um ausbrechende Brände zu löschen. Ursula fragt sich, was für ein Rieseninsekt er mit seiner großen Fliegenklatsche zu Brei schlagen will. Sie starrt auf die nackte Glühbirne, die bei jedem Knall über der Straße an der Decke flackert. Ihre Mutter Annaliese Krüger hat eine Kastenmatratze in den Keller geschleppt. Ursula schläft wieder ein. Das Wunder der Kindheit. Draußen donnern die Bomben. Die Kinder schlafen. Michael und Andreas sind wie zwei verängstigte Füchslein aneinandergeschmiegt. Ursula presst Kiras Hand.

Von diesen Schreckensnächten hat Ursula Krüger eine panische Angst vor geschlossenen und dunklen Räumen zurückbehalten. Das ist der Grund, warum sie nicht gern ins Kino geht, warum sie Silvesterböller und Fabriksirenen nicht ausstehen kann. Annaliese Krüger sitzt auf dem Rand der Matratze. Sie hält sich kerzengerade, als wäre diese stolze Haltung fähig, die Angst einzudämmen, die ihr den Bauch hochkriecht. Sie denkt an diese Brandbombe, die vor ein paar Tagen in eine Ecke des Badezimmers gefallen ist. Ein Blindgänger. Als Annaliese Krüger aus dem Keller zurückkam, entdeckte sie das dicke Ei hinter der Tür. Sie rief den Luftschutzwart, der die Bombe mit viel Handgeschick und Kaltblütigkeit entschärft und rausgeholt hat, als handelte es sich um einen banalen Splitter, der aus einer Fußsohle gezogen werden muss. Annaliese Krüger hat seine Tüchtigkeit sehr gelobt und ihm ein Trinkgeld in die Tasche seiner Kittelschürze geschoben, wie man einem eifrigen Laufburschen dankt.

Ringsum der dumpfe Lärm der Fassadenteile, die auf die Straße krachen. Die Mauern vibrieren. Kalk rieselt von der Decke. Und dann Stille. Eine sonderbare Stille. Die Mieter der Nummer 19 versuchen herauszufinden, welches Haus getroffen wurde. Die 20 vielleicht ... Oder die 11 gegenüber? Lieber Gott, mach, dass es nicht unsres ist! Annaliese Krüger denkt an ihre Möbel oben im vierten Stockwerk ohne Fahrstuhl, die so empfindlich sind. Und wenn eine Sprengbombe ins Dach der Nummer 19 gedrungen ist und alles ansteckt? Wenn das Feuer von einem Zimmer zum nächsten springt und alles in Brand setzt? Die ganze Wohnung in Flammen aufgeht wie ein Bündel Stroh? Ihre eigenen Eltern in einer benachbarten Straße sind gerade ausgebombt worden.

«Wir kamen raus und wir standen vor dem Nichts», haben sie erzählt. Annaliese Krüger kann die Bilder nicht aufhalten, die in rasender Geschwindigkeit vor ihren Augen vorüberziehen. Die Kirschbaumkommode, ein Hochzeitsgeschenk ihrer Eltern, die sie bei einem der gefragtesten Antiquitätenhändler am Kurfürstendamm erstanden haben ... Verkohlt. Das stolze englische Buffet im Speisezimmer ... Zu einem kümmerlichen Aschehäufchen reduziert. Die mit Lapislazuli versetzte Wanduhr, die im Herrenzimmer die Stunden zählte ... Nur noch ein verrußtes Eisenskelett. Dieselbe Uhr, die vor kaum drei Jahren noch den Takt der schönen bürgerlichen Harmonie im Hause Krüger geschlagen hat: Mahlzeit, Bad, Kinder zu Bett bringen, Kaffeekränzchen, Waschtag und Frühjahrsputz. Annaliese Krüger sieht noch vor sich, wie sie auf Knien die Stuhlbeine im Speisezimmer poliert. Denn sie kümmert sich höchstpersönlich um ihre Möbel. Die Dienstmädchen dürfen da nicht ran. Und wenn etwas kaputt geht, ist das Drama groß.

Annaliese Krüger sieht, auf ihrem Matratzenrand im Keller, ein riesiges Inferno vor sich, das ihr sorgloses Leben als junge Ehefrau dahinrafft. Ein Leben, das kaum erst begonnen hat. Wilhelm Krüger und Annaliese Steinmann sind sich am Silvesterabend zwischen den Jahren 1934 und 1935 im Haus Vaterland auf dem Potsdamer Platz begegnet, dem größten Vergnügungstempel der Welt. Es gibt Papierschlangen, Partyhüte, Champagnergläser und damals schon ein Feuerwerk. Wilhelm fordert Annaliese zum Tanz auf. Das junge Paar wirbelt über die Bühne des Palmensaals. Die Eltern des jungen Mädchens lassen die beiden nicht aus den Augen. Am 4. Juni 1936 findet die Hochzeit statt. Annalieses Onkel, Kaplan der katholischen Kirche Sankt Norbert gegenüber dem Rathaus Schöneberg, segnet sie.

Einige Wochen später, Mitte August, posiert das jungvermähl-
te Paar vor den brechend vollen Tribünen des Olympiastadions.
Ein Fotoalbum verherrlicht die Spiele des Jahres 1936. Man sieht
darin Annaliese und Wilhelm Krüger freudestrahlend durch die
Kolonnaden des Stadions schlendern. «Wandelgang! Wir haben
es geschafft!», kommentiert Wilhelm mit zackigem Füllfeder-
strich. Man sieht sie nebeneinander nach dem Wettkampf des
Frauenturnens: «Durch Kampf zum Sieg!» Man sieht Annaliese
auf der vollen Tribüne auf ihrem Platz sitzen: «Der schönste
Platz! Schwer erkämpft!» Man sieht die Zuschauer, die Hand zum
Nazigruß erhoben: «Unser großes Erlebnis. Das erste Aufziehen
der deutschen Flagge am Siegermast.» Und die Abschlussparade:
«Alle siegreichen Nationen sind zur Schlussfeier angetreten!»

Das junge Paar bezieht die Nummer 19 meiner Straße. Wilhelm ist Kaufmann bei IH-Henkel, Solingen Stahlwaren, Messer,
Scheren. Sein Büro befindet sich ein paar Straßenbahnstationen
weiter in der Friedrichstraße.

Am 30. Mai 1937 wird Ursula geboren. Annaliese Krüger
kommt im Weddinger Krankenhaus Virchow auf der Station
von Professor Stickel nieder, der sich als Geburtshelfer durch seine modernen Methoden und den Sinn für Hygiene einen Namen
gemacht hat. Die Bettwäsche wird täglich gewechselt. Welch komische Idee, mokieren sich Annalieses Freundinnen. Sein Kind
im Wedding zur Welt zu bringen, wenn man in einer solch bürgerlichen Straße wohnt! Ursula verdankt ihren Vornamen einem
Schlager von Marita Gründgens, «Ich wünsch mir eine kleine
Ursula, hellblond mit blauem Augenpaar», den ihre schwangere
Mutter den lieben langen Tag trällerte.

Meine Straße dient den Fotos im Familienalbum als Hintergrund. August 1941: Annaliese Krüger nimmt mit freudiger Ges-

175

te den kleinen Michael auf den Arm. Man erkennt die Dächer der Nachbarhäuser, den Fassadenstuck, die Bäume, den bewölkten Himmel. 1942: Auf demselben Balkon blättern Ursula und Michael in einer Illustrierten. Michael sitzt bei seinem Vater auf dem Schoß. Die Aufnahme ist ziemlich misslungen. Man sieht nur die Hälfte von Wilhelm Krügers Gesicht, ein einziges Auge und einen Krawattenzipfel. 1943: Andreas, das Nesthäkchen, ist geboren. Um den Säugling herum seine Mutter mit Brillantkette, Michael und Ursula. Annaliese Krüger hat dieses kolorierte Porträt von einem Fotoatelier ausführen lassen. Ein Geschenk für Wilhelm Krüger im fernen Russland.

«Bleib übrig!», wünschen die Überlebenden der 19 einander, wenn der Alarm zu Ende ist und sie wieder an die Oberfläche steigen. Das Leben der Bewohner meiner Straße hängt an einem Faden. Wer weiß, wie der nächste Tag aussehen wird. Und vor allem die Nacht. Diesmal hat das Vorgartenmäuerchen aus glasierten Ziegeln, auf dem die Kinder balancierten, dran glauben müssen. Annaliese Krüger versteht nicht, warum die Engländer es ausgerechnet auf diese kleine, ruhige Straße abgesehen haben, die nie jemandem etwas zuleide getan hat. Im Radio wettert die näselnde Stimme des Sprechers gegen diesen erneuten «Terrorangriff auf die Reichshauptstadt».

Kolonnenweise ziehen die ausgebombten Flüchtlinge über den Gehsteig. Sie transportieren ein aus den Flammen gerettetes Ölgemälde, ein paar verkohlte Möbelteile, einen Käfig mit einem verängstigten Wellensittich, die Scherben ihres einen Tag zuvor noch intakten Lebens. Bevor sie den Trümmerhaufen verlassen, der einmal ihr Haus gewesen ist, bringen sie an sichtbarer Stelle einen Zettel für Verwandte und Bekannte an, wer überlebt hat und wo man zu finden ist. Den ganzen Tag lang werden verkohlte Leichen hervorgezogen und auf dem Gehsteig aufgereiht, wo sie abgeholt werden. Beim alten Paar im ersten Stock der Nummer 19 zieht eine glühende Parteisympathisantin ein, die ausgebombt wurde. Die neue Mitbewohnerin sitzt von morgens bis abends an ihrer Nähmaschine. In vollen Kartons liefert sie die BDM-Uniformen, die sie schneidert. Aus den Stoffresten stellt sie Krawatten her. Die 19 ist noch einmal davongekommen. Aber die Bomber werden wiederkehren. Wenn das Radio ankündigt: «Fliegerverbände über dem Raum Hannover-Braunschweig», wissen die Bewohner meiner Straße: Wir sind bald dran. Alles könnte noch vernichtet werden. Dann hat Annaliese Krüger nur einen Gedanken im Kopf: Die Möbel müssen gerettet werden! Und falls sie sie nicht rechtzeitig in Sicherheit bringen kann, will sie wenigstens eine Erinnerung an sie haben. Annaliese Krüger engagiert einen Fotografen. Vor dem Termin macht sie die Wohnung zurecht. Sie räumt auf, staubt die Möbel ab, streicht die Tagesdecken glatt. Sie will ihren Haushalt im besten Licht zeigen. Der Fotograf geht von einem Raum zum nächsten. Stellt sein Stativ auf.

Er schießt zwölf Schwarzweißbilder. Annaliese liebt ihre antiken Möbel. Sie hat jedes einzelne selbst ausgewählt. Das Herrenzimmer mit der Standuhr und der Gipsbüste von Hitler, ein Geschenk des Kaplan-Onkels, nebeneinander auf dem Bücherregal. Das Elternschlafzimmer mit dem Bett, weißer, goldverzierter Schleiflack, und gelbblauen Gardinen. Auf dem Bett eine grobe beigefarbene Wolldecke. Die Seidendecke mit den himmelblauen japanischen Blüten hat Annaliese bereits in einem Überseekoffer im Keller in Sicherheit gebracht. Das Kinderzimmer mit dem Wickeltisch und den Spielsachen. Über der Wiege anstelle eines Mobiles ein Hakenkreuzwimpel. Die Wanne im Badezimmer ist mit Wasser gefüllt, eine Vorsichtsmaßnahme für den Fall eines Brandes. Die Fensterscheibe in der Küche ist mit einem Stück Pappe abgedichtet. Es gibt kaum eine Glasscheibe in der Straße, die noch nicht in Scherben gegangen ist. Selbst das winzige Mädchenzimmer, ein schmaler Schlauch zwischen Küche und Badezimmer, ist verewigt worden.

Im Jahr 1943 verlässt Annaliese Krüger meine Straße für immer. Wilhelm Krüger ist weit weg. Die Briefe von der Front tröpfeln nur spärlich ein. Die Bombardements nehmen an Intensität zu. Ende des Sommers sind die Frauen und Kinder meiner Straße gezwungen, Berlin zu verlassen. An der Litfaßsäule auf dem Platz sind Plakate mit Aufrufen zur Evakuierung angeschlagen. «Mutti, bring mich weg! Der Luftterror geht weiter!», schreit ein verängstigtes Kind darauf. Annaliese Krüger, ihre drei Kinder und die zwei Dienstmädchen flüchten nach Zehdenick in der Mark Brandenburg, in der Nähe von Oranienburg. Hier steht das große «Ackerhaus» ihrer Schwiegereltern. Einige Tage später treffen die Möbel aus Berlin ein. Auf Kähnen gleiten sie langsam über die Havelkanäle, quer durch Wiesen und Felder, von den Zweigen der Haselnusssträucher im Unterholz gestreift. Unter dem Applaus der Dorfbewohner passiert die surreale Prozession die Zugbrücke am Eingang von Zehdenick.

Stück für Stück wird das Interieur der Berliner Wohnung wiederhergestellt. Eine herrliche Zeit für die Kinder. Keine Luftschutzkeller. Keine Sirenen. Der Hunger hält sich in Grenzen. Annaliese Krüger hat im Hof einen Garten eingerichtet. Die Bauern der Mark haben in ihrer Stube drei Klaviere stehen und im Küchenbuffet Kristallgläser. Die Berliner kommen, um ihre Möbel gegen eine Ration Butter oder Schinken einzutauschen.

Man ist bereit, alles herzugeben, um etwas zu essen zu bekommen.

Am Tag der Einschulung seiner Tochter erhält der Funker Wilhelm Krüger Urlaub. Der Lehrer, der mit einer verkrüppelten Hand und nur einem Auge zurückkehrt, flößt Ursula Angst ein. In Zehdenick sprechen die Erwachsenen in Anwesenheit der Kinder nicht vom Krieg. Der Krieg ist nur ein Gemurmel. Ein Hintergrundgeräusch. Hinter der halboffenen Tür versteckt, lauscht Ursula den Gesprächen. Annaliese Krüger und Kira flüstern. Ursula streicht die Wände entlang, legte das Ohr an die Tür, hält den Atem an. Einmal zerschlägt sie mit der Faust eine Scheibe. Die Erwachsenen haben die Fenstertür mit dem Schlüssel abgeschlossen, um sich in Ruhe unterhalten zu können. «Ich wollte das Geheimnis wissen», sagt sie zu ihrer Mutter, während sie die blutende Hand schwenkt.

In der Nacht vom 22. auf den 23. November 1943 geht auf unsere Straße ein Bombenteppich nieder. Manche Nachbarn erzählen, dass diese Bomben nicht einmal für sie bestimmt waren: Die Royal Air Force hatte das Zooviertel anvisiert. Nach erfüllter Mission drehten die Lancaster um. Aber sie hatten ihre Ladung noch nicht aufgebraucht. Es war noch zu viel Gewicht im Bombenschacht, und die Flugzeuge mussten leichter werden, um für den Rückflug bis an die Küste von Norfolk Kerosin zu sparen. Also wurde Befehl gegeben, sie vor Verlassen des Berliner Luftraums nach Zufallsprinzip abzuwerfen. Und der Zufall hatte genau meine Straße ausersehen.

Eine andere, höchst bedenkliche Version hat mir kürzlich ein Händler unserer Straße erzählt: «Das waren die Juden, die das Viertel absichtlich – aus Rache – bombardierten, weil sie wussten, dass die Bonzen der NSDAP in ihre Wohnungen eingezogen waren.» Als ich zu bemerken gab, dass die Juden aus unserer Straße entweder nach Auschwitz deportiert wurden oder ans andere Ende der Welt emigriert sind und es also ziemlich unwahrscheinlich war, dass sie an Bord englischer Bomber saßen, raunte er mir mit verschwörerischer Miene zu: «Aber Sie wissen doch, die Juden, die sind so gut durch die ganze Welt vernetzt ...» Wie vor den Kopf gestoßen, machte ich, dass ich aus dem Laden kam.

Bombenteppich ... Diese Metapher, dem Wortschatz der perfekten Hausfrau entlehnt, verleiht der Gewalt, die meine Straße verwüstet hat, einen Anstrich der Unschuld: In jener Nacht haben Hunderte von Bomben der Royal Air Force sie beinahe dem Erdboden gleichgemacht. In Zehdenick rennen Annaliese Krüger und ihre Kinder in den Hof und beobachten diesen Widerschein von ungewohnter Intensität über dem fernen Berlin. Ursula ahnt, dass dieser Abendrothimmel nichts Gutes zu bedeuten hat. Haben die Bomben die Nummer 19 zerstört? Gleich am nächsten Tag steigt sie in den Zug nach Berlin, um sich ein Bild zu machen. Die Keller qualmen noch. Die halbe Straße liegt in Trümmern. Aber die 19 steht noch.

Die Kaiser-Barbarossa-Apotheke im Haus Nummer 1 auf dem Platz, das die Ecke zu meiner Straße bildet, ist vollständig zerstört. Sie war seit 1906 im Erdgeschoss des prächtigen, von Robert Zetzsche erbauten Gebäudes untergebracht. Am 16. Oktober 1944 schreibt Ludwig Guercke, Inhaber der Apotheke, an den Polizeipräsidenten von Berlin: «Durch den Terrorangriff am 22. November 1943 wurde die von mir geleitete Kaiser-Barbarossa-Apotheke total zerstört. Dabei verbrannten wichtige Papiere.» Er verlangt Abschriften der Konzessionsurkunde und der

Inventarliste, damit er sie zu den Akten legen kann. *Heil Hitler!*
Als Ludwig Guercke am 19. Juli 1945 erneut an den Herrn Polizeipräsidenten schreibt, wählt er Wörter mit eindeutig weniger
ideologischem Beigeschmack: «Die von mir geleitete Kaiser-Barbarossa-Apotheke wurde am 23. November 1943 durch Flieger-
bomben total zerstört.»

Günter Wolowski, der Ingenieur aus der Nummer 25, fertigt
eine Skizze der Schäden in unserer Straße an. Auf die getrof-
fenen oder total zerstörten Gebäude kritzelt er einen fetten roten Stern. Die Nummer 25 ist von ihrem Seitenflügel amputiert.
Die 26, die 3, die 5 und die 7 sind verschont geblieben. Günter
Wolowski hält Mauerdurchbrüche, Gas- und Wasserhähne fest.
Er zeichnet Schutzräume, Kellertreppen und die Notstiegen. Die
Aufzeichnung, von den aktuellen Mietern der 25 wie eine Reli-
quie aufbewahrt, gleicht einer kleinen filigranen Bleistiftzeich-
nung von Paul Klee.

Ich habe keine Ahnung, wie viele Zivilpersonen bei den Bombardements meiner Straße getötet worden sind und ob überhaupt eine Zählung durchgeführt wurde. 1939 haben laut den
Erhebungen der Volkszählung noch insgesamt 306 Menschen in
meiner Straße gewohnt. Das ist eine ungewöhnlich hohe Zahl
für diese nicht allzu lange Straße. Wie viele von ihnen haben die
Kriegsjahre überlebt?

Als sich die Russen nähern, findet ein neuer Exodus statt. Ende
Januar 1945 packt Annaliese Krüger in Zehdenick ihre Kinder,
einen großen Sack und nimmt den letzten Zug. Annaliese Krüger flüchtet sich ins Haus ihrer Familie in Erfurt. Ein Gebäude
mit klassizistischen Säulen, vor der Stadtmauer gelegen, ein ehemaliger Sommersitz der Ursulinen. Das ganze Haus ist voller
Flüchtlinge aus dem Ruhrgebiet. Eine Familie pro Zimmer. Die

Krügers bekommen zwei Zimmer. Die Eltern im ersten Stock, die Kinder unter dem Dach. Diesmal bleiben die Möbel in Zehdenick. Auch Kira. Sie muss auf die Möbel aufpassen. Sie schickt Pakete mit Kleidern und nicht sehr sperrigen Sachen nach Erfurt. Die deutsche Post funktioniert bis zu den letzten Kriegstagen normal. Kira heiratet im Hochzeitskleid der Annaliese Krüger Iwan, den Knecht vom Gut. Bis heute weiß keiner, was aus ihr geworden ist. Haben die russischen Kampfgruppen sie umgebracht? Sie hatte solche Angst vor ihren eigenen Leuten. Oder ist sie wieder nach Sewastopol zurückgekehrt?

Als Annaliese Krüger 1947 nach Zehdenick kommt, um die Möbel zu holen, ist Kira verschwunden. Genauso wie die Möbel. Die Dorfbewohner haben sich daran bedient. Annaliese Krüger geht mit den zwölf Fotos in der Hand von Tür zu Tür, um zu beweisen, dass die Möbel ihr gehören. Den ausziehbaren ovalen Mahagonitisch vom Esszimmer haben sie zerhackt. Sie holt sich nur die Stühle zurück. In der Truhe einer Nachbarin findet sie die Tischdecken mit ihrem Monogramm. Die Hauswäsche war als Toilettenpapier benutzt worden. Von dem prächtigen venezianischen Kronleuchter ist nur noch ein Haufen Scherben übrig. Annaliese Krüger tut, als sähe sie die Bücher aus ihrer Bibliothek in den Regalen im Büro des Bürgermeisters nicht. Sie ist auf seine Unterstützung angewiesen. Der Herr Bürgermeister interessiert sich wenigstens für Bücher, denkt sie in einem Anflug von Philanthropie. Der Bürgermeister ergeht sich in Entschuldigungen im Namen seiner Mitbürger. «Einen Strohsack, einmal im Monat frisch aufgeschüttelt, das ist, was sie verdienen!», schimpft er. Aufrecht wie die Tugend steht er vor der Krüger'schen Bibliothek. Die sichergestellten Möbel werden per Spedition nach Erfurt befördert.

1945 wird Erfurt zunächst von den Amerikanern besetzt. Sie öffnen die Depots der Wehrmacht und verteilen Lederschnürsenkel und Fliegerkekse, Notproviant für Panzer und Flugzeuge. Danach kommen die Russen. Ein Zimmer im Haus wird für einen russischen Offizier aus Georgien beschlagnahmt. Er spricht Französisch, bringt den Damen Geschenke mit. Aber eines Tages verkündet er: «Jetzt kommen die Kampftruppen! Jetzt wird's ungemütlich!» Am 3. März 1946 tanzen Annaliese und Wilhelm Krüger im ersten Stock zum Karnevalsball, als ein russischer Offizier aufkreuzt und befiehlt: «Sie haben 48 Stunden, um das Haus zu räumen! Es ist von der Telefonzentrale der Kommandantur beschlagnahmt worden!» Die Krügers dürfen mitnehmen, was sie in den Händen tragen können. Sämtliche Klassenkameradinnen von Ursula kommen, um ihre Hände zu leihen und die Möbel hinauszuschaffen.

Als sie nach dem Krieg das erste Mal nach Berlin zurückkehrt, begibt sich Annaliese Krüger als Erstes in meine Straße, um die paar Gegenstände zu holen, die sie in der Wohnung gelassen hatte. Die Nummer 19 steht noch immer da. Aber das Dach ist eingefallen, und die oberen Stockwerke sind beschädigt. Ein Teil der Vorderfront ist bereits eingestürzt. «Das Grundstück ist eine verwitterte und baufällige Ruine, die kaum wieder aufgebaut werden kann. Obwohl unmittelbare Gefahrstellen zurzeit nicht festzustellen sind, erscheint Einreißen der Ruine noch im Laufe dieser Bausaison notwendig», dekretiert der Bericht des Baupolizeiamts Groß-Berlin am 21. Juni 1949. Ein quergestelltes Holzbrett im Treppenhaus versperrt den Zutritt zu den höheren Geschossen. Es besteht Einsturzgefahr. Leichtsinnig steigt Annaliese über die Sperre und inspiziert die Ruine ihrer Wohnung.

Ein paar Jahre später wird das Gebäude gesprengt. Einer Legende zufolge war aus einem der Fenster des Hauses geschossen worden. Ein Kämpfer der letzten Stunde? Ein Erleuchteter, der die Kapitulation des Dritten Reiches nicht hinnehmen wollte? Und als Vergeltungsmaßnahme hätten die Russen das Haus in die Luft gejagt. Doch auch die weit weniger abenteuerliche Realität ist pikant. Am 19. April 1953 beklagt sich ein gewisser Dr. Heinemann, der wahrscheinlich in einem Nachbarhaus der 19 wohnte, per Einschreiben beim Berliner Senat, Abteilung Enttrümmerung: «Hiermit möchte ich den Senat dringend auf einen Missstand aufmerksam machen, der unbedingt beseitigt werden muss. Das Grundstück Nummer 19, Eckhaus, die Schule für Erzieherinnen, muss unbedingt enttrümmert werden. Abgesehen davon, dass in den letzten Sturmtagen andere Stücke runterkamen, gehen viele Fußgänger in den offenen Trümmern ihre Geschäfte verrichten, und das angesichts der unzähligen Mädchen in der Schule. Außerdem befindet sich gegenüber der Garten des Kinderkrankenhauses, in dem die Kinder auf Liegebetten frische Luft atmen sollen.

Aus sanitären und sittlichen Gründen bitte ich, das Eckhaus so bald als möglich einzureißen und reinen Tisch zu machen, andernfalls ich mich an alliierte Stellen wenden muss. Dr. Heinemann.»

Am 19. Mai 1953 meldet das Bezirksamt Schöneberg von Berlin, Abteilung Gesundheitswesen, Gesundheitsamt der Abteilung Bau- und Wohnungswesen – Amt für Baulenkung: «Obengenanntes Ruinengelände wird von der Umgebung als allgemeiner Müll- und Abfallabladeplatz benutzt. Es ist dadurch ein hygienischer Gefahrenherd. Wir bitten um Beseitigung desselben und schlagen mindestens eine Vermauerung sämtlicher Zugänge und Kellerfenster vor. Gleichzeitig bitten wir, die Arbeiten so in Angriff zu nehmen, dass sie vor Eintreten der wärmeren Jahreszeit beendet sind.»

Und am 29. Oktober 1953 schreibt Philipp Halter – Sprengunternehmen. Spezialität: Sprengungen von Brückenpfeilern, Maschinen-Fundamenten, Schornsteinen, sowie Unterwasser-, Film- und Kultursprengungen aller Art. Ältestes Groß-Berliner-Spezialunternehmen. Ausführung schwieriger Abbrüche u. Pressluftarbeiten aller Art – an das Bezirksamt Schöneberg, Baupolizei: «Hierdurch teile ich Ihnen mit, dass die Spreng- und Abräumarbeiten auf dem Grundstück Nummer 19 beendet wurden.»

1951 bekommt Familie Krüger endlich die Erlaubnis, sich wieder in ihrem Haus in Erfurt niederzulassen. Wilhelm Krüger hat Mühe, Arbeit zu finden. Er wird dreimal wegen Spionage verhaftet. Annaliese Krüger geht in der Stadt von einem Gefängnis zum nächsten, um ihren Mann zu finden. «Ein Fleischklumpen.» Er war nie in einer Partei, weder in der NSDAP noch in der SED. Erst als er schließlich der Ost-CDU beitritt, findet er eine Stelle als Buchhalter im Konsum. Als Wilhelm Krüger sich am 20. November 1953, drei Wochen nach der Sprengung der Nummer 19 in Berlin, frühmorgens zu Fuß zum Bahnhof begeben will, um den Zug zur Arbeit zu nehmen, schießt aus einer kleinen Nebengasse ein Angestellter der Reichsbahn mit einem Culemeyer-Straßenroller hervor. Es ist nebelig. Die Ausfahrt ist nicht beleuchtet. Der Fahrer hat die ganze Nacht gefeiert und ist betrunken. Wilhelm wird mit voller Wucht erfasst. Er stirbt auf der Stelle. Er ist 51 Jahre alt. Der Fahrer flüchtet. Durch das Fahrerbuch ist der Mann schnell gefunden. Fünf Jahre lang führt Annaliese Krüger einen Prozess. In Begleitung ihrer Tochter fährt sie zur Verhandlung am Obergerichtshof der DDR nach Berlin. Zum Glück haben wir ein Haus und Möbel, denkt Ursula, als sie aus dem Zug die Berliner Straßen betrachtet. Annaliese Krüger gewinnt den Prozess.

Im Juli 1961 schenkt Ursulas Patentante ihr und ihrem Bruder Andreas ein Flugzeugticket von Berlin nach Hannover. Sie sind Deutsche und haben noch nie den Rhein gesehen! In einer Heidelberger Jugendherberge hört Ursula am 13. August, dass in Berlin eine Mauer gebaut wird. Ursula und Michael können nicht zurück. Sie werden im Aufnahmelager Marienfelde von den Alliierten verhört. Sie beschließen, in Bonn Medizin zu studieren.

Am 30. Mai 1963, an Ursulas Geburtstag, stößt ihre Mutter im Rahmen eines Familienzusammenführungsprogramms zu ihren Kindern in Westberlin. Von einer Kneipe auf dem Moritzplatz aus überwachen Ursula und ihre Brüder den Grenzposten. Alles ist still. Kein Mensch. Plötzlich öffnet sich das Türchen. Annaliese Krüger erscheint, eskortiert von einem Vopo, der ihre beiden Koffer trägt. Sie hält ihre Hunde, Peter und Putsi, an der Leine.

Ein paar Tage später entladen zwei gedeckte Güterwagen von 11 Metern Länge, 2,5 Metern Breite und 2,10 Metern Höhe den Krüger'schen Haushalt in Westberlin. Annaliese Krüger hat sich tausend bürokratische Schikanen gefallen lassen müssen, um ihre Möbel mitnehmen zu dürfen. Sie musste, in vier Exemplaren, ein Formular für jedes Buch mit Verfasser und Erscheinungsjahr ausfüllen. Man verlangte, dass sie jedes Gemälde vom Direktor des Erfurter Museums schätzen ließ. Der junge Arbeiter-und-Bauern-Staat darf seiner wertvollen Kunstschätze nicht beraubt werden. «Das schafft nicht jeder!», staunt Ursula. Annaliese ist eine *Powerfrau* geworden. Ursula gefällt dieses Wort aus dem Emanzipationsvokabular.

Das Haus in meiner Straße gibt es nicht mehr. Die Wohnungssuche geht los. Als Ausgebombte hat Annaliese Krüger in Berlin Wohnrecht. Es wird ihr eine Neubauwohnung aus den Fünfzigern zugewiesen. Ihre Möbel in eine Streichholzschachtel mit niedrigen Decken und winzigen Zimmerchen quetschen? Ausgeschlossen!

Sie findet in Lichterfelde-West eine große Wohnung in einem Gebäude der Jahrhundertwende, aus derselben Epoche wie die Nummer 19 in meiner Straße. Die Wohnung hatte dem Hotel Walther, einem Etablissement von zweifelhaftem Ruf mit dem Spitznamen «Ami-Puff», als Dependance gedient. Annaliese Krüger ist 61 und erklärt: «Ich ziehe nicht mehr um.» Ihr großer Lebensmut ist gebrochen.

Ursula Krüger lebt seit 50 Jahren in der großen Wohnung ihrer Mutter in Lichterfelde-West. Als ich sie zum ersten Mal betrat, hatte ich den verwirrenden Eindruck, mit beiden Füßen in einer genauen Nachbildung der Nummer 19 meiner Straße zu stehen. Als hätte ein Zauberer mit den Fingern geschnipst, und ping!, den zwölf Fotos ein polychromes Leben eingehaucht. Ursula Krüger hat Zimmer für Zimmer das Dekor ihrer Kindheit rekonstruiert. Die meisten Möbel haben den Bomben standgehalten, den sukzessiven Vertreibungen, den Plünderungen der Nachbarn, der Zwangsverwaltung der DDR, den administrativen Schikanen, dem Zahn der Zeit. Sie sind von den Möbelpackern misshandelt, vom Warenzug durchgeschüttelt worden. «Es hielt alles. Wenn Sie einen Stuhl gekauft haben, hielt er auch 30 Jahre. Alles gut gezimmert, ging nicht aus dem Leim wie heutzutage», sagt Ursula Krüger, für die IKEA die Verkörperung des Verfalls ist. Sie ist stolz darauf, in ihrem Leben nur drei neue Möbel gekauft zu haben: ein ausziehbares Sofa, ein Treckerbett und einen Bücherschrank.

Eine beinahe perfekte Restitution. Die Uhr hat, auf den Zentimeter genau, ihren Platz auf dem Bücherregal wiedergefunden. Die Möbel stehen in derselben Anordnung. Ursula Krüger hat Angst, sie könnte durch ein Verrücken die so zarten Erinnerungen verscheuchen. Die Zimmer zur Straße gleichen dem überquellenden Laden eines Trödelhändlers. Alles ist vollgestellt. In einer Schublade wild durcheinander der Pullover ihres fünfjährigen Bruders, das Familienbuch ihrer Eltern, mit einem Gummi zusammengehaltene Briefbündel, das Armband mit zwei Anhängern, Eiffelturm und Triumphbogen, Andenken, die ihr der Vater als Soldat aus Paris mitgebracht hat. In der Wohnzimmervitrine eine ganze Schar von Porzellanfiguren, Hirtinnen, Schornsteinfeger, Balletttänzerinnen und Kolibris. Hinter einem Inselchen aus Grünpflanzen springt die Büste einer muskulösen Venus hervor. Die Siegespalme der überflüssigen Objekte erhalten die silbernen, mit einer Zahl gekennzeichneten Klammern, die man über den Rand seines Cocktailglases streift, um es zu identifizieren und die Mikroben und Lippenstiftspuren der anderen Gäste zu vermeiden. Ein Anhänger von Feng-Shui müsste hier wahre Angstzustände ausstehen. Jeder Zentimeter der Wand ist von einem Gemälde besetzt. Sogar hinter dem Mantelständer im Flur hängt eins. Neben dem Klavier das Porträt von Mariechen, der schizophrenen Cousine, die die Nazis umgebracht haben. Und selbst die Urahnin Sidonie mit den sieben Kindern und dem bösen Blick hängt noch immer an der Wand.

In letzter Zeit verbringt Ursula Krüger schlaflose Nächte. Sie ist wieder auf der Lauer. Sie lauscht der Stille ... «Wer soll das alles nehmen nach meinem Tod?» Die junge Generation will nichts mehr wissen von diesen sperrigen Möbeln, von diesen Goldrandtellern, die nicht in die Spülmaschine dürfen. Ursula Krüger erwägt, einige Stücke dem Kunstgewerbemuseum zu vermachen. Aber wer weiß, ob der Konservator sie überhaupt nehmen würde. Ob sie es wagt, diese Möbel, die die Mutter ihr Leben lang von einem Ort zum anderen gerettet hat, beim Trödler zu verscherbeln? Unmöglich. Sie hätte das Gefühl, ihr post mortem einen Dolchstoß zwischen die Schulterblätter zu versetzen. Also wälzt sich Ursula Krüger in ihrem Bett. Sie horcht auf die Straßengeräusche. «Man wird verrückt», sagt sie. «Man behält alles und kriegt keine Ruhe.»

Das Dach der Welt

Glaubt man meinen Nachbarn, hätte man nach dem Krieg aus den Trümmern meiner Straße den Mount Everest errichten können. Sie beschreiben mir Kämme und Schluchten, Kulme und Kuppen, ein atemberaubendes himalayisches Relief, das sich an der Grenze zwischen zwei Berliner Bezirken über der Asphaltwüste erhob.

Ich habe den Insulaner bestiegen, wie die Berliner den künstlichen Hügel nennen – 1,5 Millionen Kubikmeter Trümmerschutt auf einem großen Brachgelände, vor dem «Zusammenbruch» ein Müllabladeplatz zwischen Lehmgruben, Flakstellungen und Sommerlauben –, zu dem die Trümmer der Gebäude aus meiner Straße unmittelbar nach dem Krieg aufgeschüttet wurden. Es war an einem Nachmittag im Februar, der letzte Schneeregen eines trüben Winters. Nur die Kuppe war zu sehen, die zwischen einer Schrebergartenkolonie und einem Friedhof aus einem dreispurigen Straßennetz hervorragte. Auf der Oberfläche einer ebenen Stadt nimmt schon die geringste Abweichung im Relief gigantische Proportionen an. Aber der Schein trügt: Der Insulaner, 75 Meter über dem Meeresspiegel, ist nicht aus einer tektonischen Bewegung oder einer eiszeitlichen Erosion hervorgegangen. Er ist ein *Trompe-l'Œil*. Ein allzu abrupter Vorsprung, um echt zu sein. Ein Fremdkörper auf dieser endlosen, spiegelglatten Ebene. Die Birken, Kastanienbäume, Brombeersträucher und Nadelhölzer sind Ende der 40er Jahre in aller Eile angepflanzt worden. Ein grüner Wandschirm, um die Erinnerungen an den Luftkrieg zu überdecken. Sie sind heute so hochgewachsen, dass man auf den herbstlichen Blätterfall warten muss, um in der Ferne den viereckigen Turm des Rathauses Schöneberg, seine im Wind flatternde Fahne auszumachen und irgendwo in der kompakten Masse der Gebäude den Verlauf meiner Straße zu erahnen. Vom Gipfel des Insulaners aus scheint die Stadt weit weg, in einem nebelverhangenen Tal.

1945 binden die Frauen meiner Straße Kopftuch und Schürze um und bilden eine Menschenkette, um den Schutt in die Loren zu schaufeln, die, von einer Dampflokomotive gezogen, über die Trümmerbahnstrecken durch ganz Schöneberg Richtung Insulaner rollen. Zum «Mont Klamott», wie man ihn zu jener Zeit nennt. Stundenlang kratzen die Frauen den alten Mörtel von den Abbruchziegeln, die auf anderen Baustellen zum Aufbau anderer Straßen wiederverwendet werden. Im trockenen Behördenjargon heißen sie «Hilfsarbeiterinnen im Baugewerbe». Die Berliner nennen sie etwas konkreter, vor allem aber zärtlicher Trümmerfrauen. Sie sind männerlos, tapfer, kräftig, packen mit ihren schwieligen Händen und ihrer rohen Kraft an, beklagen sich nie, zeigen keine Schwäche, stellen keine Fragen. Die Trümmerfrauen sind die wenig zimperlichen Matres dolorosae der Stunde null. Einer der Gründermythen des Nachkriegsdeutschlands. Resolut, verbissen, ja gar mit Lust schaffen sie zwölf Jahr Krieg und Diktatur fort. Bald gleicht meine Straße einer Steppe. Alles kahl. Alles glatt. Sie scheint alles vergessen zu haben.

Die Steine, die von ihrer gewaltsamen Geschichte zeugen, werden in aller Eile unter 125 000 Kubikmeter Humus und Lehm begraben. 50 Zentner Wicken-, Lupinen- und Kleesamen werden gesät, um das Gelände zu befestigen und zu verhindern, dass die Vergangenheit beim ersten Sturzregen wieder zum Vorschein kommt. Stauden, Sträucher und Bäume konsolidieren die Amnesie. Fünf Jahre lang formen die Gärtner des Bezirks mit ihren Händen einen Berg nach Maß. «Aus dem Trümmerschutt des Zweiten Weltkrieges ist ein Hügel entstanden, der in seiner Form den Ausläufern der Endmoränen in der Berliner Landschaft angepasst ist», berichtet das Bau- und Wohnwesen des Bezirksstadtrats am 8. August 1951. «Die Bepflanzung ist so gewählt, dass nicht eine gartenartige Anlage entstehen soll, sondern eine Naturanlage mit Baumgruppen und Liegewiesen. Eine Rodelbahn von 400 m Länge soll der Berliner Jugend eine bequeme und gefahrlose Möglichkeit zur Ausübung des Wintersportes bieten.»

Der Insulaner ist, wie mir bald bewusst wurde, kein düsterer öffentlicher Schuttabladeplatz, keine Warze auf der seidigen Haut der Stadt, die es zu kaschieren gilt. Die Bewohner meiner Straße sind stolz auf ihn. Der Insulaner ist ihr Werk, aus den Steinen und Ziegeln ihrer Gebäude aufgebaut, er ist ihre Antwort auf die harten Schläge, die das Schicksal ihnen versetzt hat. Dass der Insulaner mehrere Jahre lang der höchste Berg von Berlin war, erfüllt sie mit einem kindlichen, aber auch, wie man eingestehen muss, etwas blinden Stolz. «Wenn jeder Bezirk», schreibt der *Tagesspiegel* am 25. Juni 1950 überschwänglich, «seinen Trümmerberg baut, kann der Magistrat endlich in einem zugkräftigen Reiseprospekt von der ‹Stadt der zwölf Hügel› sprechen und eine stadteigene Berliner Berg- und Talbahn bauen. So wurden vor nicht allzu langer Zeit die damals noch geplanten ‹Schutt-Müll-

Hügel› ironisiert: Hygieniker sprachen sogar von ‹Ungeziefer-zentralen› und befürchteten chronische Leiden durch ‹graue Trümmerstaubwolken›.» Die Zeitung beschreibt die Hügelketten, die schwerbeladenen Lastwagen, die mühsam auf serpentinenartigen Wegen zur Spitze keuchen: «Oben weht eine frische Brise. Bei klarer Sicht bietet sich ein überraschendes Panorama. Über die Dächer von Berlin hinweg geht der Blick bis zur Havel. Ganz nah erscheint der Flughafen Tempelhof, und in Richtung Stadtmitte blinken und funkeln Türme und Kuppeln in der Junisonne. Mit einem Fernglas erkennt man sogar die Funktürme von Nauen.»

Deutlich schlägt mir aus diesen Zeilen die Gabe der Berliner entgegen, dem Schicksal die Stirn zu bieten und sich ganz unverfroren selbst zu feiern. Wie die buddhistischen Priester münzen sie die Krise in eine Chance um. Die Stadt ist nur noch ein Haufen Trümmer? Dann machen wir aus ihnen das Rom an der Spree und fügen gleich noch fünf zusätzliche Hügel hinzu, um die Überlegenheit über die Ewige Stadt auch gut zum Ausdruck zu bringen. Die Bombardements haben Hunderte von Straßen dem Erdboden gleichgemacht? Dank der Effizienz der Royal Air Force kann man heute das Dach der Welt besteigen und weit, weit in die unendliche Ferne blicken. «So wächst langsam Jras übern zweeten Weltkriech!», sagen auf einer Zeichnung zum Gedenken des zehnten Jahrestags des Insulaners zwei Männer mit Hut hoch auf einem begrünten Hügel zueinander.

1951 wurde in den Schulen des Bezirks ein Wettbewerb zur Findung eines Namens für den Trümmerberg ausgeschrieben. Die Zettel mit den Schülervorschlägen sprechen Bände über den Symbolgehalt, der einem Haufen Trümmer zugeschrieben wird.

Da gibt es die pragmatischen Adepten nüchterner Tatsachen: «Schuttberg», «Steinberg», «Trümmerberg», «Ruinenberg», «Berg der tausend Steine», «Berg der fleißigen Hände» oder «Aufbau-Berg». Dann die Phantasielosen, die vorschlagen: «Berg der guten Aussicht» oder «Berliner Berg». Anderen schwebt eher etwas Idyllisches, Liebliches vor: «Blumenberg», «Grüne Kuppe», «Spatzenideal», und wieder andere plädieren gerührt für «Kleener Berliner» oder «Schöneberger Buckel». Manche lassen sich gar zum Größenwahn hinreißen: «Schöneberger Hochgebirge», «Berliner Zugspitze», «Trümmeralm», «Schöneberger Alpen», «Berliner Alpspitze». Die Klasse allerdings, die den «Schöneberger Olymp» ins Spiel brachte, ist meiner Meinung nach einer wahren Halluzination erlegen. So traurig es ist, aber die Befürworter von «Schöneberger Krümelchen» scheinen mir eine etwas realistischere Vision von der Geologie ihrer Stadt gehabt zu haben.

Auffallend ist die hohe Zahl derer, die leiden oder Buße tun: «Elendsberg», «Leidensberg», «Berg der Müh und Not», «Berg des Vergessens», «Berg der schrecklichen Erinnerungen» und nicht zuletzt «Mahnberg», mit einem zum Himmel erhobenen Zeigefinger.

Am Tag der Einweihung, am 11. August 1951, empfängt das Berliner Tonkünstler-Orchester die Würdenträger mit dem *Festlichen Einzug* von Richard Strauss. Frau Bezirksbürgermeisterin Dr. Ella Barowsky tauft auf den Namen «Insulaner». Der Präsident des Abgeordnetenhauses, Dr. Otto Suhr, hält eine flammende Rede: «Dieser Berg ist ein Symbol für den Behauptungswillen der Berliner, der Berge zu versetzen vermag.» Der Regierende Bürgermeister Professor Doktor Ernst Reuter enthüllt einen Gedenkstein mit dem Epitaph: «Der Insulaner›. Geschaffen in den Jahren 1946 bis 1951 aus Trümmern des Zweiten Weltkrieges trotz Not und Blockade.» Zum Abschluss stimmt das Orchester das Lied «Es war in Schöneberg, im Monat Mai ...» an, das Walter Kollo aus der Nummer 26 meiner Straße komponierte. Ich bin sicher, es handelt sich dabei um eine spezielle Hommage an meine Straße, um sich bei ihr für ihren substanziellen Beitrag erkenntlich zu zeigen. Schließlich verdankt der Insulaner ihr mehrere Meter seiner Höhe! «Im Anschluss daran unternahmen die beiden dem Gartenbauamt unterstehenden Parkwächter ihre ersten Kontrollgänge. Sie bezeichnen sich selbst als gute Geister des Berges, einer von ihnen ist ein ehemaliger Zauberkünstler», schließt *Die neue Zeitung*, womit sie den Trümmerhaufen zum Zauberberg macht.

An jenem Februarnachmittag 62 Jahre später hat der Insulaner, wie ich zugeben muss, einiges von seinem Glanz verloren. Der Mount Everest ist im Lauf der Zeit sogar – die Berliner mögen mir diese wenig einfühlsame Metapher verzeihen – zusammengesackt wie ein Käsesoufflé, wenn die Gäste sich verspäten. Auf meinem Spaziergang verließ ich den asphaltierten Weg, der zur Sternwarte auf dem Gipfel dieses mit seinen überquellenden Papierkörben, in ihren Plastiksäcken schwitzenden Hundehaufen, seinen ramponierten Bänken, seinen Graffiti, Liebespärchen, zwielichtigen Pennern und einsamen Joggern typisch berlinerischen Parks führt. Ich ging über Laub und die letzten Schneekrusten, durch Birken und Dornengestrüpp, wo der Boden locker ist und die Absätze sich leicht eindrücken. Manchmal meinte ich, unter meinen Füßen die Kante eines Ziegelsteins zu spüren, und drohte über eine Backsteinscherbe zu stolpern. Sind sie eines Tages bei starkem Regen wieder an die Oberfläche gekommen? Ich ging über die Ruinen meiner hier unter dem Moos vergrabenen

Straße. Wenige Meter unter meinen Füßen die Traumscherben der Bauherren Max Moniac und Richard Barth. Ihre Backsteine, ihre Ziegel, ihr Mörtel, die Fliesen ihrer *Entrés*, die Keramikfliesen ihrer Badezimmer und der Terrazzo ihrer Küchen knirschten unter meinen Sohlen. Hier, im Leib des Berges, ruhten die Karyatiden und Putten der Fassaden. Ich hörte sie stöhnen.

Der Schadensplan des Bezirks Schöneberg von Groß-Berlin stellt im Oktober 1947 das Schadensinventar auf: Von den 30 Gebäuden meiner Straße sind nur acht mit «0–15 % leichte Schäden» und somit als «bewohnbar» taxiert, drei mit «16–50 % mittlere Schäden» und also als «vielleicht wiederherstellbar», neunzehn mit «51–100 % schwere Schäden» oder «total beschädigt», bei denen der «Abbruch empfehlenswert» ist. Aber erst als ich im Archiv zur Geschichte von Tempelhof und Schöneberg zum ersten Mal den Leitz-Ordner öffnete, in dem die wenigen nach dem Krieg von meiner Straße aufgenommenen Fotos eingeordnet sind, ist mir das wahre Ausmaß der Katastrophe deutlich geworden.

Die Bilder sind von einer unerhörten Brutalität. Das ist keine Straße mehr, das ist eine Landschaft außerhalb dieser Welt, mit Trümmerbergen, aus denen wacklige Gerippe einzelner Häuser ragen. Mauerkanten stehen frei in der Luft. Von der Nummer 28 haben einzig zwei Fensterrahmen überlebt. Durch ein Wunder der Statik wirft ein intakter Kamin seinen schmalen Schatten auf die Trümmer des Hauses vor seinen Füßen. Da und dort zeugen auf einem Gebäudeabschnitt ohne Fassade eine Blümchentapete, ein Ofenrohr, ein zerbrochenes Waschbecken, der Rest eines Kachelofens von einer innerhalb von Sekunden vernichteten häuslichen Normalität. An den Fassaden Einschuss- und Brandlöcher. An den Mauern der Nummer 2 hat der abgelöste

Putz dunkelgraue Wunden hinterlassen. Auf dem Gehsteig vor den Nummern 21 und 22 liegt ein Eisenknäuel. Vor der nicht mehr vorhandenen Nummer 30 steht noch die Litfaßsäule. Auf den Ruinen wachsen struppige Grasbüschel und Sträucher. Wie viele Leichen liegen noch darunter begraben? Inmitten dieses mineralischen Gerölls ein paar wacklige Gestalten. Ein Mann auf dem Fahrrad. Er trägt einen Anzug und einen Hut. Eine Frau betritt mit einer Obstkiste ein ausgeschlachtetes Haus. Vor einer Fassade ein sich umschlingendes Pärchen, das den Kopf hebt, mit dem Finger zeigt. Ich habe Mühe, diese Teile von zerfetzten Gebäuden zu identifizieren. Ich versuche sie Stück um Stück zusammenzusetzen, um meine Straße wiederherzustellen.

Die «stehende Ruine», wie man diese Häusergerippe nennt, ist kein starrer Haufen, sondern ein riesiger, lebender Körper, der auf seine Art am täglichen Leben meiner Straße teilnimmt. Ab und zu spuckt er ein noch brauchbares Objekt aus, eine wahre Kostbarkeit: eine Gabel, eine kaum angeschlagene Tasse. Gerd Böttcher, Inhaber des Abbruch- und Enttrümmerungsunternehmens, das für die Reinigung der Straße verantwortlich ist, mahnt seine Arbeiter: «Gegenstände sind ihren Eigentümern zu übergeben und, soweit diese nicht feststellbar sind, als Fundsachen zu behandeln und dem zuständigen Polizeirevier zu melden.» Wenn die Arbeiter Blindgänger, Munition oder Waffen finden, sind sie aufgefordert, die Arbeit sofort einzustellen, die Gefahrenstelle abzusperren und das nächste Polizeirevier zu benachrichtigen.

Die Ruinen der Grundstücke 8, 10 und 22 sind nicht eingezäunt. Bis Anfang der sechziger Jahre dienten sie als wilde Deponie für Haushaltsabfälle und als Abkürzung, um von einer Straße zur nächsten zu gelangen, «sodass sich mehrere deutlich erkennbare Pfade über diese Grundstücke ziehen», wie eine interne Notiz des Baupolizeiamts Schöneberg vermerkt. Die Kinder balancieren auf den über dem Schutt hängenden Eisenträgern. Bis in die vierte Etage reichen sie! Treppen gibt es keine mehr! Sie machen in den Kellern kleine Lagerfeuer, lassen auf dem Brachgelände ihre Drachen steigen. Ein Nachbar erzählte mir von dem Fund, den er mit seiner jugendlichen Bande in der ausgesprochen großzügigen Kellerruine der Nummer 10 machte: ein Riesenstapel alter Pornohefte. Üppige nackte Brüste in Weißbraun. Ein erotischer Schatz mitten im Trümmerhaufen!

Dieses anarchistische Leben in der Ruine nebenan verschafft der Katharina Tschiersch, Hochparterre Nummer 6A, ein Ziel in ihrem trostlosen Leben als geschiedene Rentnerin. Sie reicht beim Polizeirevier eine Klage nach der andern ein. Füllt Seite um Seite des linierten Schülerpapiers mit ihrer kleinen, bösen Handschrift. Jahrelang denunziert sie bei der Polizei die Knirpse, die auf dem Brachgelände unter ihrem Balkon Fußball spielen.

Ich sehe sie vor mir, eine grämliche, gehässige kleine Alte, die hinter ihren Tüllgardinen versteckt das Treiben der Straße ausspäht. Und dann auf einmal ein sadistisches Zusammenzucken, wenn ein Ball durch die Luft fliegt. Das Protokoll des Polizeibeamten gibt das Klima dieser strengen Epoche wieder: «Frau Tschiersch ist durch Rückgrat-, Hüft- und Beinerkrankungen teilweise gelähmt und dadurch besonders an ihre Wohnung gebunden. Durch ihre Krankheit ist Frau T. gegen jeglichen Lärm besonders empfindlich, zumal sie sich überwiegend allein überlassen ist. Die Entfernung von ihrem Balkon bis zum Anfang des Ruinenstückes beträgt etwa 20 bis 25 m. Auf Anordnung des Reviervorstehers wurde die Straße im Rahmen des Straßenaufsichtsdienstes so weit als möglich begangen und festgestelltes Fußballspielen durch die Beamten unterbunden. Nach mehreren Schreiben der T. wurde die Straße täglich in den Nachmittags- und Abendstunden begangen. In dieser Zeit wurden zweimal Kinder bzw. Jugendliche beim Fußballspielen mit einem kleinen Gummiball auf dem Grundstück angetroffen. Die Personalien der Betreffenden wurden festgestellt und die Erziehungsberechtigten auf den Revieren ermahnt.» Einige Tage später geht eine erneute Klage der Frau Tschiersch ein, diesmal über das Rollerfahren auf dem ausgehobenen Grundstück. Nach einem langen Hin und Her anerbietet sich schließlich Frau Günther, die Flurnachbarin der Frau Tschiersch, «das Revier fernmündlich zu benachrichtigen», wenn die Bewohner «sich in ihrer Ruhe beeinträchtigt fühlen». Die wilden Spielplätze werden eingezäunt.

Meine Straße gleicht einer Konstruktion aus einem Meccano-Baukasten von damals, die beim geringsten Windhauch in sich zusammenfällt. Das Baupolizeiamt Schöneberg befindet sich in ständigem Alarmzustand. In der Nummer 8: «Durch die Kriegsereignisse ist das Vorderhaus zerstört. So steht eine Ruine, die einzustürzen droht und die öffentliche Sicherheit gefährdet.» In der Nummer 4: «Eigentümer: nicht zu ermitteln! Ruine ausgebrannt. Muss gesprengt oder abgetragen werden! Einsturzgefahr! Das Grundstück soll für den Wiederaufbau abgeräumt werden.» Am 31. Mai 1949 fertigt der Architekt W. Rerenkothen einen Bericht über die Nummer 6 an: «Ausgeschlachtete Ruine. Ohne Dach durch Feuchtigkeit Einsturzgefahr. Vdhs. 1. Stock wohnt Mieter Hermann unter unglaublichen Verhältnissen!! Mieter muss ausziehen.» Ende des Jahres erhalten die Mieter des Hauses ein Einschreiben vom Baupolizeiamt Schöneberg: «Wir müssen Ihnen zu unserem Bedauern untersagen, Ihre Wohnung ab sofort noch als Aufenthaltsräume (als Wohn-, Schlaf-, Geschäfts- oder Arbeitsräume) zu benutzen oder benutzen zu lassen.» Durch das Mauerwerk ziehen sich Risse. Mürbe gewordene Fassadenteile stürzen auf die Straße. Mehrere Häuser haben kein Dach mehr. Es gibt gefährliche Brandmauern, Schornsteine, Dachaufbauten, Balkone und Erker. Die Balken sind durch den Schutt überlastet oder fangen an zu faulen. Durch die in feuchten Hinterhöfen lagernden Schuttmassen entsteht Schwammgefahr. Die Eigentümer versuchen zu reparieren und abzudichten. Aber es fehlt an Baumaterial. Überall werden Notdächer errichtet, Löcher gestopft.

Das Archiv der Baupolizei hält den Leidensweg des Hauses Nummer 6 fest, an dessen Stelle sich heute ein kleiner gelbfarbener Block mit vier Stockwerken befindet. In der Brandmauer gibt es einen zehn Meter langen Riss. Am 12. Mai 1954 erhält die Eigentümerin Frau Frieda Kottke den Abbruchschein N° 182/54. Abbruch und Enttrümmerung des Gebäudes wird der Firma Ulrich Sperling anvertraut. Im August informiert Ulrich Sperling das Baupolizeiamt Schöneberg, dass sich auf der Baustelle ein tödlicher Unfall ereignet hat: «Am heutigen Tage hat sich gegen 8 Uhr früh ein Unfall zugetragen. Der Arbeiter Paul Schlag ist mit einem Balkon aus dem 3. Stockwerk abgestürzt und dabei lebensgefährlich verletzt worden. In der Zwischenzeit ist er gestorben. Die Kriminalpolizei hat sofort an Ort und Stelle alle Aussagen festgehalten und fotografische Aufnahmen gemacht.» Am nächsten Tag wird im Polizeibericht die Identität des Betroffenen bekanntgegeben: Paul Artur Schlag, geboren am 20. Mai 1908 in Leipzig, Elektromonteur, geschieden, katholisch, deutsch.

Einige Monate später, am 13. Januar 1955, beklagt sich Walter Schäfer, Eigentümer einer Großhandels-Agentur für Textilien, der in der Nummer 25 wohnt, beim Baupolizeiamt über die «endlos dauernden Enttrümmerungsarbeiten» in der Teilruine ihm gegenüber: «Das ganze Unternehmen verfolgte offensichtlich nur den Zweck, die mit großer Vorsicht heil geborgenen Steine für Handelszwecke fortzuschaffen. Alles andere blieb liegen, und Sie wollen sich bitte durch Augenschein überzeugen, dass der jetzt geschaffene Zustand einen Schandfleck darstellt. Der Wind treibt den Trümmerstaub in die Höhe und durch die verschlossenen Fenster meiner Wohnung.

Ich bin der Meinung, dass es nicht zulässig ist, ein Trümmergrundstück als Steinbruch zu betrachten, alles, was irgendwie einen Handelswert hat, auszuschlachten, und wenn dann die Sache nicht mehr lohnt, eine Trümmerstätte zurückzulassen, die schlimmer aussieht als im Jahre 1945 nach einem Bombenangriff. Dass bei diesen Arbeiten ein Mann tödlich verunglückte, ist bekannt. Dass die überbelasteten Decken und Kellergewölbe immer dann zusammenbrachen, wenn zufällig kein Arbeiter darauf stand, ist ein Glücksumstand.»

Genauso hatte sich Frau Rath als Kind im Religionsunterricht die Apokalypse vorgestellt: «Unsere schöne Straße wurde dem Erdboden gleichgemacht. Ich habe so lange geweint. Das sah aus! Ruine! Ruine! Die ganze Ecke, alles war weg. Alles kaputt. Asche und Schutt. Die 25 stand noch, aber der Seitenflügel war weg.» Frau Rath ist 96, als ich sie in ihrem Altersheim wenige Schritte von meiner Straße entfernt besuche. Ihre ehemaligen Flurnachbarn aus der Nummer 25 haben mich auf sie aufmerksam gemacht. Frau Rath kennt sämtliche Geschichten unserer Straße. Sie bezog während des Krieges die Nummer 25 und hat ihre Wohnung erst vor kurzem verlassen. Meine Nachbarn haben sie auf dem Markt getroffen. Es ging ihr prächtig. «Nutzen Sie es», sagten sie. «Mit 96 ist man Zeuge eines ganzen Jahrhunderts. Aber manchmal steigt der Kopf von einem Tag zum anderen aus, und flutsch! Es bleibt keine einzige Erinnerung.»

Ich spürte, dass Eile geboten war. Schwester Sylvia, die Sprechstundenhilfe des Arztes aus der Nummer 26, bestätigte mir: «Frau Rath! Eine ganz Liebe! Und glauben Sie mir, in ihrem Alter sind nicht alle so. Frau Rath hat den Kopf noch ganz beisammen, und ich bin sicher, sie würde sich über Besuch sehr freuen. Genau das fehlt allen unseren alten Patienten: jemand, der sich für sie und ihr Leben interessiert.» Also verlasse ich mich ganz auf Schwester Sylvia. Schwester Sylvia ist eine unersetzliche Spürnase bei meiner Jagd nach uralten Damen aus meiner Straße. Stets lächelnd, stets gutgelaunt, ist sie die lebende Verkörperung der Maximen aus dem Lebensfreude-Kalender, der im Empfang der Arztpraxis über ihrem Kopf hängt. Jedes Mal, wenn ich bei Schwester Sylvia war, hatte mein Leben wieder einen Sinn. Alles klar! Diesmal habe ich es wirklich begriffen! «Buche Fehler und Misserfolge auf das Konto Lebenserfahrung!», «Glück und Zufriedenheit kannst du nur in dir selbst finden!», «Suche die offenen Türen, statt auf die verschlossenen zu blicken!», «In jedem Übel steckt etwas Gutes, du musst es nur erkennen!» Dieses schlichte do it yourself ist ein wirksames Heilmittel gegen metaphysischen Schwindel jeder Art.

Schwester Sylvia kennt, da bin ich mir sicher, die bestgehüteten Geheimnisse meiner Straße. Nur schade, dass sie stumm ist wie ein Grab. Ich besuche sie regelmäßig. Dann leckt sie ihren Zeigefinger ab und blättert in dem hölzernen Karteikasten, in dem ihre Patienten in alphabetischer Reihenfolge auf Kärtchen festgehalten sind: «Mmm … schauen wir mal … Wen haben wir denn da … Nee, die Dame ist viel zu tüdelig … Upps, die da ist letzten Monat gestorben.» Flugs zieht sie die überflüssig gewordene Karte heraus. Schwester Sylvia sammelt gewaltige Naturphänomene wie andere Briefmarken. Sie wirft mit verblüffenden Lebensaltern nur so um sich: 95 Jahre! 97 Jahre! Ihre Trophäen sind die Hundertjährigen. Sie hat eine ganze Handvoll in petto. Aber Schwester Sylvia wahrt stets die Anonymität ihrer alten Patientinnen. Sie kontaktiert sie selbst und stellt ihnen die Fragen ganz behutsam. Ich höre, wie sie am Telefon die Stimme hebt: «Jawohl, eine Französin in Berlin. Sie möchte wissen, wie es damals war! Ja, DAMALS … WIE ES WAR.» Und wenn die Gefragten einverstanden sind, rückt sie ihre Telefonnummern heraus. Frau Rath ist sofort einverstanden. Wir verabreden uns.

Ich warte eine ganze Weile mit meinem Blumenstrauß in der Hand vor ihrer Tür. Der Florist hat mir empfohlen, lebhafte, fast zu grelle Farben zu wählen. «In diesem Alter rate ich von Hellrosa und Weiß ab. Sie sieht bestimmt nicht mehr sehr viel!» Eine große, stattliche, 1913 geborene Frau öffnet mir. Sofort fällt mir ihre kaum zerknitterte Haut auf. Ich mache ihr ein Kompliment. «Freiöl, Wasser, Seife. Keine Creme. Gar nichts!», erklärt sie, stolz, nie zu Schminke, Wangenrot, Lidschatten gegriffen zu haben, zu all diesen dekadenten Kunstgriffen, die in ihren Augen – wie ich wenigstens annehme – Zeichen einer zweifelhaften Tugend sind. Ihre einzige Koketterie: feine goldene Kreolen an den Ohren und ein blasslila Schimmer in den unter einem dünnen Haarnetz gebändigten Haaren. «Ich habe wunderschöne Haare gehabt. Kastanienbraun und dick. Haare und Füße, das muss in Ordnung sein.» Und dann entschuldigt sie sich. Weil ihr Bein seit einigen Tagen angeschwollen ist, trägt sie weder Strümpfe noch Schuhe, sondern Plastikclogs mit großen violetten Blumen. In ihren grotesken Schuhen wirkt sie wie Minnie Mouse. «Ich hätte nicht gedacht, dass ich so alt werde. Stellen Sie sich mal vor: zwei Kriege! Die Inflation! Die Massenarbeitslosigkeit! Und dann diese düsteren Nachkriegszeiten ... Man denkt, es ist alles aussichtslos, aber es geht doch!» Heute hat Frau Rath keine Angst mehr vor dem Unkontrollierbaren. Sie trägt die Sicherheit an einem Band um den Hals. Einen Senioren-Alarm.

Frau Rath wird 1943 in die Wohnung im zweiten Stock der Nummer 25 eingewiesen. Das Gebäude, das sie zuvor in einer Nachbarstraße bewohnte, ist ausgebombt worden. Frau Rath und ihre beiden Kinder stehen auf der Straße. Sie müssen so schnell wie möglich untergebracht werden. «Da haben wir zwischen qualmenden Häusern gesessen, bis man uns diese Wohnung gegeben hat. Sie ist eben gerade frei geworden. Man hat sich gar nicht getraut, da reinzugehen in das Haus, da war alles aus Marmor. Der große Spiegel über dem Kamin in der Eingangshalle. Der wurde nach dem Krieg abmontiert. Der Teppich aus rotem Velours im Flur. Die waren alle reich hier. Die hatten sogar einen Portier!» In der Sprache der Fluggesellschaften würde man heute sagen, Frau Rath sei *upgraded* worden.

Sie hat gerade mal Zeit, ihre Koffer abzustellen, dann wird sie mit ihren Kindern aufs Land evakuiert. Als der Krieg vorbei ist, kehrt sie nach Berlin zurück. Aber sie kennt ihre Nachbarn nicht. «Wer damals hier gewohnt hatte, war nicht mehr da. In den meisten Wohnungen lebten Flüchtlinge, Leute von anderswo, oft mehrere Familien in einer Wohnung. Viele wurden zwangseingewiesen.» Frau Rath fragt sich, ob sie die einzige Überlebende der Straße sei. «Wir haben angefangen, alle Fenster mit Pappe zuzustopfen. Wir haben an unseren Schlafzimmermöbeln das Angebrannte abgekratzt. Ach nee ... Das kann man sich nicht vorstellen. Gar nicht. Man musste durch, und es ging. Wir waren erleichtert, endlich zu Hause zu sein.»

«Zu Hause ...» Frau Rath ist ein wenig verlegen über den Ausdruck, den sie gewählt hat. Sie korrigiert sich: «Zu Hause, wenn man das so sagen kann.» Als sie zum ersten Mal die Küche dieser Fremden betritt, war der Abendbrottisch nicht abgeräumt. Frau Rath erzählt von den übriggebliebenen Brotkrumen auf dem Tischtuch, von dem in den Tassen erkalteten Kaffee. Die Stühle waren in aller Eile zurückgeschoben worden. Alles wies auf einen überstürzten Weggang. Auf dem Kupferschild an der Wohnungstür ein Name: MAY. Das ist die einzige Information, die Frau Rath besitzt. Ein einfacher Name ohne Gesicht und ohne Geschichte. Die Mays sind gegangen, ohne eine Adresse zu hinterlassen und ohne ihren Haushalt mitzunehmen.

«Ich kannte die nicht. Eines Tages waren die Mays weg!» Wie die Kaninchen, die beim Zaubertrick verschwinden. Und hopp! Weg sind sie! Eine ganze Familie von einem großen Klappzylinder verschluckt. In meiner Straße wunderten sich nur wenige über diesen verblüffenden Zaubertrick. Weg, ein kurzes, knappes Wort, so imperativ, dass es keine Frage in seinem Gefolge duldet. Auf einmal ist es in der Wohnung des zweiten Stockwerks still geworden. Keine nachbarschaftlichen Geräusche mehr, die in einem Wohnhaus die Musik ausmachen: das knarrende Parkett im Stockwerk über einem, ein nächtlicher Hustenanfall, das fast unhörbare Surren einer Nähmaschine, das Rauschen der Wasserspülung und der Armaturen ... «Ja», wiederholt Frau Rath, «sie waren einfach weg! Sie waren Juden. Man konnte sich was denken ...» Jeder kann sich die Fortsetzung hinter den Auslassungspunkten dieses abgebrochenen Satzes selbst denken.

Aus dem Berliner Gedenkbuch erfährt man, dass die Wohnung, in der sich Frau Rath niederließ, von zwei Frauen bewohnt gewesen war, Helene und Charlotte May, Mutter und Tochter. Helene May, geboren 1864 in Gembitz, Posen, gehörte zum 54. «Alterstransport» vom 1. September 1942 Richtung Theresienstadt. Todesort Minsk. Charlotte May, geboren 1896 in Breslau, gehörte zum 29. Transport, der Berlin einige Monate später verließ, am 19. Februar 1943. Sie starb in Auschwitz. Neben den Namen der beiden Frauen die Bemerkung «verschollen».

Ich wollte im Brandenburgischen Landeshauptarchiv in der Nähe von Potsdam die Vermögenserklärung der beiden Frauen einsehen. Auf einem bewaldeten Hügel hinter einer schier endlosen Reihe von Vororten, weit von meiner Straße entfernt, hoffte ich, etwas mehr über ihre Identität und vielleicht über ihr Leben zu erfahren. Auf dem Tisch, der mir im Lesesaal reserviert war, nur ein ganz dünner graublauer Schnellhefter, mit der Aufschrift «Helene May», geborene Lewin, verwitwet, ohne Beruf, Jüdin, seit dem 1. April 1937 Bewohnerin der Nummer 25. Kurz vor ihrer Deportation musste die alte Dame für die Vermögensverwertungsstelle des Oberfinanzpräsidenten Berlin-Brandenburg ein Formular mit der Liste ihres gesamten Vermögens (aktiv und passiv) im In- und Ausland ausfüllen: Bargeldbestand, Guthaben bei Geldinstituten, Wertpapiere, Inhalt eines eventuellen Panzerschließfachs, Grundstücke, Versicherungen, Anspruch auf Gehalt, Provisionen, Pensionen, Renten, Kautionen, Erbschaften oder Vermächtnisse, Nießbrauchrechte, Ansprüche aus Lizenzverträgen, Patent-, Urheber-, Marken- und Musterschutzrechte, sämtliche Schulden und Steuerrückstände, offene Strom- und Gasrechnungen, Wohnungsinventar und Kleidungsstücke (Anzahl und Wertangaben) von den Deckenlampen und Plumeaus bis zu den Uniformen, Smokings und Schlafanzügen der Herren und den Strumpfpaaren, der Wäsche und den Skistiefeln der Damen. Selbst die im Keller gelagerten Kartoffeln und Kohlen mussten in Kilogramm angegeben werden.

Helene May hat sämtliche Kategorien mit Tintenstift durchgestrichen. Ist der Strich wütend, müde oder einfach resigniert? Verängstigt ganz ohne Zweifel. Helene May besitzt nichts mehr. Es ist das letzte, am 24. August 1942 von ihrer Hand geschriebene Dokument, wenige Tage vor ihrer Deportation. Doch das Wort Deportation findet sich nie in den Unterlagen. Statt dessen Euphemismen: Helene Sara May ist «evakuiert», «abgeschoben» worden, oder sie ist «ausgewandert». Die zittrige Unterschrift unterhalb des Formulars, ein wenig verschwommen, weil das Papier die Tinte nicht gut absorbiert hat, ist das letzte Lebenszeichen und die letzte bürgerliche Handlung der Helene May. Danach ist sie nur noch eine Nummer: «Kennort Berlin A 500 573».

Es war mir nicht wohl dabei, 71 Jahre später diesen Fragebogen zu lesen, der diese Frau, die einmal meine Nachbarin aus der Nummer 25 gewesen ist, auf ein Bündel von im bürokratischen Wahn erstarrten Informationen reduziert. Sechzehn Seiten für ein ganzes Leben. Darum war ich fast erleichtert, als die Archivarin mir mitteilte, dass die Akte ihrer Tochter Charlotte «Schimmelbefall aufweist und daher nicht vorgelegt werden kann». Sie wurde augenblicklich in einer Kiste versiegelt und in eine Restaurierwerkstatt geschickt. «Was Monate dauern könnte», wie mich ein gesprächiger Lagerverwalter informiert, den ich vor der Kaffeemaschine ausfrage. Ich habe sie aufgesucht, um ein wenig durchzuatmen. Er beschreibt mir einen schwarzen Pilz, der die Atemwege zerfrisst und die Lungen in einen Löcherschwamm verwandelt. Wir lachen etwas verlegen. «Wahrscheinlich sind die Unterlagen während des Krieges in einem feuchten Keller falsch gelagert worden. Man sieht den Schimmel jahrelang nicht, und plötzlich kommt er hoch, wenn die Bedingungen da sind.» Es war mir nicht gestattet, einen Blick auf die Unterlagen zu werfen, und ich hatte das seltsame Gefühl, dass Charlotte May sich schützt. Sie will diese obszöne Entblößung nicht. Sie hüllt sich in einen Schleier aus Schimmel. Sie verstummt. Ich bin froh darum.

Die einzige Information, die der Schnellhefter der Helene May hergibt, ist, dass Herr Rath am 20. April 1943 die Möbel der Mays kauft. «Ganz bestimmt unter Wert. Ein Schnäppchen», sagt mir die Archivarin. Trotzdem hatte Frau Rath den Eindruck, den Kürzeren gezogen zu haben, als sie es sich in diesen herrschaftlichen, aber sehr alten Möbeln gemütlich macht. «Bei mir war alles neu gewesen!» Die Raths hatten ihre Wohnung, kurz bevor sie ausgebombt wurden, von Grund auf renoviert.

Frau Rath wirft den Portiers der Straße vor, sich nach dem Weggang der Juden so schlecht benommen zu haben. «Sie haben sich alles unter den Nagel gerissen», sagt sie. «Sie hatten einen Schlüsselbund für die Wohnungen. Sobald die Lastwagen, die die Juden holten, um die Ecke bogen, stürzten sie sich in die leeren Wohnungen. Sie bedienten sich, bevor das Siegel angebracht wurde: die Teppiche, die Pelzmäntel, die feine Wäsche. Es blieben nur noch die Schränke. Die hätten sie nicht rausgekriegt. Sonst hätten sie sie auch rumgeschleppt. Eine unverhoffte Beute. Sie haben alles weiterverkauft. Und dann hieß es, es war die Gestapo. Nein, es waren die Portiers! Sie hatten sich schön eingerichtet. Nach dem Krieg hatten sie in ihrer Stube Perserteppiche übereinandergestapelt. Und wir hatten eine kleine kaputte Bude oben!» Nach dem Krieg trägt die Zeitungsfrau einen Nerzmantel, «während der Kristallnacht aus dem Schaufenster eines Geschäfts gestohlen», flüstert man, wenn sie vorbeigeht. Die Portiersfrauen tragen Astrachan und Otter. Die Mäntel rochen noch nach dem Moschusparfüm der Vorgängerin. In den Unterlagen der zahlreichen Restitutionsprozesse, die in den fünfziger Jahren von den Nachkommen jüdischer Mieter meiner Straße angestrengt wurden, wimmelt es von diesen Objekten, die genauso verschollen sind wie ihre Besitzer.

In den fünfziger Jahren ist meine Straße bedrückt, leise und ganz klein. Es sind traurige, graue, stumme Zeiten. So vieles ist verloren. So viele sind gestorben. Meine Straße gleicht einem Hof der Wunder, in dem unheimliche Wesen umherirren. «Dem einen fehlt ein Bein, dem andern ein Stück Kinn, ein Auge», zählt Frau Rath auf. Man nennt sie die Kriegsversehrten. Ihre Holzkrücken hämmern auf das Straßenpflaster. Ihre Stummel in den abgenähten Hosen sind in Gaze gewickelt, als wären sie einbalsamiert. Sie sind in genauso schlechter Verfassung wie die Gebäude. Bei ihrem Anblick kann man sich vor Augen führen, was sich an dieser so abstrakten Ostfront abgespielt hat. Noch sehr lange zierten Papierfetzen mit dem Namen und manchmal dem Foto eines vermissten Soldaten die Häuserruinen meiner Straße: «Wer kennt Wilhelm Strutz?», «Bruder vermisst!» Wenn man auf der Straße Nachbarn trifft, unterhält man sich nicht über das Wetter. Man zählt seine Toten. Frau Raths Lieblingsbruder ist in Stalingrad geblieben. «Geblieben», sagt sie ... Als hätte er aus freiem Willen entschieden, nicht nach Hause zurückzukehren. In der

Straße herrscht «Herrenknappheit». Frau Rath rechnet amüsiert: «Die Proportion war ungefähr ein Mann auf drei Frauen. Diese Herren hatten nur die Qual der Wahl. Sie können sich denken, dass sie es ausgenutzt haben!»

Meine Straße entfaltet eine ungeheure Energie, um wieder einen Anschein von Alltag herzustellen. «Not macht erfinderisch», sagt Frau Rath. Nach dem Krieg drehte sich alles darum, das Notwendigste für den Alltag zu organisieren: Kleidung, Baumaterial und vor allem Nahrungsmittel. In West-Berlin gab es Lebensmittelkarten für Eier und Milchpulver, getrocknete Kartoffeln, einen Klecks Margarine, Möhrenstücke. Die Versorgung war schlecht. Es brauchte Organisationstalent. Aus alten Kleidern wurden neue gemacht, und die Sachen sahen trotzdem schön aus. Aus dem Soldatenmantel der Wehrmacht ... ein Wintermantel. Aus dem Verdunkelungsvorhang ... eine schwarze Hose. Aus Stahlhelmen ... Kochtöpfe. Aus Kartoffeln und Haferflocken ... Torten. Und es gab nur Ersatzkaffee. Damals blieb kein Stückchen Papier auf der Straße liegen. Alles wurde verwertet. «Unsere Generation hat viel durchgemacht! Was hat man alles durchgemacht, Junge, Junge ...»

«Durch» und «aus» heißen die Präfixe der Nachkriegszeit. Durchgemacht, durchgehalten, durchgekommen, durchgefroren ... ausgebombt, ausgehungert sind die Verben, die die Gespräche meiner Straße rhythmisieren. Klagende Gespräche, voll von Opfergeist und Schmerz.

Die Kaiser-Barbarossa-Apotheke, deren Gebäude auf dem Platz vollständig zerstört wurde, zieht in die Nummer 26. Am 23. Januar 1952 beklagt sich der Apotheker Ludwig Guercke in einem Brief ans Finanzamt:

«Ich empfinde diese Zahlungsaufforderung als außergewöhnliche Härte und zwar aus dem Grunde, dass ich als Totalbombenbeschädigter alles Betriebsvermögen der Apotheke verloren habe. Außerdem am 28. April 1945 den Totalverlust meiner Wohnung zu verzeichnen habe.

Dass ich außerdem den Tod meines an der Front gefallenen Sohnes zu beklagen habe, möchte ich am Rande miterwähnen.

Die jetzige Apotheke befindet sich in einer Ruinengegend, und es ist daher unmöglich, aus den an und für sich geringen Umsätzen nebenher Verbindlichkeiten erfüllen zu können.

Das Finanzamt hat von diesen Tatbeständen Kenntnis und hält es für angebracht, die Steuerbeträge von mir zu fordern.»

Man wird nicht müde, von der Ankunft der Siegermächte zu erzählen. Zuerst die Russen. Armselig und verhungert waren sie über den Schutt hinunter in die Keller gekommen, wo sich seit drei Tagen ein kleines verängstigtes Völkchen verkrochen hatte. Man erzählte mir, eine Nachbarin habe am Eingang ihres Kellers eine rote Fahne aufgehängt. Sie hatte das Hakenkreuz aus ihrer Nazifahne geschnitten und die Teile wieder zusammengenäht. *Der Bolschewik* ist noch schlimmer als in der nazistischen Propaganda. Die Russen hacken die Bäume um, monopolisieren die Wasserpumpe vor der Nummer 3 und vergewaltigen die Frauen. «Sie haben genommen, was ihnen unter die Finger kam», sagt Frau Rath. «Wenn ich in den Fernsehnachrichten Russen in Uniform sehe, wird mir noch immer ein bisschen schlecht.»

Im Sommer 1945 tauchen an der Straßenecke die ersten amerikanischen Panzer auf. Die Amis sind satt, sauber, tragen neue Uniformen und blanke Stiefel. Sie bringen Weißbrot, das man mit Lebensmittelkarten erwerben kann. Meine Straße wird dem amerikanischen Sektor zugeteilt. In dem Klassement der Besatzungsmächte stehen die Russen ganz unten, die Franzosen gelten als mittelmäßig, die Engländer oft als sadistisch. Bei den Amis ist man sicher, anständig behandelt zu werden. Sie haben ein ordentliches Clubhaus neben der Post in der Hauptstraße. Hier tanzen sämtliche Mädchen mit den schönen Sergeants der US-Army Boogie. «Na sagen Sie mal!», empört sich Frau Rath, die nicht für ein Amiflittchen gehalten werden will. «Ich war verheiratet. Ich hatte den Haushalt. Ich konnte nicht tanzen gehen!» In ihren Augen haben die Amis einigen Verfall zu verantworten: «Bei uns war es sehr ordentlich vor dem Krieg. Es gab Schulkleidung und Sonntagskleidung. Heute rennen alle mit Jeans rum. Das haben wir von den Amis übernommen. Der Deutsche macht alles nach. Dabei sind wir eine Kulturnation!»

Wenn man genau auf das Timbre in der Stimme von Frau Rath achtet, bemerkt man einen Hauch Stolz, ja vielleicht gar eine Regung der Freude, dass man das alles «geschafft» hat. Frau Rath erinnert sich gerne an diese Jahre der Entbehrungen. Sie und ihr Mann haben mit nichts angefangen. Sie haben so viel durchmachen müssen. «Heute sollten sie sich eine Scheibe davon abschneiden! Wie schnell haben wir wieder aufgebaut!» Frau Rath kann es noch immer nicht fassen. «Wie wir gebaut haben, Junge, Junge. Alles war kaputt. Und Mitte der Fünfziger ist Deutschland wieder wirtschaftlich an der Spitze. Heute stehen wir besser als alle anderen da.»

Von ihrem Zimmerfenster im Altersheim aus beobachtet Frau Rath den Weihnachtsmarkt unten auf dem Platz. All diese unnützen Gegenstände, dieser lächerliche Klimbim, diese Pyramiden von Süßigkeiten. Diese ganze Überfülle. Sie gehört einer Generation an, die ihren Teller leer isst, die Reste verwertet und das Geschenkpapier glättet, um es nächstes Weihnachten wieder zu benutzen. «Heute wird alles so übertrieben. Meine Güte! Dauernd wird angeboten, angeboten. Alle verrückten Sachen werden verkauft. Ja. Ja. Die Kinder heute leben im Scharaffenland. Unserer Gesellschaft fehlt die Not als Antrieb. Die Not verändert alles. Sie macht erfinderisch. Damals waren die Menschen flexibler, geschmeidiger. Der Mensch ist heute so eingeengt.»

Und dabei haben sie den Krieg verloren!

Als hätte man ein neues Dia in den Projektor geschoben. Klick. Klack. Die hohen, stuckverzierten wilhelminischen Bauten sind weg. Auf der Leinwand ein leuchtend weißes Viereck. Und jetzt das neue Dia: viergeschossige Blöcke mit Flachdach, schlicht, schnörkellos. Ende der fünfziger Jahre ändert meine Straße ihr Erscheinungsbild radikal. Die übermütigen Bauherren von 1904 treten ab. Platz für den nüchternen Westberliner Senat mit seinem Aufbau-Programm für subventionierte Wohnungen.

Die Stadtplaner der Nachkriegszeit haben es eilig. Es muss gehandelt werden – all diese Leute auf der Straße, die Ausgebombten und Flüchtlinge aus den verlorenen Ostgebieten, brauchen ein Dach über dem Kopf. Auf dem Schriftverkehr des Senators für Bau- und Wohnungswesen, Baupolizeiamt Schöneberg erscheint mit blauer Tinte der Stempel «Eilt!». *Eilt!* Keine Zeit, an den alten, baufälligen Gebäuden herumzuflicken, die überall Risse bekommen. Sie müssen gesprengt werden. Die Fotografen Scholz und Westphal verewigen jede Ruine, bevor sie gesprengt wird. Der miserable Zustand muss dokumentiert werden, um im Fall einer Klage eines ehemaligen Eigentümers, der zwar noch kein Lebenszeichen gegeben hat, aber irgendeines Tages auftauchen könnte, gerüstet zu sein. Auf der Rückseite jedes Bildes steht das

Abrissdatum. Numéro 2. Gespr. 21. 4. 1949. Numéro 8. Gespr.
28. 3. 1949. Numéro 11. Gespr. 6. 7. 1949. Numéro 20/21. Gespr.
27/28. 7. 1949. Numéro 27. Gespr. 20. 4. 1949. Numéro 30. Ruine
gespr. 13. 4. 1949. Die Ruinen der Nummern 9, 11, 19–22 werden
erst Anfang 1960 gesprengt. Es gibt so viele Löcher zu stopfen.
Eilt! Kommt nicht in Frage, die Zeit mit Ästhetik zu vertrödeln,
stundenlang an den Plänen einer avantgardistischen Architektur
herumzufeilen, eine neue Straße zu erfinden. *Eilt!* Schnell, einfach, effizient und vor allem sozial muss es zugehen. Licht, Luft,
Sonne, heißt die Devise. Schluss mit den dunklen Hinterhöfen,
dem engen Straßennetz, den aneinandergequetschten Häusern.
Es muss aufgelockert werden. Vor die Neubauten kommt ein
breiter Grünstreifen, darum herum ein Zaun. Die einstige Bau-
fluchtlinie wird zerstört. Legt man die beiden Straßenpläne aufeinander, den alten von vor dem Krieg und den heutigen, sieht
man, dass der Verlauf eine leichte Abweichung erfahren hat. Die
neue Straße ist schief.

Die Wohnungen in den Neubauten sind warm und hell, haben
klare Grundrisse und kleine Räume mit niedrigen Decken. Mit
den alten Türen, die sich nur schwer und unter Quietschen öffnen lassen, ist Schluss, ebenso mit den undichten Kastenfenstern,
die den ewigen Durchzug verursachen. Mit den monumentalen
Räumen, die unmöglich zu möblieren und zu beheizen sind.
Mit den qualmenden Öfen, die eine feuchte und übelriechende
Wärme verströmen, stattdessen gibt es regulierbare Radiatoren
und Sammelheizung. Einen Neubau zu beziehen ist ein Zeichen
des sozialen Aufstiegs. Über der Eingangstür die Messingpla-
kette des Aufbau-Programms. Der Berliner Bär, von der Seite,
hebt die Pfote und streckt die Zunge heraus.

Von den seltenen Altbauten, die noch stehen, blättert der Stuck, bröckelt da und dort auf den Gehsteig. Kein Eigentümer hat die Mittel, die raffinierte Fassadendekoration zu restaurieren. Und der Stuck ist ohnehin schon eine ganze Weile aus der Mode gekommen. «Verlogen! Zu pompös! Rückständig! Protzenhaft! Handwerklich minderwertig! Hässlich!», kritisieren die Wohnungsreformer und Pioniere der neuen Architektur. Ich wage nicht, mir die Bestürzung der Stuckateure meiner Straße vom Anfang des letzten Jahrhunderts vorzustellen, wenn sie sich dieses Lästerkonzert anhören müssten. Und die Verzweiflung Georg Haberlands, wenn er sein Lebenswerk derart verunglimpft sähe. In den Jahren des Wiederaufbaus wird der Stuck abgeschlagen. Im Übrigen haben die neuen Bewohner meiner Straße genug davon, jeden Tag mit dieser Vergangenheit konfrontiert zu werden, die vor ihren Augen daniederliegt. Ein klägliches Bild, das so gar nicht zum triumphierenden Wirtschaftswunder passen will, das sie mit viel Mühe zu Wege bringen. Sie wollen sich nicht mit all den Spuren der imperialen Vergangenheit belasten. Alles muss schön ordentlich und sauber sein. Verzierungen und Spielereien versinken im Staub. Man verpasst den Häusern einen glatten, grauen Einheitsputz, stumpf und wesenlos. Meine Straße verliert ein Stück ihrer Seele.

Ich habe mich angesichts dieser von ihrem Schmuck amputierten Fassaden oft gefragt, warum die Nachkriegsdeutschen für ihre wenigen alten Gebäude, die von den Bomben verschont geblieben sind, so wenig Wertschätzung bezeugen. Diese methodische Zerstörung des Stucks ist in Frankreich ein völlig unbekanntes Phänomen, nicht einmal im Elsass wurden die wilhelminischen Gebäude aus der Periode des Reichslands derart verstümmelt.

Dabei hätten die Elsässer nach dem Zweiten Weltkrieg allen Grund gehabt, die Spuren ihrer deutschen, für ihre zerrissene Identität so unbequemen Vergangenheit zu tilgen. 1945 wollten sie mit diesem von allen verhöhnten großen Nachbarn am anderen Rheinufer nichts mehr zu tun haben. Aber sie ließen die Architektur unangetastet. Das ist der Grund, warum mir meine Berliner Straße auf Anhieb vertraut vorgekommen war. Als wäre sie aus dem Dekor meiner Straßburger Kindheit ausgeschnitten. Sie glich exakt der Straße im deutschen Viertel hinter der Place de la République, dem ehemaligen Kaiserplatz, in der sich meine Studentenmansarde befand. Der Schnitt der Wohnungen und Treppenhäuser, der Terrazzo der Küchen, der Stuck der Fassaden waren dieselben. Mit dem Unterschied, dass meine Straßburger Straße intakt geblieben ist, eine friedliche Schönheit, der nie jemand etwas zuleide tun würde. Meine Berliner Straße dagegen war beinahe bis zur Unkenntlichkeit zerstört.

Ein Ausländer täuscht sich leicht über die Epoche, wenn er die nackten Hauswände sieht, die wie gerupfte Hühner ohne ihren Federschmuck dastehen. Als Evelyn, Hannah Kroner-Segals Tochter, mich einige Wochen nach unserer Begegnung in New York in Berlin besuchte, hielt sie die Häuser aus dem Jahr 1904 für Fünfzigerjahrebauten. Ich musste ihr die Türen aufschieben, die Eingänge und Treppenhäuser zeigen, damit sie die Verbindung zwischen außen und innen herstellen, die Fassade ihrer Zeit zuordnen und sich den Rahmen für das Leben ihrer Mutter vor ihrer Emigration in die Vereinigten Staaten ausmalen konnte. Wurden die Häuser meiner Straße damit auf Kosten doktrinärer Prinzipien ihrer Erinnerungen beraubt? Man kann sich tatsächlich fragen, wer sie mehr zerstört hat: die Bombenladungen, die die Royal Air Force abwarf, oder die eifrigen, phantasielosen

Stadtplaner der Nachkriegszeit, die es kaum abwarten konnten, sie zu sprengen oder die letzten Überreste ihrer kaiserlichen Vergangenheit zu schleifen.

Meine Straße macht sich frenetisch, beinahe frohlockend an den Wiederaufbau. Die Bagger und Betonmischmaschinen verwandeln sie zum zweiten Mal in diesem Jahrhundert in einen immensen Bauplatz. Kräne ragen in den Himmel. Arbeiter sind vom frühen Morgen bis spät in der Nacht am Werk. Manchmal sogar im Licht von Scheinwerfern. Es mag regnen oder schneien, selbst an Samstagen. Man hat den Eindruck, sie arbeiten rund um die Uhr. Die Ärmel werden hochgekrempelt. Es wird gehämmert, gebaggert, gegraben, gesägt. Ein ständiger Lärm. Es wird geschafft und geschwitzt. Angepackt und geackert. Mit etwas schwarzem Humor könnte man sagen, meine Straße sei wieder zum Startfeld zurückgekehrt. Dem Schein nach herrscht in den fünfziger und sechziger Jahren dieselbe Aufbruchsstimmung wie 1904. Aber meine Straße hat die fiebrige Unbekümmertheit vom Anfang des Jahrhunderts verloren, diese naive Begeisterung, sich eine ewige Zukunft zu bauen. Sie macht sich mit einer trotzigen Verbissenheit daran, die Schäden zu reparieren, das erlittene Grauen zu überdecken, die Angst zu ersticken.

Meine Straße ist im Übrigen keine schicke Adresse mehr. Mit dem großbürgerlichen Vorkriegswohlstand ist es vorbei. Die Adressbücher der sechziger und siebziger Jahre zeigen, wie sich die soziale Zusammensetzung geändert hat. Verschwunden sind die Professoren und Anwälte, die Rentiers und hohen Militärgrade. Meine Straße bevölkert sich mit Handwerkern, Verkäuferinnen, Angestellten und kleinen Beamten. Eine Schaffnerin ist zu finden, eine Schneiderin, ein Maler, ein Dreher und ein Elektromonteur, ein Maschinen- und ein Autoschlosser, mehrere Elektriker und Bauarbeiter, eine Serviererin, eine Garderobenfrau, eine Köchin und eine Gastwirtin, drei Bäcker, ein Konditor und ein Fleischer, mehrere Buchhalter, eine Friseurmeisterin, eine Stickerei- und Konfektionsangestellte, mehrere Sachbearbeiterinnen, zwei Kraftfahrer, ein Polizeibeamter und ein Polizeioberkommissar, eine Postsekretärin a. D. und ein Postoberschaffner, zwei Glasreiniger, die man heute etwas ungenierter Fensterputzer nennen würde, ein Tapezierer, ein Subdirektor im Ruhestand. Und ein paar bunte Vögel: ein Tonkünstler namens Voicu Petru, eine Mamsell (was immer darunter zu verstehen ist), ein Ballettmeister, ein Kleindarsteller, ein Konzertpianist. Sie leben in den neuen Blöcken oder in den alten, inzwischen unterteilten Wohnungen.

Auf dem Bauamt geht eine Flut von Baugenehmigungsgesuchen ein. Der Schuster Johannes Jawerts stellt einen Genehmigungsantrag zur Anbringung eines Fronttransparents in Nasenform, beschriftet in roten Buchstaben mit schwarzer Kontur auf weißem Hintergrund mit dem Text:

Schnellbesohlung
SCHUH-EXPRESS

Die Firma H. Müggelberg, Obst und Gemüse, Feinkost, Milch, Spirituosen, in der Nummer 5 beantragt die Genehmigung zur Anbringung eines Leuchtkastens an ihrer Ladenfront, ein rotes Feld mit Schriftzug der Coca-Cola GmbH, und fügt eine Fotografie in doppelter Ausfertigung bei. Der Brief ist mit Tippfehlern und in zögerlichem Stil auf Kohlepapier geschrieben. Und Richard John aus demselben Haus ersucht um eine Genehmigung zur Anbringung zweier Glasschilder, 70 × 180 cm, auf Elfenbeingrund mit dem Text:

Bärenbier
Bringt gute Laune!

Marta Schreiner bittet um Erlaubnis, an der Wand ihres Zigarrenladens in der Nummer 26 einen Warenautomaten für die Ausgabe von Tabakwaren anbringen zu dürfen. Die Antragssteller legen ein kleines Schwarzweißfoto von der Vorderfront bei. Man sieht darauf eine kahle Fassade, eine schmale Vitrine und eine kleine Glastür. Und diese altmodischen Werbungen, die man damals «Reklame» nannte: «Sofort-Dienst. Absätze in 5 Minuten!», «Wir längen und weitern», wirbt der Schuhmacher. Bei H. Müggelberg steht «Feinkost Milch» zwischen zwei «Coca-Cola»-Logos. Der Inhaber hat die Angebote für Kartoffeln und die neuen Lieferungen von Obst mit weißer Farbe aufs Schaufenster geschrieben. Im Laufe der Jahre und der Baugenehmigungen wird das präsentierte Angebot üppiger und bunter: Kondensmilch in der Tube, Ananas in der Büchse, Gemüseallerlei und Ravioli. Aber Zucchini oder Auberginen sucht man in den Obstkisten von H. Müggelberg vergeblich. Nichts als Saisonprodukte aus Nordeuropa.

Beim Betrachten dieser Fotos steigt jedes Mal eine leise Wehmut nach dieser vergangenen Zeit in mir auf, die der meiner Kindheit gleicht. Als das Viertel noch voll von kleinen Einzelhändlern war, die einen mit einem «Wie geht's denn heute, junge Frau?» begrüßten, sich nach dem Stand der Hühneraugen oder der Blutsenkung, nach dem Schulzeugnis des Sohnes und der Verlobung der Tochter erkundigten und die zwischen den Bewohnern eines

Viertels eine Verbindung schufen. Bei ihnen begegnete man sich, plauderte man und deckte sich mit den neuesten Nachrichten der Straße ein, Geburten, Krankheiten, Tod, Klatsch. Eine noch einfache, langsame Welt mit ganz klaren Konturen. Etwas eng, gewiss, dafür nach menschlichem Maßstab geformt.

Meine Straße rappelt sich wieder hoch und schaut nach vorn. Und vor allen Dingen arbeitet sie. Sie arbeitet ohne Unterlass. «Als er aus der Kriegsgefangenschaft zurückkam, hat sich Vati totgearbeitet», vertraut mir eines Morgens eine Nachbarin an, mit der ich auf dem Gehsteig ins Gespräch gekommen bin. Ich will sie gerade trösten, mit ihr gemeinsam bedauern, dass ihr Vati seine Kräfte nicht geschont, nicht besser auf seine Gesundheit geachtet und sich nicht mehr Freizeit, hin und wieder ein kleines Vergnügen, etwas Zeit zum Träumen gegönnt hat nach den Jahren des Horrors in der Sowjetunion. Ich will eben eine Hymne aufs *Farniente* anstimmen, als meine Nachbarin voller Stolz deklamiert: «Diese Generation hat so viel mitgemacht, manche zwei Weltkriege, und sie sind alle viel robuster als die jetzige. Das hat die Leute geformt! Wer viel arbeitet, hat eine ganz andere Energie, lässt sich nicht so sehr hängen!» Sechstagewoche, zwei Wochen Urlaub im Jahr. Sämtliche alten Leute meiner Straße verteidigen, streng und fraglos, dieses Arbeitsethos. In ihren Augen gibt es nichts Schlimmeres als die Taugenichtse und die Hallodris von heute.

Meine Straße jener Zeit weckt Kindheitserinnerungen in mir. In den sechziger Jahren bin ich noch ein ganz kleines Mädchen. Aber wenn meine französische Familie sonntags am Tisch sitzt, höre ich den Erwachsenen zu. Ich höre ihre Faszination, ihre

Verblüffung, ihren Zorn manchmal und mit Sicherheit eine gute Dosis Neid und Missgunst, wenn sie über Deutschland sprechen. Die Stimme meiner Großmutter, ihr spöttischer, fast gehässiger Ton, der so schlecht zu ihr passt, zu ihr, die immer lustig und großherzig ist, wenn sie bekannt gibt: «Wenn man bedenkt, dass sie den Krieg verloren haben, und jetzt sind sie reicher als wir!» Sie kann es einfach nicht fassen. Und sie verhehlt nicht, dass sie diese unverdiente *Success Story*, die sich die Kriegsverlierer da leisten, zutiefst ungerecht findet ... Und wenn sie sich ein wenig gehen lässt, sagt sie *«les Boches»*.

Deutschland ist in so kurzer Zeit zur zweiten Wirtschaftsmacht der Welt geworden, zum Helden der Haushaltsgeräte und Werkzeugmaschinen, des Automobils und der Chemie. Deutschland ist satt, in seinen Wohlstand eingekapselt, zufrieden mit sich selbst. Ich höre noch meine Mutter, die den «Spiegel», den sie stets nach dem Mittagessen zum Kaffee auf dem Balkon liest, zuschlägt und meinen Vater zum Zeugen nimmt: «Hör dir mal das an! Nahezu zwei Drittel der Deutschen haben den Eindruck, die glücklichste Zeit ihrer Geschichte zu erleben!» Und ich höre meinen Vater, der ihr antwortet: «Vor lauter Fleiß und Anstrengung denken sie kaum mehr an die Vergangenheit. Das ist praktisch. Für sie ist der Nazismus nur noch ein schlechter Traum und der Krieg ein kurzes Zwischenspiel.» «Arbeit ersetzt Trauerarbeit!», erwidert meine Mutter, die das irgendwo gelesen hat.

Ich erinnere mich an Sonntagsausflüge in den Schwarzwald auf der anderen Seite der Grenze, nach Freiburg, Karlsruhe, Offenburg, Baden-Baden. Die spitzen Bemerkungen im Familienauto angesichts dieser perfekt wiederaufgebauten Städte, die hinter den Scheiben vorbeiziehen, die kilometerlange Werbung an den Wänden. Bosch – AEG – Miele – Mercedes – Volkswagen –

Kaffee Hag – Dr. Scholl – Dr. Oetker – Nivea – Sparkasse – Reisebüros … Ein Defilee solider, anständiger Produkte. Und diese dicken Wagen längs des Gehsteigs. Die rot-weiß karierten Tischdecken in den Gaststätten, die schmalzigen Schlager im Radio, die Menschenmenge, die aus der Sonntagsmesse kommt. Eine biedere Idylle. Alles sauber, alles korrekt.

Der Ausdruck *«Le miracle économique allemand»*, das deutsche Wirtschaftswunder, begleitet mich durch die ganze Kindheit. Eine Beschwörungsformel, die die Erwachsenen mit runden Augen, voller Bewunderung und Neid aufsagten. Deutschland stellte sich mit einer ungeheuren Energie wieder auf die Füße. Und lange glaubte ich ganz im Ernst, die Deutschen seien ein mit Zauberkräften ausgestattetes Volk, das, ein wenig wie Jesus aus dem Religionsunterricht, der fähig war, Brote und Fische zu vermehren, den Horror in Erfolg zu verwandeln wusste, die Schande in das gute Gewissen der erfüllten wirtschaftlichen Pflicht, die Apathie in Leistungswut, die Ruinen in adrette, hinter ihren Geranien erstickende Einfamilienhäuser. Natürlich ist das Baden-Württemberg der sechziger Jahre nicht Berlin. Die Nachkriegszeit dauerte in der armen Frontstadt viel länger als im Spare-spare-schaffe-schaffe-Häusle-baue-Ländle. Aber meine Straße scheint trotz alledem ein bescheidener Teil dieses Wohlstands-Wunderlandes zu sein.

Totgeglaubte
kehren zurück

1957 kehrt John Ron zum ersten Mal in unsere Straße zurück. 21 Jahre, nachdem er in einem Zug nach Venedig geflüchtet ist. Aber es kommt nicht in Frage, sich vom Zufall der Erinnerungen treiben zu lassen, in Emotionen zu schwelgen. Er ist mit einem ganz bestimmten Ziel gekommen: Er will mit einem spezialisierten Anwalt das administrative Vorgehen besprechen, um beim Entschädigungsamt Berlin eine Anmeldung von Geldansprüchen gegen das Deutsche Reich einzureichen, was möglich geworden ist durch «eine ehrenwerte Geste Konrad Adenauers, der mir eine finanzielle Kompensation für den Verlust meiner Eltern und den Abbruch meiner Bildung gewährte».

Es ist ein Blitzbesuch. Vierzehn Tage. Kein Tag mehr. John Ron mietet ein Zimmer bei einer «sehr angenehmen» Wirtin, die ihm am Morgen Kaffee kocht und Leberwurststullen schmiert. Man spricht über das Wetter, das für einen Juli recht unfreundlich ist. Über die Vergangenheit kein Wort. «Einmal abgesehen von den üblichen Klagen über die Bombardements und die von den Russen vergewaltigten Frauen. Die Deutschen hatten das gute Gewissen von Leuten, die wirklich gelitten haben», stellt John Ron fest. Er ist überzeugt, dass seine Vermieterin weiß, dass er Jude ist, «aber selbst das Wort Jude war tabu». Im Übrigen hätte er es unangebracht gefunden, ihr zu erzählen, was seiner Familie passiert ist.

Abends, wenn er im Bett liegt, kommen die Fragen hoch: Warum ist er eigentlich nach Deutschland zurückgekehrt? Um in einer Konditorei seinen liebenswürdigen alten Volksschullehrer zu treffen? Um diese christliche Freundin seiner Mutter zu besuchen, die ihm das Hochzeitskleid aus weißem und gelbem Satin von Irma Rothkugel übergibt und ihm mitteilt, dass der letzte Koffer mit Fotos und Briefen seiner Familie bei einem Bombenangriff verbrannt ist? Um sich von Kummer und Wut zermürben zu lassen? Wer ist noch am Leben? Was ist aus seinen Klassenkameraden geworden?

Er klopft an Türen. Er befragt Nachbarn. Seine Eltern, Onkel und Tanten sind nicht mehr da. Keiner fragt, was mit ihnen geschehen ist. «Man zeigte kein Interesse für das Schicksal meiner Eltern oder mein eigenes. Nicht einmal die ehemaligen Freunde wollten etwas wissen, nichts.» Die Konfrontation ist unerträglich.

Von der Straße seiner Kindheit «war nur noch ein Schild übrig, auf dem der Name einer Straße stand, die nicht mehr existierte. Es war ziemlich surrealistisch!» John Ron wagt es nicht, die Tür seines Hauses aufzustoßen. Er bleibt auf dem Gehsteig. Von dort entdeckt er das Emailschild von Leon Rothkugels Notariat, das noch immer am Vorgartenzaun festgemacht ist. «Ilse», schreibt er seiner Schwester nach Israel, «es war in vielem eine schmerzliche Rückreise in die Kindheit. Unser Haus existiert noch, aber alles fremde Menschen. Ich sprach mit einer Gruppe junger Studenten, um meine meist negativen Eindrücke von der älteren deutschen Generation zu berichtigen: Mir scheinen Anzeichen vorhanden zu sein, dass diese Jugend dem

Leben nüchterner und weniger arrogant entgegentritt als ihre Eltern.»

«Spiel bloß nicht den Großherzigen!», hat ihm Ilse vor der Abreise ans Herz gelegt. John Ron muss Stapel von Antragsformularen «in dreifacher Ausfertigung» ausfüllen. Der Ton in der «Anleitung zur Ausfüllung der Formulare» macht einen sprachlos: «Nicht ordnungsgemäß ausgefüllte oder schlecht lesbare Anträge werden einstweilen zurückgestellt!», «Sehen Sie von Rückfragen und Monierungen ab!», «Absichtlich oder fahrlässig abgegebene falsche Angaben (auch hinsichtlich der Höhe Ihrer Forderungen) sind nicht nur strafbar, sondern haben auch die völlige Streichung Ihres Wiedergutmachungsanspruches zur Folge!». John Ron füllt das rosa Formular «Schaden am Leben» aus: «Alles war auf typisch deutsche Art geregelt, nach Kategorien gesondert. Der Verlust der Eltern entsprach nach einem ganz genauen Tarif einer gewissen Höhe an Deutscher Mark. Schon ein bisschen peinlich, auf diese Weise den Mord zu quantifizieren. Die Gehaltshöhe meines Vaters musste bewiesen, die Liste der Wohnungseinrichtungen und der verlorenen Schmuckstücke mit Werteinschätzung entsprechend dem damaligen Einkaufswert aufgestellt werden. Sämtliche Abläufe waren von unerhörter Brutalität. Noch heute weiß ich nicht, ob ich vor Zorn lachen oder heulen soll. Das Geld, das ich bekam, habe ich in England angelegt. Aber ich war schlecht beraten worden. Das Pfund ist so stark gesunken, dass ich fast alles verloren habe. Und Ilse musste ihres in die Gemeinschaftskasse des Kibbuz legen. Es war bitter für sie.»

John Ron ist erleichtert, als er wieder das Flugzeug in die Vereinigten Staaten besteigt. 1968 kehrt er noch einmal mit Ilse nach Berlin zurück. Sie wohnen privat in Charlottenburg, in einer wilhelminischen Pension mit sehr hohen Räumen, großen Betten und dicken Federdecken. Die deutsche Jugend organisiert *Sit-ins* und *Go-ins*, geht gegen den Vietnamkrieg auf die Straße und protestiert gegen die Springer-Presse und ihre Hetzkampagnen, die «alle Oppositionellen zu Freiwild» erklären. Der Studentenführer Rudi Dutschke ist soeben auf dem Kurfürstendamm bei einem Attentat lebensgefährlich verletzt worden, und der Berliner *Tagesspiegel* schreibt: «Die Stunde scheint gekommen, da das Wirtschaftswunderland, dieser trotz Wiedervereinigungsparolen saturierte Wohlfahrtstaat, in dem es sich so prächtig leben und demonstrieren lässt, diese gutbürgerliche Gesellschaft mit dem neuralgischen Außenposten Berlin die große innenpolitische Bewährungsprobe zu bestehen hat. Unwetter der Gewalt gehen über deutschen Städten nieder. Und es erhebt sich die bange Frage, ob wir diese Probe bestehen oder ob erneut deutsche Bereitschaft zum kompromisslosen politischen Hass die junge demokratische Gewöhnung an Toleranz und Freiheit des Andersdenkenden durchbricht.»

Vor allem aber verlangen die jungen Deutschen Rechenschaft von ihren Eltern: «Was habt ihr damals gemacht?» Auseinandersetzung, Aufarbeitung, Vergangenheitsbewältigung sind die Schlagwörter der damaligen Zeit. Ich weiß nicht, ob die Revolution 1968 auch meine Straße erschüttert hat, ob diese legendären Mahlzeiten, bei denen die Söhne ihre Väter angreifen, auch in ihren Wohnungen stattgefunden haben, ob die Ladenbesitzer die Langhaarigen aus den WGs auch hier mit gehässigen Blicken musterten. Dagegen weiß ich, dass das *Schöneberger Echo* die wahre Besorgnis der Bewohner meiner Straße in jenem Jahr zum Ausdruck bringt:

«ABC Barkredit. Einfach und schnell.
Für die moderne Küche
Für die neuen Möbel
Für den neuen Fernseher
Für die neuen Gardinen und Teppiche.»

«So darf es nicht weitergehen!
Immer noch nehmen die Verkehrsunfälle zu!
Und darum:
Vorsicht, Rücksicht und Nachsicht im Straßenverkehr!»

«Großzügige Spender gesucht!
Immer wieder Klagen über zu wenige Parkbänke.»

«Nicht jeder kann ein Spitzensportler sein,
Bowlen jedoch kann jeder!»

«Die teuerste Krankheit Zahnkaries nimmt
unaufhaltsam zu!»

«Vorbeugen ist besser als Heilen! Tuberkulose-Impfschutz
für Kinder des Einschuljahrgangs!»

Und die Werbung: «VW Automatic. Kein Kuppeln. Kein Schalten.» ... «Beneidenswert schlank auf neue Art. Playtex Lycra Hüfthalter. Miederhöschen mit kurzem oder langem Bein» ... «Dänemark, Norwegen, Schweden. Unsere große Fahrt nach Skandinavien mit modernsten Düsenflugzeugen und Pullmanbussen» ... «Hausputz ohne Mühe. Wenn Sie gern den Teppich auf der Stange klopfen. Wenn Sie beim Bohnern gern auf Knien lie-

228

gen. Wenn Sie gern Staub aufwirbeln, dann brauchen Sie weder Staubsauger noch Bohner. Aber mit Elektro Staubsauger und Bohner sparen Sie Ihre eigene Kraft und gewinnen Sie Zeit.»

Nur eine einzige, kurze Meldung in der vierteljährlich erscheinenden Zeitung, die ich für das Jahr 1968 konsultiert habe, erinnert daran, dass der Krieg seine Spuren hinterlassen hat: «Vom Tiefbauamt Schöneberg sollen in Kürze umfangreiche Straßenbauarbeiten in folgenden Straßenzügen durchgeführt werden ... Um Unglücksfälle zu vermeiden, wird die Bevölkerung gebeten, das Bekanntsein vergrabener Munitionsreste oder Blindgänger aus der Kriegszeit zu melden.»

John Ron und seine Schwester spazieren durch Berlin. Ilse hat nie aufgehört, ihren Bruder Hans zu nennen. Und hier klingt dieser Vorname seltsam passend. «Ich musste noch einmal meine Füße auf dem Berliner Pflaster spüren! Da ist ein Teil von mir!», vertraut Ilse ihrem Bruder an, der erwidert: «Wenn du sagtest: ‹Ach Gott, wie schön es wäre, wieder in Berlin zu leben›, würde ich dich fragen: ‹Was ist mit dir? Ist dir schlecht? Brauchst du ein Aspirin?›» Gemeinsam wagen sie es. Sie klingeln an der Tür der ehemaligen Wohnung der Rothkugels. Eine Unbekannte öffnet. Sie stellen sich vor. Die Frau lädt sie zu einer Wohnungsbesichtigung ein. Alles ist verändert. Die Wohnung ist jetzt zweigeteilt. In den vorderen Räumen wohnen fünf oder sechs Mieter. Alle diese Namen auf dem Klingelschild! Eine Wohngemeinschaft. Nur die Küche ist noch da. Die Speisekammer, das Spülbecken, der große Abwaschtisch, die blauweißen Kacheln. Es riecht noch genauso wie 1933.

Es war sein letzter Besuch. John Ron ist nie mehr nach Berlin gekommen.

Lilli und Heinrich Ernsthaft kehren 1946 zum ersten Mal «per Taxe» in ihre alte Straße zurück. Die Nummer 3 ist eines der wenigen Gebäude, die noch stehen. Es befindet sich in erbärmlichem Zustand. Als der Eigentümer Oskar Lohmann aus der Kriegsgefangenschaft kommt, sorgt er rasch für das Nötigste: Mit spärlichen Mitteln werden ein Dach und eine Fassade zusammengeschustert, um das Haus vor der Witterung zu schützen. Die Wohnungen sollen wieder bewohnbar sein. Die Mieten sollen reinkommen. Die schöne Wohnung wird wie das Leben der Ernsthafts in zwei Teile gespalten. Die Hinterhauswohnung ist bewohnt. In der Vorderhauswohnung sieht es desolat aus, aber sie ist immer noch unter dem Namen von Heinrich Ernsthaft gemeldet: «Der Parkettfußboden hatte sich in den Zimmerecken wie Rosenblätter aufgerollt, viele Möbel fehlten, aber zu unserem Glück waren die großen, schweren und zum Teil eingebauten Möbel stehen geblieben, weil niemand sie anheben und fortschaffen konnte. Wir waren überrascht, dass immerhin noch so viel übriggeblieben war, und da viele nicht einmal mehr ein Bett besaßen, erschien es nur verständlich, dass sie sich in einer anscheinend herrenlosen Wohnung mit den Dingen versorgten, die sie benötigten», kommentiert Lilli Ernsthaft.

Die Wohnung ist unbewohnbar. Die Ernsthafts bleiben in ihrem kleinen Zimmer im Schwesternheim des Jüdischen Krankenhauses. Aus dem stolzen Geschäftsmann ist ein «Opfer des Faschismus» geworden. Auf dem Foto seiner provisorischen Identitätskarte blickt einem eine unbeschreibliche Traurigkeit entgegen. Im Feld *nationalité* auf der französischen *Carte d'identité de personnes déplaceés* von Lilli Ernsthaft – das Jüdische Krankenhaus befindet sich im französischen Sektor – steht: «Indeterminée» (unbestimmt). Erst im Jahr 1950 nimmt sie wieder ihre österreichische Nationalität an. Harry wird Englisch- und Musiklehrer am Französischen Gymnasium und beginnt ein Studium an der Humboldt-Universität.

Nach dem Tod ihres Mannes am 21. April 1947 nimmt Lilli Ernsthaft die Renovierung der Wohnung in Angriff. Eine ausgebombte Familie ist darin eingewiesen worden. «Zu ihrer Ehre sei gesagt, dass sie nicht einzogen: Die beiden Frauen meinten, das gäbe nichts Gutes», bemerkt Lilli Ernsthaft.

In einem Brief vom 25. März 1943, der im Brandenburgischen Landeshauptarchiv erhalten ist und den nervösen Stempel *«Eilt!»* trägt, bittet die Reichstagsverwaltung den Oberfinanzpräsidenten Brandenburg – auf Empfehlung des Herrn Präsidenten des Großdeutschen Reichstags, Reichsmarschall Göring, der «wünscht, dass alles getan wird, dem ausgebombten Dr. Schneider den schweren Verlust sobald als möglich zu erleichtern» –, besondere Sorgfalt darauf zu verwenden, Dr. Richard Schneider, Regierungsrat beim Großdeutschen Reichstag, in einer «angemessenen freigemachten Judenwohnung» unterzubringen.

1948 informiert Dr. Richard Schneider Lilli Ernsthaft: «Die gesamte Einrichtung Ihrer Wohnung hatte die Firma Neugebauer, ein Möbelgeschäft, käuflich, aber nicht im Wege der Zwangsversteigerung erworben. Aus diesem einschlägigen Unternehmen habe ich einen Teil der Möbel ordnungsmäßig gekauft. Wie ich erfahren hatte, hatte vorher die Gestapo aus der Wohnung wohl die wertvollen, leicht beweglichen Gegenstände gestohlen. Als Ihr Haus im November 1943 ebenfalls durch Bombenangriff schwer betroffen und Ihre Wohnung durch Wasser stark beschädigt war, habe ich mit einem größeren Handwagen die leichter zu transportierenden Sachen sicherheitshalber in die

Kellerräume des alten Reichstagsgebäude am Königsplatz schaffen lassen.» Dr. Schneider fügt eine Skizze von den Kellerräumen des Reichstags bei. «Wer die anderen Sachen gekauft hat, weiß ich nicht, jedenfalls waren, als meine Frau zum ersten Mal die Wohnung betrat, alle Schränke und Behälter leer. Meine Frau vermutet, dass der Inhaber der Firma Neugebauer die Sachen für seine Tochter, die sich damals verheiraten sollte, genommen hat. Wir haben die von uns gekauften Sachen nicht benützt. Wir haben auch nicht die Absicht, sie zu benützen. Wir würden sie Ihnen gern insgesamt überlassen, und wir nehmen an, dass die Stelle, die Ihnen gegenüber zur Wiedergutmachung des Ihnen zugefügten materiellen Schadens verpflichtet ist, mir die Kaufsumme, die ich für die Sachen gezahlt habe, entrichten wird.»

«Wenn es dir mal schlechtgehen sollte, denk an die Prothese!» Lilli Ernsthaft hat diese Mahnung ihres Mannes nicht vergessen. Mit dem Erlös vom Verkauf der Zahnprothese aus Platin repariert sie das Parkett, und es bleibt sogar ein wenig Geld für zwei Sessel übrig. «Gute Freunde hatten Bettwäsche und Tischtücher, Kissen und Flügel aufbewahrt. Natürlich war es vorerst ein Provisorium, aber die meisten Menschen lebten zu jener Zeit in einem Provisorium.»

Wie konnte sie dahin zurückkehren, wo sie nur knapp der Deportation entkommen war, sie, deren Sohn sich zwei Jahre wie ein gehetztes Tier in einem Keller verkrochen hatte, deren Mutter in Theresienstadt ermordet worden ist? Keiner der Juden, die in den dreißiger Jahren aus meiner Straße emigrieren mussten, hat auch nur einen Augenblick in Erwägung gezogen, nach dem Krieg wieder in Deutschland zu leben. Lilli Ernsthaft ist die Einzige, die sich entschieden hat zu bleiben. Der neue Staat Israel verurteilt in den fünfziger Jahren die Juden, die weiterhin *auf der blutgetränkten Erde Deutschlands*» leben, aufs Schärfste. Und Lilli Ernsthaft lässt sich wieder in derselben Straße, im selben Haus nieder. Was sollte aus dieser in Trümmer liegenden Straße werden? Welchen Platz wird eine überlebende Jüdin darin haben? Wie werden die Nachbarn reagieren, die ihr plötzlich auf der Straße begegnen? Werden Sie den Blick zu Boden senken? Oder sie im Gegenteil anstarren, als hätten sie einen Geist vor sich? «Die Wohnung war ihre Heimat, ihre Höhle, ihre Zuflucht», versucht ihre Nichte Elga eine Erklärung. Der Antisemitismus hatte sich nicht in Luft aufgelöst. Die Straße war nicht mit dem Zauberstab auf einmal entnazifiziert worden. Wie konnte Lilli Ernsthaft wieder ihr Brot bei dieser selben Bäckerin kaufen, die ihr noch vor wenigen Jahren, als sie sich weigerte, sie zu bedienen, an den Kopf geworfen hat: «Ich bin juristisch im Recht!» Wie konnte sie zum Apotheker Ludwig Guercke in die Kaiser-Barbarossa-Apotheke zurückkehren, seit 1935 Parteigenosse, der am 12. Januar 1942 den Polizeipräsidenten aufforderte, ihm eine Wohnung in der Nähe seiner Apotheke zuzuteilen: «Vielleicht könnten Sie, Herr Polizeipräsident, durch Ausstellung einer Dringlichkeitsbescheinigung mir behilflich sein, mir zu einer von Herrn Generalbauinspektor Speer in dieser Gegend beschlagnahmten Judenwohnungen zu verhelfen. Ich bin im 60. Lebensjahre und arbeite ohne weiteres Fachpersonal nur mit meiner Frau in der Apotheke. Wegen der großen Entfernung von meiner Spandauer Wohnung kann ich auch mittags nicht nach Hause fahren und bin daher von früh 8 Uhr bis abends 8 Uhr im Dienst. Diese Arbeitszeit und die Ernährungsfrage stellen erhebliche Anforderungen an unsere Gesundheit. Heil Hitler!» Wie konnte Lilli Ernsthaft sich mit diesen selben Nachbarn, die einst aus ihren Fenstern am frühen Morgen dem

Einsammeln von 13 Juden aus ihrem Gebäude zusahen, auf einen kleinen Schwatz auf dem Treppenabsatz einlassen? Lilli Ernsthaft war eine lästige Zeugin. Man hütete sich, sie zu fragen, wie sie überlebt hatte. Und sie hütete sich, die Gespräche auf rutschiges Gelände zu bringen. Hatte sie vielleicht Angst, zu hören, was sie zu sagen hatten? Hoffte sie, wenn sie so tat, als sei nichts gewesen, wäre sie fähig, den dünnen Faden ihres früheren Lebens wieder aufzunehmen? Wovon man nicht spricht, das existiert schließlich nicht. Und vor allem: Was macht diese so lebenslustige, höfliche Frau mit ihrer Trauer, ihrer Angst, ihrem Groll, ihrem Zorn und vielleicht ihren Rachegedanken?

Sobald Lilli Ernsthaft in unsere Straße zurückgekehrt ist, steigt sie wieder auf das große Karussell der gesellschaftlichen Verpflichtungen auf. «Leider Gottes», schreibt sie wie nebenbei, «habe ich heute nur noch zwei jüdische Bekannte.» Das Ehepaar Kutschera kehrt 1945 aus Theresienstadt zurück. 1946 können sie den Betrieb im Café Wien wieder aufnehmen. Karl Kutschera versucht zu vergessen, dass er einer der ersten Unternehmer gewesen war, der in den Fokus des *Stürmers* geriet. Das Nürnberger NS-Wochenblatt hatte eine heftige Kampagne gegen das «Judeneldorado des Kurfürstendamms», den «Schmutzjuden» Kutschera lanciert. Er versucht zu vergessen, dass er 1937, um die Schließung seiner Einrichtung zu verhindern, gezwungen war, sie an zwei nichtjüdische Mitgesellschafter zu verpachten. Jeden Tag wird er von Schwindel ergriffen, wenn er an seine Kinder Karin und Gert denkt, die nicht aus dem KZ zurückgekommen sind. Er stirbt 1950 an Herzmuskelschwäche, ein gebrochener Mann. Seine Frau führt die Geschäfte bis Anfang der siebziger Jahre weiter.

Doch die Ernsthafts knüpfen auch wieder mit Freunden an,

«die mit den Nazis sympathisiert und sich diskret verdrückt hatten». Gleich nach dem Krieg – sie wohnen noch im Jüdischen Krankenhaus – essen sie «mit unseren Freunden Fritz Aschinger und Kommerzienrat Lohnert im Restaurant». Worüber unterhalten sie sich an jenem Abend? Fritz Aschinger, der Trumpf im mondänen Kartenspiel der Lilli Ernsthaft, hatte sich so sehr kompromittiert ... Er hatte, um sein am Rand des Bankrotts stehendes Imperium zu konsolidieren, von der Arisierung jüdischer Firmen profitiert und 1937 die OHG M. Kempinski zu einem Preis weit unter ihrem Wert übernommen. Hatte er nach 1933 Heinrich Ernsthaft und seine Gattin samstagabends weiterhin zu Kaviar und Crêpes Suzette eingeladen? Oder hatte er es vorgezogen, die Gehsteigseite zu wechseln, wenn er seinem ehemaligen Geschäftspartner zufällig auf der Straße begegnete?

Die großen Hotels und das Weinhaus Rheingold sind unter den Bomben eingestürzt. Am 8. Februar 1949 wurden die Unternehmen Aschinger, die sich im sowjetischen Sektor befanden, entschädigungslos enteignet und zum VEB-Nahrungsmittelwerk «Aktivist» umgetauft, ein Name ohne Genuss und Sinnlichkeit, der das Ende des Vergnügungstempels Aschinger einläutete. Im August 1949 nehmen sich Fritz Aschinger und seine Schwester Elisabeth in Berlin das Leben.

Im Mai 1949 reichen Lilli und Harry Ernsthaft bei den Wiedergutmachungsämtern von Berlin ihren *Rückerstattungsantrag gegen das Deutsche Reich* ein. Es beginnt eine endlose Prozedur, die Lilli Ernsthaft bis in die sechziger Jahre verfolgt. Sie hatte die ausufernde Korrespondenz aufbewahrt. Beim Tod von *Tante Lilli* stopfte ihre Nichte Elga die Leitz-Ordner in eine Reisetasche und verstaute sie im Keller zwischen den Weidenstühlen und den Bücherkisten. Als ich sie eines Nachmittags besuchte, übergab sie mir die völlig verstaubte Tasche. Beim Lesen dieser Briefbündel habe ich den jahrelangen Leidensweg von Lilli und Harry Ernsthaft verstanden, als sie versuchten, ihr Leben wieder in die Hand zu nehmen, und in die Nummer 3 zurückkehrten.

Als Erstes stellt Lilli Ernsthaft Stück für Stück, bis zum kleinsten Kaffeelöffel, das Inventar ihrer verlorenen Güter zusammen: «Sehr elegantes Silberhorn-Schlafzimmer, bestehend aus breitem Marmorwaschtisch, zwei Nachttischen, Frisiertoilette, zwei großen geschliffenen Spiegeln und einem großen dreiteiligen Spiegelschrank, der mit Herrenanzügen, Mänteln und Wäsche gefüllt war. Ein Damen-Ankleidezimmer mit einem 4 Meter breiten Schrank, voller Damenkleider, Mäntel, Hüte, Taschen, außerordentlich reichhaltige elegante Wäscheausstattung.» Sie beschreibt die Engel aus Meißner Porzellan in der Wohnzimmervitrine: «Einer, der Schokolade quirlt, und einer, der Flöte spielt.» Sie stellte eine Liste von Phantomobjekten auf, die in der leeren Wohnung herumspukten: das kostbare Hutschenreuther-Kaffee- und -Mokkaservice mit breitem Goldrand für 18 Personen, die 500 Bücher der Bibliothek, die wertvolle Noten- und Plattensammlung. Sie erwähnt sogar die zwei echten Rosshaarmatratzen ihres Schlafzimmers, sämtliche Stores und Gardinen, die Lebensmittel- und umfangreichen Seifenvorräte in der Speisekammer. Das arabische Zimmer beschäftigt die Behörden mehrere Jahre lang. Sie ist einfach verschwunden, diese kleine Verrücktheit aus Tausendundeiner Nacht mit ihrem «Baldachin aus Kelims, tuffartig gerafft und von zwei überkreuzten Waffen gehalten, übereinanderliegenden echten Perser-Teppichen, selbstgestrickten smyrnaartigen Kissen, kleinen Tischen aus Ebenholz mit eingelegten Silberstückchen, diversen Eseltaschen, einer echten Wasserpfeife, einem echten Samowar, zwei achteckigen Hockern aus Elfenbein mit Perlmutteinlagen und acht oder zehn wertvollen silbernen und tulasilbernen Zigarettenetuis mit Widmungen berühmter Sänger und Schauspieler wie Caruso, Giampietro, Massary ... Geschenke an ihren Freund Heinrich Ernsthaft.» Danach sammelt sie eidesstattliche Erklärungen.

Klara Knospe, ledig, Rentnerin, 73 Jahre alt, 18 Jahre lang Wirtschafterin bei der Familie Ernsthaft, die ihre Beschäftigung 1933 beenden musste, versichert: «Es handelte sich um einen sehr gepflegten Haushalt.» Magdalene Lied, geschieden, 90 Jahre, ehemalige Klavierlehrerin von Harry, beschreibt: «Eine sehr gut eingerichtete Wohnung, die mit vielen Teppichen ausgelegt war. Es handelte sich bei der Möblierung zum Teil sogar um Stilmöbel.» Der deutsche Staat streicht mit dem Finger über die Möbel.

Harry fühlt sich durch diese administrativen Schikanen gedemütigt, diese Forderungen nach «näherer Begründung der Ansprüche», «Nachweis der ungerechtfertigten Entziehungen», «Absicherungsquittungen», «Bankauskünften». Er ist angewidert, wenn man von seiner Mutter verlangt: «Sie möchten ferner nachweisen, dass der Antragsteller zu den aus rassischen, religiösen oder politischen Gründen verfolgten Personen gehört.» Er verträgt die Bettelbriefe nicht mehr, die sie zu schreiben gezwungen ist: «Mein Mann hatte einen Stoffmantel abliefern müssen, der innen ganz mit echtem Seal gefüttert war und auch einen Sealkragen hatte.» Und die Erklärung des Kürschnermeisters: «Der Minderungsabzug vom absoluten Neuwert bezieht sich auf die natürliche Veralterung des Fellmaterials.» Harry traut seinen Augen nicht, dass ihr Anwalt die Behörden noch 1955 daran erinnern muss: «Die Veräußerung von Möbeln jüdischer

Eigentümer in der damaligen Zeit war kein regulärer Verkauf, und der damalige Wert war ein Vielfaches dessen, was bei einer Veräußerung und noch dazu bei einer Zwangsveräußerung erlöst wurde.»

Wie viele Male hat ein Trödler in den Wohnungen der Deportierten meiner Straße eine Versteigerung durchgeführt, bei der die Möbel zu Schleuderpreisen weggingen! Eine wahre Schnäppchenjagd für den Rest der Bevölkerung. Harry ist außer sich. Seine Eltern haben sich rupfen lassen wie Hühner, und nun müssen sie sich jahrelang krummlegen, um eine lächerliche Summe zu bekommen, weit unter dem Wert der Güter, die ihnen gestohlen wurden. Liest man diese Unterlagen, hat man den Eindruck, es handle sich um einen ganz gewöhnlichen Prozess. Nie schimmert eine moralische Verpflichtung, das Eingeständnis eines Fehlers durch. Der Staat versucht mit allen Mitteln, die finanziellen Entschädigungen herabzumindern.

Der Prozess, in dem sich Ernst Siemann und Lilli Ernsthaft in den fünfziger Jahren gegenüberstehen, ist ein Albtraum. Am 6. Juni 1938 erwarb Ernst Siemann, seit 25 Jahren einer der treuesten Angestellten der Firma Ernsthaft, sämtliche Geschäftsanteile von Heinrich Ernsthaft, ebenso wie das fünfstöckige Gebäude in der Trebbinerstraße, in dem sich das Unternehmen befand. Die Geschäfte mehrerer jüdischer Bewohner meiner Straße wurden so zugunsten von Nicht-Juden, häufig ehemaligen Angestellten, zu einem Preis unter dem Marktwert «arisiert». Der Briefwechsel, den die Witwe und der ehemalige Angestellte nach dem Krieg führen, gibt ein Bild davon, wie erbärmlich dieser Prozess war:

«Ich komme nicht darüber hinweg, dass Sie mir in den Rücken gefallen sind.» (Ernst Siemann, 27. Oktober 1949)

«Ich bedauere den polemischen Ton, den Sie mir gegenüber für angebracht halten … Ich hoffe sehr, dass sich im Rahmen der gesetzlichen Regelung eine beiderseits befriedigende Lösung wird finden lassen, und bitte Sie, sich bis dahin gedulden zu wollen.» (Lilli Ernsthaft, 8. November 1949)

«Sollte es zu Verhandlungen vor der Wiedergutmachungskammer kommen, so werde ich bezüglich des Firmenwertes vortragen, dass die Firma Ernsthaft & Co sich in der letzten Zeit vor der Arisierung durch Betrug und Nahrungsmittelfälschung über Wasser gehalten hat. Sie glaubten natürlich, dass ich über diese Sache den Mund halten würde? Wenn Sie sich Ihren guten Ruf und den Ihres Gatten erhalten wollen, müssen Sie wissen, wie Sie zu handeln haben.» (Ernst Siemann, 29. November 1949)

«Dass in den Jahren nach 1933 der Umsatz zurückging und dass Brauereien sich von Herrn Ernsthaft zurückziehen mussten, weil er Jude war, ist ja gerade in Erfolg der Nazi-Methoden eingetreten, und es wäre ja Sache des Herrn Siemann gewesen, nachdem er das Geschäft arisiert hatte, seine Tüchtigkeit zu beweisen und das Geschäft wieder auf den Stand zu bringen, den es früher gehabt hat. Wenn er glaubt, dass er mit Anwürfen gegenüber dem verstorbenen Herrn Ernsthaft seine Ehefrau dazu bewegen kann, nunmehr einen Vergleich in seinem Sinne abzuschließen, so hat er sich geirrt.» Der Vergleichsvorschlag von Siemann wird abgelehnt. «Frau Ernsthaft wird nach den Ausführungen des Herrn Siemann mit diesem in keiner Weise irgendwelche geschäftlichen Transaktionen vornehmen. Er hat das Tischtuch zwischen der früheren Firma Ernsthaft & Co und sich restlos zerschnitten. Die Restitution hat zu erfolgen.» (Anwalt der Lilli Ernsthaft, 8. März 1950)

«Bei einer Einstellung, wie sie Frau Ernsthaft an den Tag legt, braucht man sich nicht zu wundern, dass der Antisemitismus seinerzeit eine derartige Ausbreitung gefunden hat.» (Ernst Siemann, 28. Dezember 1951)

«Schließlich möchte ich vermerken, dass ich unter der Nazi-Herrschaft mehr gelitten habe als Herr und Frau Ernsthaft, denn was ich als Geschäftsleiter eines jüdischen Betriebs in den Jahren von 1933–1938 durchmachen musste, kann nur derjenige ermessen, welcher es am eigenen Leibe erfahren hat. Die ca. 15 Arbeiter des Geschäfts schikanierten mich, wo sie konnten, und bezeichneten mich hinter meinem Rücken als Judenknecht ...» (Ernst Siemann, 14. Juni 1952)

1956 emigriert Harry nach New York, wohin ihm seine zukünftige Frau Rita, eine Schwesternhelferin im Jüdischen Krankenhaus Berlin, zwei Jahre zuvor vorangegangen ist. Die Entscheidung ihres Sohnes ist für Lilli Ernsthaft ein immenser Kummer. Amerika hat ihr den Sohn «abspenstig gemacht». Er wird nicht mehr in die Nummer 3 zum Mittagessen kommen. Er, der im neugegründeten Amerikahaus vor Hunderten von Zuhörern sehr beliebte musikalische Vorträge hält und eben zum Leiter der E-Musik beim Radiosender Rias ernannt worden ist ... Da mag sie sich noch so zu trösten versuchen, indem sie die Erfolge ihres Sohnes in New York aufbauscht, seine Stellung als Buchverkäufer des renommierten Unternehmens Doubleday. Sie mag sich noch so darüber freuen, dass er die Karriereleiter hinaufsteigt und ein Büro benutzt, das einige Jahre später das der Jacqueline Kennedy sein wird. Sie mag es noch so genießen, wenn sie in New York ihre Schulfreundin Ruth Mittler sieht, «die in der vornehmsten Straße New Yorks, der Park Avenue, eine elegante Wohnung hatte und fünf andere Mädels aus unserer

Klasse – nach fast vierzigjähriger Trennung und all dem, was wir durchgemacht hatten – zu einer bewegenden Wiedersehensfeier zu sich einlud». Dabei ist auch Else Meyer, ihre Nachbarin aus der Nummer 28, die als Bedienung in einem Restaurant arbeitet, sie, die in Berlin in Samt und Seide ging. Wenn sie danach ganz allein in ihrer großen Berliner Wohnung sitzt, ist Lilli Ernsthaft untröstlich. Ihr Sohn fehlt ihr. Aber ihm nachzugehen, das wäre ihr nie in den Sinn gekommen.

Harry stirbt am 28. April 1978 mit 53 Jahren in New York an Leukämie. Seine Mutter ist überzeugt, dass er sich den Tod in dem feuchten Keller geholt hat, in dem er sich verstecken musste. Die Trauerfeier findet in Forest Hills statt. Lilli bringt die Asche ihres Sohnes nach Berlin. Im Flugzeug presst diese ganz kleine Frau, aufrecht auf ihrem Sitz, vom Schmerz überwältigt, während der ganzen Reise ihre Handtasche mit der Urne ihres Sohnes an den Bauch. Harrys Asche wird im Familiengrab auf dem jüdischen Friedhof in Weißensee beigesetzt. Während der Jahre der deutschen Teilung holt Sonya Rönnfeldt, die Tochter des einstigen Kinderfräuleins der Ernsthafts, Grete, *Tante Lilli* vor der Grenze mit ihrem Trabant ab, um sie nach Weißensee zu bringen. In der Nacht des Mauerfalls, als sich für die DDR-Bürger die Grenzen öffnen, stürzt sich Sonya in die Nummer 3. *Tante Lilli* ist ihre einzige Bekanntschaft *drüben*. Am 10. November 1989 spazieren die beiden Frauen gemeinsam über den Kurfürstendamm. Und als *Tante Lilli* ihr Bett am Ende ihres Lebens nicht mehr verlassen kann, kommt Sonya einmal pro Woche zu ihr, um sie zu baden.

Als ich Lilli Ernsthaft Mitte der neunziger Jahre besuchte, fragte ich mich, wie es kam, dass ihr Haus noch immer stand. Die Nummer 3 ist in diesem Straßenabschnitt das einzige Gebäude aus der Anfangszeit. Eine Überlebende, genau wie ihre Bewohnerin. «Die Nummer 3 ist einfach stehen geblieben», wundern wir beiden Nachbarinnen uns. «Ein Solitär», sagte Lilli Ernsthaft. Ich wagte ihr nicht zu widersprechen, aber von einem strahlenden Diamanten hatte die Nummer 3 nun wirklich nichts. Mit ihrer schwarzen, porösen Fassade glich sie eher einem Bimsstein. Der alte Fahrstuhl voller Dreck und Spinnweben war im Vorkriegszustand erstarrt.

Lilli Ernsthaft hat sich oft darüber beklagt. Ihr Haus sei das «schäbigste» der ganzen Straße. Eine Schande! Wenn man bedenkt, was es vor dem Krieg gewesen war! Ein nobles Haus!

«Seit Jahren wurden uns Treppenläufer versprochen», schreibt sie dem Eigentümer 1958 empört, «stattdessen lassen Sie es zu, dass die sehr rührige Frau Bandekow uns Fetzen ehemaliger uralter Läuferreste, die sie in anderen Häusern erbettelt hat, vor die Treppenaufgänge legt. Die neuen Lampen und der Kasten des Stillen Portiers passen vielleicht in Häuser des Berliner Nordens oder auf die hinteren Aufgänge, nicht aber zu den Überresten eines einstmals gepflegten und wunderschönen Hauses, nämlich zu dem noch vorhandenen schönen Spiegel und den Marmorwänden.»

Lilli Ernsthaft legt ihre ganze Verachtung in dieses «des Berliner Nordens». Der Norden, das ist der Wedding, das Arbeiterquartier von Berlin, wohin diese Großbourgeoise aus dem eleganten Südwesten wohl nie einen Fuß gesetzt hätte, hätte sich das Jüdische Krankenhaus nicht dort befunden. Aber Oskar Lohmann, der Eigentümer, scheint auf keinen Fall einen Bankkredit aufnehmen zu wollen. Und eine Renovierung hätte sowieso den finanziellen Ruin bedeutet, da die in dieser Zeit des großen Wohnungsmangels geltende Mietpreisbindung ihm untersagte, die Preise wesentlich zu erhöhen. Ob renoviert oder nicht, die Einnahme blieb dieselbe.

Ich weiß nicht, ob Lilli Ernsthaft von dem langen Prozess wusste, dessen Gegenstand die Nummer 3 nach dem Krieg war und der auch die Investitionen in das Haus behinderte. Im Landesarchiv Berlin wird ein intensiver Briefwechsel darüber aufbewahrt. 1950 reichen die Erben eines einflussreichen jüdischen Bankiers einen Rückerstattungsanspruch ein. Vor ihrer Emigration Ende der dreißiger Jahre verkauften die Erben das Gebäude an Ida Lohmann und ihren Sohn, den Kaufmann Oskar Lohmann. Eine Zwangsversteigerung, wie es viele gab in meiner Straße. Die jüdischen Eigentümer waren gezwungen, zu einem Spottpreis zu verkaufen. Der Anwalt der Erbengemeinschaft klagt: «Das Rechtsgeschäft wurde durch Drohung und durch Zwang veranlasst! Es wäre ohne die Herrschaft des Nationalsozialismus nicht abgeschlossen worden!» Er verlangt eine Ausgleichszahlung. Der Anwalt von Oskar Lohmann weist dies zurück und behauptet, sein Mandant hätte einen angemessenen Kaufpreis bezahlt. In dem Duell, das sich die beiden Anwälte nun liefern, fallen ein paar Hiebe und Stiche, die das Klima der Epoche deutlich machen:

5. April 1951, der Rechtsanwalt von Oskar Lohmann: «Die Gegenseite mag zugestehen, dass das Vermögen der Erbengemeinschaft reines Spekulationsvermögen war, das zum wesentlichen Teil in der Inflation unter Ausnutzung der Notlage Deutscher erworben und das dann für Zwecke des jüdischen Bankhauses

belastet, d. h. wirtschaftlich ausgenutzt wurde.» Am 4. Mai 1951 schlägt der Anwalt der Erbengemeinschaft wütend zurück: «Die Vorwürfe der Grundstückspekulation und der Ausnutzung der Notlage der Bevölkerung, die zu sehr an die Propaganda des überwundenen Nazi-Regimes erinnern, werden scharf zurückgewiesen.»

Es folgen ganze Pakete von Rechnungen und Gutachten zur Belegung der «erheblichen Bauarbeiten, die von Herrn Oskar Lohmann durchgeführt sind, um das Haus vor gänzlichem Verfall zu schützen. Es soll festgestellt werden, welche Wertsteigerung das Grundstück n° 3 erfahren hat.» Jahrelang stöbert Oskar Lohmann nach Rechnungen, fordert Belege von Bauunternehmen. Er stellt minutiöse Listen der Materialkosten auf: die Anzahl der Mauersteine, Kubikmeter Mörtel, Zement und Gips. Die Kilogramm Rohrnägel. Er berechnet selbst die Schuttabfuhr, vergisst nicht die Anzahl Tageswerke der Maurer, Zimmerer und Bauarbeiter. Er gesteht sogar, während der Berliner Blockade, wo es an allem fehlte, auf dem Schwarzmarkt märchenhafte Summen bezahlt zu haben, um sich Baustoff zu beschaffen.

Der heutige Besitzer des Hauses erinnert sich, dass sein Großvater ihm am Tisch vom Streit der beiden Anwälte erzählte. «Der Herr Lohmann brauchte nur einen einzigen Ring vom Finger zu ziehen, um das Haus kaufen zu können», klagte der Anwalt der Erbengemeinschaft, um in Erinnerung zu rufen, dass der Preis ein Bruchteil des Verkehrswerts war. «Mit einem Pappkoffer nach Berlin gekommen und ganze Straßenzüge gekauft!», erwiderte jener von Oskar Lohmann, der ohne jeden Skrupel das Gespenst des jüdischen Spekulanten heraufbeschwor, der von der Inflation profitierte, um sich die Taschen vollzustopfen. Mehr war aus dem Großvater nicht herauszuholen: «Er war nicht der Typus, der nach einem langen Abend und drei Flaschen Rotwein wie ein Wasserfall von der Vergangenheit erzählte. Er gab nur kurze biographische Fakten. Er war kein Nazi gewesen. Das Haus war ihm angeboten worden. ‹Warum soll ich das nicht machen?›, sagte er. Für meinen Großvater», sagt sein Enkel, «war das Haus eine nüchterne Kapitalanlage. Er hatte keine emotionale Bindung daran. Das musste laufen, halbwegs vernünftige Mieten einbringen, der Rest war ihm egal. In den letzten 15 Jahren seines Lebens ist er nicht mehr in dem Haus gewesen.»

Lilli Ernsthaft wird die verspätete Renovierung nicht mehr erleben. Sie stirbt vorher. 2009 verschwindet die Fassade der Nummer 3 unter einer grünen, über ein Gerüst gespannten Plane. Mehrere Wochen lang igelt sich das Haus ein, isoliert sich von der übrigen Straße. Geht in Quarantäne. Die Nummer 3 streift ihre alte Haut ab. Der Enkel, ein Nachkriegsdeutscher, entschied sich für eine «anspruchsvolle Fassade, nicht einfach glätten und Farbe drauf». Im Stil von 1904 zu renovieren, war allerdings kein Thema: «Die alte Fassade war mir zu trutzig, zu klobig, wilhelminisch schwer. Diese angedeuteten Säulen waren mir zu pompös, zu demonstrativ. Da hat sich das große, starke, unbesiegbare Deutschland dargestellt. Nein, nein, ich wollte …», und er hebt die Arme begeistert in die Luft wie ein großer Vogel die Flügel, wenn er zum Abflug ansetzt, «… etwas Leichtes, Verspieltes, mit sehr vielen ganz klaren Jugendstil-Anklängen darin. Manche Stuckleisten sind industriell aus Styropor vorgefertigt, aber alle floralen Elemente hat ein polnischer Stuckateur mit der freien Hand aus Mörtel gemacht. Optisch sind sie nicht zu unterscheiden. Wenn ein Passant heute vorbeigeht, könnte er glauben, das sei die originale Fassade. «Er hat», sagt er, «eine Historisierung nach reiner Phantasie» angestrebt, «nicht nach historischem Vorbild.»

Endlich der Ruhm

Wer hätte gedacht, dass das Schicksal eines Tages einen Faden von der Straße meines Berliner Exils bis zu dem kleinen *Chambre de bonne* unter dem Dach spannen würde, in der ich als Jugendliche, ganz der kontemplativen Schwerelosigkeit hingegeben, stundenlang auf meinem Bett dieselbe Vinylscheibe anhörte? Das Cover, an das ich mich erinnere, auch wenn ich nicht mehr weiß, was aus der Platte geworden ist, zeigte einen Wassertropfen, der mitten in eine ölige blaue Pfütze fällt. Damals wusste ich nicht, dass die elektronischen Ströme, die über diesen Nachmittagen schwebten, bereits dabei waren, mich in Richtung der Straße meines Erwachsenenlebens zu lenken.

Kürzlich surfte ich einen ganzen Abend lang ziellos im Internet. Als ich – aus lauter Neugier – nach dem Namen meiner Straße googelte, stieß ich auf einen französischsprachigen Blog, in dem empfohlen wurde, «hierherzupilgern» auf den Spuren einer elektronischen Gruppe, die einige Jahre in einer ehemaligen Bäckerei in der Nummer 7B ihre Studios eingerichtet hatte. Dass, wie der Blogger informiert, «die ersten Strahlen der kosmischen Musik» diesem nichtssagenden Block entsprungen sein sollen, konnte nur eine Ente sein.

Doch als ich weitersurfte, entdeckte ich, dass es sich um Tangerine Dream handelte. Ich dachte immer, das sei, wie Pink

Floyd, eine englische Band. Und hatte nie versucht, mehr über die Identität dieser fast reglos an ihre riesigen Synthesizer gehefteten Silhouetten zu erfahren. Zusammen mit Frédérik alias Reinhard Mey ist Tangerine Dream meines Wissens das einzige deutsche musikalische Exportprodukt, das damals in Frankreich populär war.

Tangerine Dream bewohnte gemeinsam mit Jacques Brel, Maurice Béjart, Boris Vian, Monty Python, Greta Garbo und John F. Kennedy den Olymp meiner Jugend. Eine bunte Mischung an Göttern, die, wie mir im Nachhinein bewusst wurde, ideologisch völlig inkompatibel sind. So viele Jahre später zu entdecken, dass einer von ihnen in meiner Straße gewohnt hat, kam einer Offenbarung gleich. Also begab ich mich auf die Suche nach ihm.

Auf YouTube fand ich ein Video. Die Kamera vollzog einen Schwenk von einer Minute und 25 Sekunden durch meine Straße im November 1974. Nebelgrau, stumm, düster, ihre schwarzen Fassaden, als wären sie aus einem Steinkohleblock gehauen. An den Mauern klebt noch die Tristesse der Nachkriegszeit. Sie gleicht Ostberlin vor dem Mauerfall. Ich stelle mir den Geruch ihrer Kohleöfen vor, das fahle Licht ihrer Laternen bei einbrechender Dunkelheit. Am Gehsteigrand stehen nur wenige Autos, die aussehen wie Sammlerstücke. Die Kastanienbäume sind noch nicht gepflanzt. Die Straße mündet in die große Durchfahrtsstraße. Der Sozialwohnungsblock, der heute den Weg zu ihr versperrt, fehlt.

«Tangerine Dream, zurzeit *das* Aushängeschild der deutschen Rockmusik im Ausland», sagt eine Off-Stimme. «Die Schallplatten vom Orangenen Traum verkaufen sich seit zwei Jahren nach Millionen. In England stieg die Werbung für die Berliner Gruppe mit dem Slogan *Tangerine Dream regiert* ein!»

Dann tritt eine Bruderschaft junger bärtiger Männer in Erscheinung, die Haare lang und glatt, leicht fettig und durch einen Mittelscheitel getrennt. Zwei symmetrische Vorhänge, die zu beiden Seiten eines bleichen Gesichts herabfallen. Sie sitzen im Halbkreis, den Rücken gekrümmt, die Augen auf den Boden geheftet, hinter einem dichten Nebel von Zigarettenqualm in ihre Sessel gefläzt. Auf einem niedrigen Tisch Bierflaschen, ein überquellender Aschenbecher. «Das ist unser Problem – wir möchten ehrlich bleiben», konstatiert einer von ihnen mit monotoner Stimme. Tugendhaft erhebt er sich gegen die Industrie des Showbusiness: «Es ist so verdammt leicht, auf den musikalischen Strich geschickt zu werden. Die ganze Musikbranche ist ja ein Zuhältergewerbe. Wenn du dich prostituieren lässt, okay, dann ist das dein Bier.»

Weit davon, Freude, Stolz oder gar einen Funken Begeisterung auszulösen, scheint dieser durchschlagende Erfolg die Gruppe in eine tiefe Gewissenskrise gestürzt zu haben. «Wir wollen kein Superstargehabe!», rechtfertigt sich der eine. «Wir probieren, die Spontaneität zu wahren!», schwört der andere. Ihre Anlage hat eine halbe Million gekostet? «Wir sind teuer, aber es hat seine Berechtigung! Das heißt noch lange nicht, dass wir unbedingt elitär und etwas ganz Besonderes sein wollen!» Der Eine, der besonders finster dreinblickt, murmelt vor sich hin: «Was willst du eigentlich?» Er ist offensichtlich ganz und gar beherrscht von dieser verkrampften Betrachtung der eigenen Psyche. Er versuche, «bewusst zu leben», sagt er. Und dass der Mensch auf der Suche nach seiner «Verwirklichung» sei. Da sind sie wieder, all diese Wörter, mit denen sich die Deutschen in den siebziger und achtziger Jahren quälten. Ich verstehe nicht viel von dem, was da gesprochen wird, ich verstehe nur, dass das Leben eine Anhäufung unlösbarer Probleme ist. Dieses unentwegte Sinnieren über das menschliche Schicksal scheint ihnen wahre Pein zu bereiten. Sie gleichen diesen deutschen Jugendlichen in meiner Heimatstadt, die auf ihren Schulausflügen in kleinen kompakten Gruppen den Vorplatz des Straßburger Münsters überschwemmten. Ernst, ungewaschen, protestlerisch und kein bisschen sexy. Ich muss gestehen, dass ich nicht die Kraft hatte, mir das Video bis zum Schluss anzusehen. Dabei nahm ich mehrere Anläufe. Ich war so enttäuscht. Den Göttern meiner Jugend fehlt es an Pepp. Jeder Satz scheint einer geistigen Anstrengung abgerungen zu sein. Nie ein Lächeln. Keine Regung der Begeisterung in der Stimme. Ich habe Lust, sie zu schütteln. Ihnen zuzurufen: «Hallo, das Leben ist schön! Freut euch! Ihr seid Stars! Sämtliche Mädchen liegen euch zu Füßen!»

Nur die einzige Frau, jung, dunkelhaarig, hübsch, allein unter Männern, gestattet sich ein kleines Glucksen, das beinahe einem Lachen gleicht. Und schnell wieder erstickt wird. Tangerine Dream, bierernste Weltverbesserer? Ich muss zugeben, dass ich ein wenig bedaure, nicht die Monty Pythons als Nachbarn zu haben ...

Aber Jugendträume sind nun mal unverwüstlich, und so versuchte ich an die E-Mail-Adresse von Edgar Froese, dem Gründer der Band, heranzukommen. Ich nahm mein Herz in beide Hände und schrieb ihm. Edgar Froese lebt zwischen L. A. und Wien. Er hat über 120 Alben produziert, mit Salvador Dalí und Andy Warhol verkehrt. Er hat 64 Soundtracks für Filme in den USA und Europa komponiert, darunter drei mit Tom Cruise in der Hauptrolle. Tangerine Dream war als Vorgruppe von Jimi Hendrix aufgetreten. Sie wurde sieben Mal für den Grammy nominiert, spielte im Tiergarten, im Warschauer Eisstadion, im Bois de Boulogne, im Palais du Sport in Paris und in der Royal Albert Hall in London. Tangerine Dream füllte in den Vereinigten Staaten regelmäßig die Säle und spielte 1980 als erste westliche Band im Ostberliner Palast der Republik ... In den siebziger Jahren nahmen Edgar Froese und seine Musiker sogar an zwei volksversöhnenden Missionen teil. Sie gaben Konzerte in den Kathedralen von Reims und Coventry. Was einen alten Engländer, vermutlich ein Veteran der Royal Air Force, zu der Bemerkung veranlasste: «They came to bomb the place. Today they come with synthesizers.» (Früher kamen sie, um Bomben abzuwerfen, heute kommen sie mit Synthesizern.)

Edgar Froese weilte inzwischen in anderen kosmischen Gefilden. Hatte er überhaupt noch Lust, sich an diese kleine, belanglose Straße seiner Anfänge zurückzuerinnern? Er ließ mich nicht lange zappeln. Wenige Tage nach meiner E-Mail flimmerten tiefgründige soziologische Betrachtungen über meinen Bildschirm: «1970 im Haus 7B und 1976 im Haus 7 eingezogen zu sein, bedeutet umständehalber, äußerst detaillierte Kenntnisse über soziale und kulturelle Entwicklungen zu besitzen. Ob Sie Ihre Recherchen sowohl im Mikro- als auch im Makro-Lebensbereich anlegen werden, ist mir natürlich nicht bekannt. In jedem Fall dürften Sie sicher schon einiges über dieses ‹zentrale Auge› im Mittelpunkt des Schöneberger Bürgertums mit kreativen Schlagschatten gesammelt haben.»

Edgar Froese war bereit, mich zu treffen. Ich war im siebten Himmel, aber auch etwas eingeschüchtert. Ich versuchte mir unser «Wiedersehen» auszumalen: wie mein Herz aussetzt, wenn ich ihm die Hand reiche, unser Glas Wein beim Italiener am Ende der Straße, die gemeinsame Besichtigung der Nummer 7.

Er war 1976 in eine Altbauwohnung des angrenzenden Gebäudes, der Nummer 7, umgezogen und hatte sein «administratives wie studiotechnisches Hauptquartier» im Erdgeschoss eingerichtet, wo sich in den zwanziger und dreißiger Jahren eine Bar namens «Tam Tam» befunden hatte, in der, wie Edgar Froese erzählt, die damalige Berliner Künstlerelite ein und aus ging. Eine Adresse für jene, die um vier Uhr morgens noch mal absacken wollten.

Ich war in heller Aufregung. Zuvor aber musste Edgar Froese noch in New York einen Soundtrack aufnehmen. Das werde nur ein paar Wochen dauern. Danach würden wir uns sehen. Er quälte mich. «Wir werden uns treffen, wo?» Wir waren keinen Schritt weiter, kein Ort und kein Termin standen fest. Und er unterzeichnete mit 007***.

Doch ich warte. So schnell gibt ein treues Groupie nicht auf.

Ich wartete mehrere Monate. Weihnachten kam eine elektronische Glückwunschkarte: «Merry Xmas & Happy Holiday and a prosperous New Year! Warmest regards from Tangerine Dream.» Die Musiker von Tangerine Dream sangen mit bunten Perücken auf dem Kopf ein Hardrock-Weihnachtslied.

Das Warten ging weiter. Ich war bereit, ins nächste Flugzeug nach Wien oder New York zu steigen oder auch nur die paar Schritte zurückzulegen, die mich von der Nummer 7 trennten. Die Vorfreude wuchs. Bis zu dem Tag, als mir seine Frau mitteilte, dass Edgar Froese, seit ein paar Tagen zurück in Wien, auf der Straße seiner ganzen Länge nach hingefallen ist: «Kieferbruch. Große OP. Krankenhaus. Treffen leider erstmal verschoben.» Unser Gespräch würde nicht «Face-to-Face» möglich sein, schreibt sie. Es müsste per E-Mail stattfinden.

So kurz vor dem Ziel zu straucheln ... Ich sah meinen Gott stumm und verunstaltet vor mir, einen großen Verband um den blauen geschwollenen Kiefer geknüpft. Ohnmächtig sah ich ihn abdriften, außer Reichweite entschwinden. Wenn ich an der Nummer 7 vorbeiging, wurde mir ganz traurig ums Herz. Edgar Froese nannte dieses fast zeitgleiche Hin und Her der Mails, die wir nun wechseln sollten, «Binärcodieren». Ich schickte eine lange Liste mit Fragen. «Hat diese Straße in Ihrem Leben eine besondere Wichtigkeit gehabt?» Die Antwort überflutete einige Tage später meinen Bildschirm. Edgar Froese hatte mir zum Trost im Anhang ein Foto mitgeschickt: In einer Wiener Gasse zeigt ein Mann fortgeschrittenen Alters in weißer Mähne, aber in seinem schwarzen Hemd und der weißen Leinenhose noch super cool, seiner jungen Frau mit dem Finger etwas in der Ferne.

«An Straßen hängt man nicht – man verlässt sie, kommt wieder zu ihnen zurück oder geht einfach, um nicht mehr wiederzukehren. Straßen können sehr schwach ausgeprägte Markierungspunkte im Leben eines Menschen sein oder starke Eindrücke, Erinnerungen, ja Narben in der Seele hinterlassen. Es muss gesagt werden, dass eine Straße immer eine kurvenreiche oder lange Gerade ist, in der es Hunderte von Lebensmittelpunkten gibt. Schönheit, Hässlichkeit, Tragik und Drama sind oft Wand an Wand gebaut. Straßen sind Reißbrettentwürfe einer Planungselite, belebt werden sie von Menschen mit völlig unterschiedlichen Lebensentwürfen und Bewusstseinszuständen. Straßen waren vor Zeiten einmal unbewohntes Ackerland und werden es in fernen Zeiten wieder sein. Alles ist zyklisch. In meiner Erinnerung kenne ich jeden Bordstein in der Straße, die über 30 Jahre lang mein Rückkehrpunkt war, und doch habe ich außerhalb dieser Wahrnehmung keine besondere Beziehungsfähigkeit.»

Aber dann wurde er auf einmal ganz konkret. Er war am 1. Juli 1970 in den zweiten Stock des Eckhauses 7B in die Zweieinhalbzimmerwohnung im Neubau seiner Schwiegereltern eingezogen. Seine Frau war schwanger. Er war hierhergekommen, um «rückwärts» zu leben: «Da ich selbst an der Peripherie Berlins, im Rudower ländlichen Bereich aufgewachsen bin, zog es mich weder nach Schöneberg noch in diese Straße. 1970, als mental-soziales Kind der 68er-Bewegung, war mir die meist von Beamten bewohnte Straße ein Gräuel. Alle Vorurteile über spießige und konservative Verhaltensstrukturen schienen dort geboren und über viele Jahre kultiviert worden zu sein.»

Und so zog er über meine Straße her, mokierte sich über ihren Mief, ihre Enge. Nein, hier war der Wind der großen weiten Welt nicht zu spüren. Nein, hier fanden Freaks, Wehrdienstverweigerer, Dekadente und *Outcasts* aller Art, ewige Studenten, Denker, Kiffer, Künstler, Revoluzzer, Frauen- und Linksbewegte, Schwule und Lesben, mit ihren spießigen, konservativen Familien in den westdeutschen Provinzstädten verkrachte Töchter und Söhne keinen Zufluchtsort, um eine fragile Freiheit auszuleben. Meine Straße war eine kleinbürgerliche Enklave in diesem schrillen Westberlin. Edgar Froese, ihr Paradiesvogel, machte mit einem Schlag alle meine Illusionen zunichte:

«Die Bewegung in den Jahren 1968/69 fand nicht in unserer Straße statt. Die hatte mit der dort lebenden Bevölkerungsstruktur keinen Anteil an der sich entwickelnden Bewusstseinsveränderung in Berlin und den Metropolen der Welt. Die Bewohner dieser Straße in den Siebzigern bestand aus beamteten Menschen, die mit einem Schrebergartengemüt von einer abgesicherten Zukunft träumten. Die Jungen, die dort aufwuchsen, warteten auf das Alter ihrer Unabhängigkeit und gingen.»

Meine Straße war in zwei Lager gespalten. Die Nummer 7 skandierte, allein gegen alle, Ho-Ho-Ho-Chi-Minh, überall sonst kämpften die Kleinbürger um die Respektierung der Hausordnung. Meine Straße ging völlig an den «Mai-Ereignissen» und später dem Deutschen Herbst vorbei, die das ganze Land in Atem hielten. Edgar Froese machte sich bei der erstbesten Gelegenheit auf und davon. «Als 1980 die ersten Filmmusikangebote aus den USA auf dem Tisch lagen, haben wir an fast allen Orten der Welt gearbeitet und gelebt. Einen Heimatverlust, nicht in Berlin zu sein, haben wir nie gespürt.» Er schrieb mir auch, er besitze «den geistigen Reisepass eines Weltbürgers».

Eines Sonntagabends erzählte ich Edgar Froese, nachdem ich den ganzen Nachmittag durch meine Straße geschlendert war, von meiner Entdeckung: das Spiegel-Labyrinth im Entree der Nummer 7. Wenn man sich genau in die Achse zwischen den zwei Spiegeln zu beiden Seiten der Wand stellt, multipliziert sich sein eigenes Bild so ins Unendliche, dass einem schwindelig wird. «Passt perfekt zu Ihrer Musik!», schrieb ich. Die Antwort kam am selben Abend. Ich spürte, dass Edgar Froese beim Aushecken seinen Spaß hatte. Mich traf beinahe der Schlag:

«Jener Spiegel ist nicht interessant, weil er da hängt, sondern weil David Bowie, Brian Eno, Iggy Pop, George Moorse, Friedrich Gulda und viele andere Zeitgenossen dort hineingeschaut haben, um festzustellen, dass der Zeitzahn wieder faltentief an ihnen gearbeitet hat. Dann stiegen diese Exemplare einer zeitlosen Epoche in die zweite Etage und bekamen von uns eine warme Mahlzeit. Gastfreundschaft unter Gleichgesinnten.»

David Bowie in der Nummer 7! Es verschlug mir den Atem. Meine Straße verwandelte sich vor meinen Augen in einen Treffpunkt von Weltstars und Punkrockern. Nach meinem bisherigen Wissensstand hatte in meiner Straße keine Berühmtheit ihr Domizil aufgeschlagen. Der Psychoanalytiker Wilhelm Reich mit seiner Orgasmusforschung und der Operettenkomponist Walter Kollo mit seinen Evergreens waren ihre einzigen namhaften Trophäen. Während der eine – an dem einen Ende der Straße – die Gipfel der Sinnenlust erkundete, komponierte der Zweite – an ihrem anderen Ende – die Hymne unseres Viertels: *Es war in Schöneberg im Monat Mai.* Dabei ist das Bayerische Viertel ein wahrer Tummelplatz von Koryphäen. Ich war stets etwas neidisch auf meine Nachbarstraßen. Ich bin außerdem sicher, dass sie auf meine Straße herabsehen. Sich über sie lustig machen: Bei mir hat Gottfried Benn gelebt! Bei mir Gisèle Freund! Billy Wilder! Erich Fromm! Alfred Kerr! Albert Einstein! Und all die anderen … Einzig meine Straße war unfähig, ihre Fassaden mit Ehrentafeln zum Gedächtnis großer Persönlichkeiten zu schmücken. Die Physiker und Nobelpreisträger, die Dichter, Filmregisseure und Schauspieler schienen sich untereinander abgesprochen zu haben, einen großen Bogen um meine Straße zu schlagen. Und da hat David Bowie in der Nummer 7 gewohnt! David Bowie war mein Nachbar!

Er kommt im Sommer 1976 nach Berlin, um die Stadt 1978 wieder zu verlassen. Er bleibt nicht sehr lange. Er will aus dem Rampenlicht. Weg vom Koks. Berlin ist seine letzte Chance. Zweifellos findet er in meiner Straße diese Sanatoriumsatmosphäre, nach der er sich offenbar so sehr sehnte. Diese «verstörende, brüchige Berliner Energie», von der Bowie später sprechen wird, hat sie allerdings nicht zu bieten. Er kommt oft hierher. Und zwei Wochen wohnt er sogar in der Nummer 7 bei Edgar Froese und dessen erster Frau.

Eine Straße in Trümmern

Die Straße nach dem Zweiten Weltkrieg

«Durch Kampf zum Sieg!» So beschrifteten Ursula Krügers Eltern dieses Foto von ihrem Besuch bei den Olympischen Spielen 1936 in Berlin.

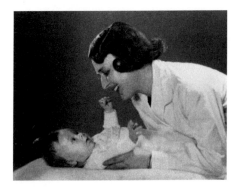

Die kleine Ursula mit ihrer Mutter

Das Esszimmer der Krügers, 1942

Das Herrenzimmer

Tangerine Dream 1972 in Los Angeles:
Chris Franke, Peter Baumann und Edgar Froese (v. l.)

Plakat des Films «Plastikfieber»
mit Romy Haag und Otto Sander,
1979 in der Straße gedreht

David Bowie lebte 1976 in der Nummer 7

Otto Waalkes und die Hauswartsfrau
bei Dreharbeiten

Die Hochzeit der Sollers

Bärbel Soller, «verdiente Mitarbeiterin des KaDeWe»

Das Leben wie eine einzige Überraschungsparty:
Die Sollers feiern mit Freunden

Gentrifizierung in der Straße:
die Abrissbirne bei der Arbeit

Eines Morgens im Jahr 1976 erhalten die Froeses einen Anruf von Bowies Assistentin, die sie fragt, ob sie David Bowie helfen könnten, in Berlin eine Wohnung zu finden: «Die Stadt habe eine magische Anziehungskraft auf ihn gehabt, und er würde gern einige Zeit in Berlin leben. Als Bowie mit Entourage in Berlin eintraf, war seine neue Wohnung erst zur Hälfte renoviert, also boten wir ihm ein Zimmer in unserer Wohnung an, das er auch temporär nutzte. Obwohl wir alles versuchten, keine Informationen nach außen dringen zu lassen, standen schon nach drei Tagen die üblichen Figuren mit ihren Teleobjektiven hinter geparkten Autos. Einige besonders Dreiste zahlten Bewohnern in der Straße Honorare, damit sie durch die Gardine unseren Hauseingang tagsüber beobachten konnten. Es blieb also keine andere Wahl, als mit Strickmütze und Schal nach Einbruch der Dunkelheit das Haus zu verlassen, um wenigstens Restaurants besuchen zu können oder andere Meetings wahrzunehmen. Nach weiteren zwei Wochen war seine Wohnung in der Hauptstraße 155 fertig renoviert, und alle zogen dort ein (unter anderem auch Iggy Pop). Immerhin dauerte Bowies Aufenthalt in Berlin fast zweieinhalb Jahre – eine erlebnisreiche Zeit mit vielen interessanten und inspirierenden Gesprächen auf beiden Seiten. Ich widme David ein ganzes Kapitel in meiner kommenden Autobiographie.»

Und damit war der Hahn der Vertraulichkeiten wieder zugedreht.

Meine Straße hat David Bowie, wenn ich das so sagen darf, das Leben gerettet. Vielleicht sollten wir daran denken, über der Eingangstür der Nummer 7 eine Gedenktafel anzubringen? Die Erinnerung an diese kurze Symbiose, die eine bescheidene Berliner Straße und eine der größten Rocklegenden miteinander eingegangen sind, in Marmor eingravieren. Dieser Fetischismus, der darin besteht, auf der Vorderfront der Häuser den Namen seiner illustren Bewohner festzuhalten, ist noch absurder, wenn die Berühmtheiten, wie David Bowie, manchmal nur wenige Tage zwischen diesen ehrwürdigen Mauern verbracht haben. Und doch hat er hier in der Nummer 7 wirklich geschlafen, hat er hier wirklich sein Glas Milch getrunken, seine Paprika gegessen, seine Gitanes geraucht, zwei Schritte von Christopher Isherwoods Haus seine Sehnsucht nach dem Berlin der Weimarer Republik ausgelebt, wie ein Hund unter der Todeserfahrung durch seinen Entzug gelitten und, wollen wir doch hoffen, ein paar Songs seiner Berliner Trilogie geschrieben. Seine Füße haben die Gehsteigplatten gestreift, die Treppenstufen. Seine Hand ist über das Geländer geglitten und ja, sein androgynes Gesicht reflektierte sich in den beiden zylindrischen Spiegeln im *Entré* bis ins Unendliche.

Warum nur fühlen wir uns durch die Nähe zu den Größen so sehr geehrt? Warum sind wir, die heutigen Mieter, so geschmeichelt durch die geisterhafte Anwesenheit unserer Vorgänger? Die Nummer 7 findet sich – der abblätternden Farbe der Fassade, den übelriechenden Mülleimern im Hinterhof und den Stromkabeln, die im Treppenhaus an den Wänden hängen, zum Trotz – geadelt. Und wir, das Fußvolk der Straße, sind aufgewertet. Und so stolz! Zwischen Bowie und uns – eine Seelenverwandtschaft.

Aber ein wenig traurig ist es schon, dass es weder Tangerine Dream noch David Bowie eingefallen ist, diese Straße ihrer Jugend, die ihnen so viel gegeben hat, mit einer Hommage zu ehren. Man stelle sich eine Hymne an unsere Straße vor … Penny

Lane hat eine bekommen, der Broadway und die Champs-Élysées selbstredend, ganz zu schweigen von der Rue Pigalle, der Rue des Blancs Manteaux, Unter den Linden, Telegraph Road und noch so viele andere. Über hundert Songs gibt es, die mit ihrem Titel auf eine Straße, eine Avenue, einen Boulevard oder eine Lane anspielen. Nur unsere fehlt. Ich finde unsere Musiker wirklich undankbar.

Edgar Froese und David Bowie, merkte ich nach und nach, sind nicht die einzigen Berühmtheiten, die in meiner Straße für etwas Glamour gesorgt haben. Eine Stufe darunter, aber immerhin: Der Schauspieler Otto Sander und Romy Haag, die Geliebte und transsexuelle Muse von David Bowie, drehten 1979 in der Nummer 12 *Plastikfieber*, einen kleinen skurrilen Szenefilm, wohlgemerkt den ersten Videofilm auf deutschen Bildschirmen. Helmut Wietz, damals Nachwuchsregisseur, heute «Fossil aus dem TV-Geschäft», wie er sich selbst beschreibt, eröffnete mit unserer Straße die Reihe eines revolutionären TV-Programms. *Plastikfieber* erzählt den Aufstieg der Hauswartsfrau Clarissa (Romy Haag), Erbin eines Schrottplatzes, zum Fernsehstar. Otto Sander spielt Wilfried, Besitzer einer Imbissbude und ehemaliger Student der Bildhauerei, der seine Würstchen und Hähnchen mit Hormonen anreichert und als Schönmacher verkauft. Aus Clarissa will er die «Nachschöpfung der Venus von Milo» machen. Als Clarissa zu Beginn des Films in rosa Pantoffeln und mit Lockenwicklern auf dem Kopf die Tüllgardine ihrer Loge zurückschiebt, ist unsere Straße gut zu erkennen.

Und das ist noch nicht alles! *Otto – der Film* wurde vor der Apotheke in der Nummer 26 gedreht. Während der Dreharbeiten zog sich Otto Waalkes tagsüber in die Loge der Hauswartsfrau zurück. «Bei uns in der Küche hat er gesessen», sagt sie, als wäre er ihr erst gestern erschienen. «Hier wurde er geschminkt, und er hat meinen Kaffee getrunken.»

An der Fassade entlang wurden große Holztische aufgestellt. Da saß Otto und aß unter den faszinierten Augen der Kinder aus dem Viertel, die sich ans Vorgartenmäuerchen scharten, Erbsensuppe. Vor der Tür wurde eine Bushaltestelle errichtet, und meine Nachbarn wurden als Statisten engagiert. Da es sich um keine direkte Durchgangsstraße handelte, war der Verkehr hier sehr dünn, wie sich Edgar Froese erinnert: «Aufgrund der ruhigen Lage und neutralen Kulisse drehte man dort mindestens fünf bis sechs Mal im Jahr Filme oder TV-Serien, in denen Apotheken oder Apothekeneinbrüche eine Rolle spielten. ‹Oft haben wir mit den Gagen als Kulisse in einer Nacht mehr verdient als mit unserem Wochenumsatz›, wusste eine auch sonst sehr redselige Angestellte zu berichten.»

Die Hauswartsfrau lässt sich nicht lange bitten, das kleine Album mit den Erinnerungsfotos und dem hellblauen Plastikdeckel hervorzuholen. Man sieht darin Otto, mit Hut, langen dünnen gelben Haaren und hochgekrempelten Jeans, der die Hauswartsfrau, im blauen Kittel und mit Dauerwelle, um die Schultern fasst. Sie strahlt: «Ganz nett und freundlich war er.» Etwas später kam der Film im Fernsehen. Aber er war so geschnitten worden, dass unsere Straße nur einige winzige Minuten lang auftaucht.

Da ist eine doch beachtliche Schar von Berühmtheiten zusammengekommen, dachte ich: Edgar Froese, David Bowie, Iggy Pop, Romy Haag, Otto Sander, Otto Waalkes, Walter Kollo und Wilhelm Reich … Und dazu Lilli Ernsthaft, John Ron, Miriam

Blumenreich, Liselotte Bickenbach, Ursula Krüger ... und wir alle, die heutigen Bewohner, «all diese durch Zufall zusammengewürfelten Menschen», schrieb ich Edgar Froese, «die irgendwie, auch wenn es absurd klingt, doch alle zusammenpassen. Und jetzt bin ich ganz gerührt.»

Edgar Froese hatte die Erklärung für dieses unsichtbare Band parat, das uns alle miteinander zu verknüpfen scheint. «Es gibt keinen Zufall», sagte er. Er verwarf die Chaostheorie und die simple Evolutionstheorie von Darwin gleich mit: «Wenn Sie den Klebstoff für das suchen, das mit diesem Thema zusammenhängt, lesen Sie bitte alles über morphogenetische Felder – mal mit Wiki anfangen und sich dann weiter vorarbeiten. Unsere Straße hat ein solches Feld in bestimmter Qualität.»

Also machte ich mich auf, den morphogenetischen Weg durch meine Straße zu finden. Ich erfuhr, dass es einen Mechanismus gibt, der bewirkt, dass eine menschliche Gruppe, die sich bestimmte psychologische oder organische Verhaltenseigenschaften angeeignet hat, diese synchron, wie durch Telepathie, auf andere Mitglieder derselben Art überträgt. Dass die morphogenetischen Resonanzfelder nicht nur deren genetisch-biologische Pläne enthalten, sondern auch ihre psychische Natur. Unsere Gedanken, unsere Empfindungen, unsere Gefühle sind kollektiv beeinflusst. Der britische Biologe Rupert Sheldrake, Erforscher der Theorie der morphogenetischen Felder, berichtete von einer empirischen Beobachtung, die er an Tiergruppen derselben Art gemacht hat, vergleichbar mit uns Bewohnern der Straße: Die Affen auf einer japanischen Insel haben plötzlich völlig überraschend angefangen, die Süßkartoffeln vor dem Essen zu waschen, wie es die Affen auf einer anderen Insel taten, mit denen sie jedoch keinerlei physischen Kontakt hatten. Dies bewies, so

Sheldrake, dass sich die Synchronizität von Verhalten auch innerhalb in sich geschlossener menschlicher Gruppen mit denselben Affinitäten einstellt.

Genau wie zwischen David Bowie, John Ron und mir.

Frau Soller zieht aus

So stelle ich mir den surrealen Zusammenprall vor, der Ende der siebziger Jahre, davon bin ich fest überzeugt, auf dem Gehsteig meiner Straße stattgefunden hat: Am frühen Abend verlässt Frau Soller ihr Haus, überquert die Straße, um auf dem anderen Gehsteig die U-Bahn-Station zu erreichen. Auf der Höhe der Nummer 7 kollidiert sie um ein Haar mit David Bowie, der gerade das Haus betreten will. Ihre Schultern streifen sich. Er geht einen Schritt zur Seite, murmelt «Sorry», vielleicht sogar «'tschuldigung». Er beugt den Oberkörper vor und gibt Frau Soller mit einer ausholenden Handbewegung den Weg frei. Sie blickt diesen spindeldürren Zwitter – schwarzer Ledermantel, Borsalino –, der aus der Dämmerung herausgeschossen kam, für den Bruchteil einer Sekunde an. Sie erkennt ihn nicht. Beide setzen ihren Weg fort.

Bärbel Soller und David Bowie? Eine kaufmännische Angestellte der Abteilung Damenoberbekleidung (kurz DOB) im KaDeWe und ein Rockstar? Jedenfalls zwei Schicksale, die sich eigentlich nie hätten kreuzen sollen. Doch das Wahrscheinlichkeitsgesetz pfeift auf die Kompatibilität von Milieus. Es ist die Magie der Nachbarschaften, die solch flüchtige Begegnungen zweier Menschen, die nichts miteinander verbindet, zuwege bringt. Das einzige Gras, das Frau Soller je in der Hand gehalten hat, ist das Unkraut aus den Petunienkästen auf ihrem Balkon. Und bei nervösen Unruhezuständen zieht Frau Soller die Passionsblumenkrauttabletten dem Kokain bei weitem vor, mit Sicherheit aber Rex Gildo dem *Thin White Duke*.

Vor zwei Jahren ist Frau Soller aus der Wohnung im ersten Stock meines Hauses ausgezogen, in der sie seit jeher gelebt hat. So zumindest kam es mir vor, waren doch das Rascheln der Kreppsohlen auf dem Linoleum – dem alten Marmor in der Eingangshalle nachempfunden –, ihr schallendes «Guten Morgen!», der Fußabtreter «Willkommen» vor der Tür, der Geruch ihrer drei Katzen im Treppenhaus und ihr an die Regenrinne angeschlossenes Fahrrad nicht aus dem Haus wegzudenken. Bei ihrem Auszug hat sie eine Leere hinterlassen, die unsere kleine Gemeinschaft, plötzlich um eines ihrer Hauptglieder amputiert, schlecht zu füllen imstande ist. Ich muss mich zusammenreißen, um in den neuen Besitzern im ersten Stock, die abgesehen davon äußerst nette Menschen sind, nicht unverschämte Eindringlinge zu sehen. Manchmal schrecke ich zusammen, wenn sich bei meinem Vorbeigehen ihre Tür öffnet. Und den Blick auf eine pastellfarbene, helle und ganz neue Wohnung freigibt. Da ist nicht mehr dieser dunkle, braun tapezierte Flur, da sind nicht mehr die Katzen, die einen empfingen, wenn man bei Frau Soller klingelte.

Frau Soller kehrt regelmäßig zu einem Besuch zurück. Dann stellt sie ihr Fahrrad, als wäre alles beim Alten, an seinem gewohnten Platz ab, drückt zweimal fröhlich auf die Hupe, betritt dank des Schlüssels an dem orangefarbenen Band, den sie behalten hat, den Fahrstuhl und klappert nacheinander sämtliche Stockwerke ab. Als Erstes klingelt sie zweimal bei der ehemaligen Hauswartsfrau im Erdgeschoss. «Brigitte» kennt den Lockruf. Zweimal: Das ist Bärbel! Die beiden Frauen tauschen ihre alten Ausgaben der *Freizeit Revue* und *Funkuhr* und halten in der verrauchten Stube ein Schwätzchen. Dann steigt Frau Soller ein Stockwerk nach dem andern hinauf. Sie hängt ein Plastiktütchen mit hausgemachter Marmelade (Holunderblüten- oder Blutorangengelee, je nach Jahreszeit) an die Türklinke im zweiten, verweilt ein bisschen auf dem Treppenabsatz des dritten, wo sie sich zu den Themen Krankheiten und Kinder auf den neuesten Stand bringt, und kommt mit einem Käffchen bei der Gattin des Steuerberaters, Dachgeschoss links, zum Abschluss. Die gegenseitige Sympathie stammt aus der Zeit, als die Gattin des Steuerberaters sich bei einem Sturz vom Fahrrad den Fuß brach und wochenlang reglos im Sessel sitzen musste. Frau Soller anerbot sich, für sie einzukaufen. Seit sie voneinander getrennt sind, vergessen die beiden Frauen nie, sich gegenseitig zum Geburtstag zu gratulieren. Eine Karte, ein Blumenstrauß und sogar ein frischer, selbstgebackener Kuchen.

Manchmal dehnt Frau Soller ihren Besuch so lange aus, dass sie abends auf der Treppe den redefreudigen Friseur trifft, der auf dem Weg nach oben ist, ins Dachgeschoss rechts. «Ach, liebste Frau Soller! Sie! Hier! Heute! Was für eine nette Überraschung!» Die beiden umarmen sich auf den Stufen, und ich höre ihr dröhnendes Gelächter. Frau Soller ist in seinem äußerst schicken, in einer Seitenstraße zum Ku'damm gelegenen *Salon* eine bevorzugte Kundin. Als Dank, dass sie während zahlreicher Sommer die dreißig Bonsais auf seiner Terrasse mit klarem Wasser und zärtlichen Worten versorgt hat, offeriert ihr der Friseur lebenslang Haarschnitt, Strähnen und einen großen Cappuccino. Sie braucht nur anzurufen und in seinem *Salon* einen Termin zu vereinbaren, um, wie die Homepage verspricht, eine Frisur zu bekommen, die in vollendeter Harmonie mit ihrer Persönlichkeit steht. Frau Soller fällt es gar nicht leicht, diese berührende nachbarschaftliche Geste zu akzeptieren. Sie verpasst es nie, für die Angestellten einen Streuselkuchen mit Äpfeln aus ihrem Schrebergarten unterhalb des Insulaners und Marmelade für den Friseur mitzubringen, diesen «Süßschnabel, der morgens nicht auf seine Marmelade verzichten kann».

Frau Soller war unsere gute Fee. Sie sah, seit sie 1973 ins Haus eingezogen ist, sämtliche Mieter kommen und gehen und später, als Anfang der neunziger Jahre ein Teil der Wohnungen verkauft wurde, die neuen Eigentümer aufkreuzen. Die Mauer war gefallen, Deutschland war vereint, und Berlin befand sich auf dem Weg der Normalisierung, entwickelte sich zu einem sicheren Standort, um in Stein zu investieren. Es war vorbei mit dieser Insel und ihrer ungewissen Zukunft, eingezäunt und subventioniert, für die «Marktgesetz» ein Fremdwort war. Jetzt werden, so hoffte man, die Immobilienpreise endlich steigen. Die Zuzügler aus «West-Deutschland», wie die Leute meiner Straße die Deutschen vom «Festland» München oder Frankfurt und die Regierungsbeamten aus Bonn nannten, wollten ihr Geld in die noch immer billigen Immobilien der neuen Hauptstadt, der baldigen Metropole anlegen, die es nun mit London, Paris und New York aufnehmen kann. Auch wenn der Immobilienboom ein wenig auf sich warten lässt, beginnt sich doch die soziale Zusammensetzung mancher Häuser in meiner Straße zu diesem Zeitpunkt wieder einmal aufzumischen. Mieter mit bescheidenem Einkommen, oft Rentner oder alleinerziehende Mütter, werden nach und nach durch besser gestellte Eigentümer verdrängt, die stärker von ihren beruflichen Beschäftigungen, ihren sozialen Verpflichtungen, ihren Kindern, ihren Freunden, ihren Geschäfts- und Vergnügungsreisen in Anspruch genommen sind und vielleicht weniger erpicht darauf, Bindungen mit den Flurnachbarn anzuknüpfen.

Wenn einer von uns in den Ferien war, goss Frau Soller, die die Schlüssel sämtlicher Hausbewohner besaß, die Pflanzen, leerte die Briefkästen, fütterte die Katzen, Kanarienvögel, Goldfische und Wüstenmäuse. Als Frankie, die Wüstenmaus der Kinder vom Dritten, die Leiche seines jahrelangen Käfiggefährten Johnnie auffraß, weinte Frau Soller aufrichtige Tränen. Zu ihrer großen Erleichterung hat dieser grässliche kannibalische Akt nicht in den Ferien stattgefunden, als die beiden Tierchen ihrer Obhut anvertraut waren. Von ihrem Balkon herab überwachte sie die Fahrräder, Autos und das Treiben auf dem Gehsteig. Manchmal, wenn man abends nach Hause kam, lächelte sie einem hinter ihren Blumenkästen zu, und dann fühlte man sich von einem sanften Kokon eingehüllt. Ja, Frau Soller war da, man war angekommen, und die Welt war in Ordnung.

Frau Soller war immer da. Treu auf ihrem Posten. Auf sie war Verlass. Sie fuhr nie in Urlaub. Einmal jährlich eine Dampferfahrt auf der Havel mit ihren ehemaligen Kolleginnen vom KaDeWe und gelegentlich eine Tagestour mit dem Bus in den Spreewald. Sie hatte sich so lange um alle gekümmert, dass sich Frau Soller schließlich ein wenig verantwortlich fühlte für das allgemeine Wohlergehen. «Ich bin nun mal, wie ich bin. Wenn man sich nicht mal mehr unter Nachbarn behilflich sein kann ...», verkündete sie, wenn man sie rügte, weil sie an einem Sonntagmorgen schon wieder die Zeitung und den noch warmen Kuchen in einer Tupperware vor die Tür gelegt hatte. Sandkuchen, Schneeflöckchen, Weihnachtsplätzchen, «alles selbstgemacht!». Frau Soller war in aller Frühe aufgestanden, um zu backen. Sie wagte nicht zu klingeln. Sie wollte auf keinen Fall stören. Bloß eine kleine Freude bereiten.

Seit Frau Soller nicht mehr da ist, ist in meiner Straße nicht mehr wirklich Weihnachten. An den Fenstern der neuen Nachbarn kleben Filz- und Strohsterne von untadeligem Geschmack, die wahrscheinlich direkt aus dem Katalog von Manufactum stammen. Nein, das ist nicht mehr dasselbe. Jedes Jahr am 1. Dezember, einen Monat nach Allerheiligen, fing bei einbrechender Dunkelheit über dem Minikühlschrank auf ihrem Balkon eine Girlande vergnügter Plastikweihnachtsmänner mit Glühbirnchen im Bauch zu blinken an. An. Aus. An. Aus. Times Square im ersten Stock über dem Fahrradabstellplatz. Als Frau Soller noch arbeitete, rief sie um vier Uhr, wenn sie Feierabend hatte, aus dem KaDeWe ihren Mann an: «Mach bitte die Leuchter an, bin gleich da!» Kurt Soller gehorchte. Er setzte auf dem Balkon die Lichterkette und den Stern in Betrieb, der zwischen den Tannen und Stechpalmen am Ende eines Stiels steckte, und nacheinander die neun Pyramiden, in jedem Fenster eine. Und wenn Frau Soller um die Straßenecke bog, sah sie ihre Wohnung schon von weitem funkeln wie den Stern der Hirten über dem Himmel von Bethlehem.

Es wird erzählt, dass Frau Soller, die Mieterin war, den Kreis der Eigentümer mehrmals um die Erlaubnis bat, im Advent die Eingangshalle des Hauses schmücken zu dürfen. Sie fand die tabakfarbenen Marmorwände so streng. Kein einziger Stern oder Engel. Frau Soller konnte es sich nicht verkneifen, ihr Gesicht an die Glastür eines Nachbarhauses zu pressen. Mit einer Prise Neid und leichter Wehmut betrachtete sie den prachtvollen Weihnachtsbaum, den die Hausgemeinschaft wie jedes Jahr im weißmarmornen *Entré* aufgestellt hatte. Die Nachbarn taten sich zusammen. Einer ging den Baum kaufen. Dann wurde er zu dritt oder viert geschmückt. Frau Soller argwöhnte gar, dass sich an jenem Abend das ganze Haus bei einem von ihnen zu einem Glas Glühwein zusammenfand, um auf die Gemeinschaft ihrer so zusammengeschweißten Runde anzustoßen. Dieser große Gemeinsinn vor den Feiertagen löste ihre rückhaltlose Bewunderung aus. Ich habe ihr noch nicht zu erzählen gewagt, dass die Strohsterne unserer musterhaften Nachbarn letztes Jahr gestohlen wurden.

Und in ihrem eigenen Haus keine Spur davon. Da halfen sämtliche Rezepte für eine gute Nachbarschaft nichts, die Frau Soller so großzügig verteilte: «Lieber zweimal Guten Tag sagen, wenn man jemanden im Treppenhaus trifft. Um sicher zu sein, dass es auch ankommt. Wie man in den Wald reinschallt, so schallt es wieder raus. Wenn der eine freundlich ist, ist der andere es auch.» Keiner von uns kam auf die Idee, vor Weihnachten eine Runde Sekt zu spendieren. Ich weiß sehr wohl, dass unser Jeder-für-sich sie traurig machte. Frau Soller hat im Übrigen stets abgestritten, dass sie es war, die vor vier oder fünf Jahren die beiden kleinen Weihnachtsmänner von niederschmetterndem Kitsch auf den schwarzen Marmorkamin in der Eingangshalle gestellt hatte. Wenn die Fliesen unter den Schritten vibrierten, wiegten sie mit dümmlichem Lächeln und grünen Augen den Kopf hin und her. Dieser so harmlose Verstoß gegen die Hausordnung löste eine lebhafte Polemik aus. Den ganzen Advent lang wurden im Treppenhaus Verdächtigungen ausgetauscht. Einigen platzte schier der Kragen. Wer konnte es wagen! Es wurde sogar eine – erfolglose – Untersuchung eingeleitet, die eines Tatort-Kommissars würdig gewesen wäre. Die Weihnachtsmänner überlebten jedenfalls nicht länger als zwei Tage. Am dritten Morgen waren sie weg. Und niemand hat je erfahren, wer sie da hingestellt hatte noch was aus ihnen geworden ist. An der Wand über dem Kamin gibt es nur noch die beiden mythologischen Bronzefiguren, die sich traurig umarmen. Vielleicht um sie zu trösten, erlaubte der Friseur Frau Soller und ihrem Mann seither zu Silvester, das Feuerwerk über Berlin von seiner Dachterrasse aus zu sehen. In jener Nacht geriet Frau Soller vor dem riesigen Weihnachtsbaum des Friseurs in Ekstase: «Von unten bis zur Decke und sooo schön geschmückt. Herrlich!»

Seit einigen Jahren steigen die Immobilienpreise in Berlin. Die alten Bewohner, die weiterhin geringfügige Mieten bezahlen, stehen der Spekulation im Weg. Die Eigentümergesellschaft des Hauses will verkaufen. Also hat sie Frau Soller und ihrem Mann angeboten, ihre alte Wohnung gegen ein nigelnagelneues EG-Zweizimmerapartment in einem anderen Viertel zu tauschen. «Es war unsere letzte Chance», rechtfertigt sich Frau Soller. Und wenn sie sich damit brüstet, nur zwei Straßen von Daniel Barenboim entfernt zu wohnen, dann ganz bestimmt, um sich selbst zu beweisen, dass sie keinen schlechten Tausch gemacht hat.

Eigenartigerweise entfaltete unser kleiner Zirkel erst wenige Wochen vor Frau Sollers Auszug einen Ansatz von Gemeinschaftssinn. Die Fassade unseres Gebäudes war frisch gestrichen worden, und eben hatte man die Gerüste und Planen, hinter denen wir einen ganzen Sommer lang erstickten, entfernt. Wir atmeten auf. Die Eigentümerversammlung befand, das müsse gefeiert werden. Also traf man sich zum ersten Mal in einem Saal beim Italiener der Straße, das Schild «Geschlossene Gesellschaft» an der Tür. Frau Soller, an einem großen Tisch, war im siebten Himmel. Sie betrachtete uns gerührt wie eine Henne, die es endlich geschafft hat, sämtliche Küken unter ihren Fittichen zu versammeln. Alle waren gekommen: die Seherin aus dem Dritten, die, wie mir einige unter dem Siegel der Verschwiegenheit anvertraut hatten, in ihrer Eigenschaft als Lebensberaterin bereits mehrmals von Hausbewohnern konsultiert wurde, um Eheprobleme, Depressionen und weitere seelische Verstimmtheiten zu bewältigen. Ihr Mann war «Reisender» im Ruhestand. Diese poetische Beschreibung, die ich im Telefonbuch der sechziger Jahre gefunden habe, meint nicht etwa einen Flaneur mit Spazierstock, der die Wege der Welt abschreitet, sondern den Chefvertreter einer illustren Firma amerikanischer Kosmetikprodukte, «an der Spitze von zwölf Assistentinnen, eine hübscher als die andere», wie seine Frau nie zu betonen vergaß. Auch der pensionierte Fußballtrainer aus dem Vierten war mit von der Partie, den man jeden Morgen, sommers wie winters, im Trainingsanzug und mit Wollmütze antrifft, wenn er, die blauen Augen blutunterlaufen, das rote Gesicht voller Schweißperlen, mit einer Tüte Schrippen in der Hand von seinem Jogging im «Pennerpark» zurückkehrt. Er schiebt für die Jungs aus dem Haus, die ihn vergöttern, jede Woche einen Stapel *Kicker* in den Briefkasten. Seine Frau, mit ihren indischen Tuniken und den langen bunten Seidenschals der letzte Hippie der Straße, kehrt, wenn ich sie auf dem Fahrradparkplatz treffe, stets von einer langen spirituellen Reise in Gebiete auf dem Globus zurück, deren Karma dem unserer so materialistischen Straße unendlich überlegen ist. Sie bricht am frühen Morgen auf, vor ihrem Mann und vor allem vor den Jungs unserer Straße, um auf dem Bolzplatz im «Pennerpark» ihre langsam kreisenden Tai-Chi-Bewegungen auszuführen, die sie «so wunderbar erden», wie sie lobt. Des Weiteren ein Professor und Diplomat, der sich großer Achtung erfreut, weil er sich in den hohen Staatssphären bewegt und jeden Morgen von einem Dienst-Mercedes mit Fahrer vor dem Haus erwartet wird. Und eine ganze Schar Neuer, die sich nacheinander vorstellen. An einem Extratisch nah am Buffet die Kinder. Nur Jungen.

Die Harmonie dieses gelungenen Abends wäre beinahe durch eine kleine Rivalität getrübt worden: Wer hat am längsten in unserem Haus gewohnt? Die unangefochtenen Sieger waren der Reisende und die Seherin, die 1960 angekommen sind, gefolgt von Frau Soller, 1973, ihr dicht auf den Fersen die ehemalige Hauswartsfrau, die nur wenige Wochen nach ihr eintrudelte. Danach brüstete sich jeder mit den historischen Ereignissen, denen er in Berlin persönlich beigewohnt hat: Blockade, Luftbrücke, Einweihung der Philharmonie, Volksaufstand vom 17. Juni in der DDR, Bau der Mauer, Schikanen an den Grenzposten und vor allem mit dem Ereignis, zu dem alle ihren Part beizutragen hatten: dem spektakulären Fall der Mauer in der Nacht vom 9. November 1989, in der sich ein paar knatternde Trabants bis in unsere Straße verirrten ...

Erst sehr viel später vertraute Frau Soller mir an, dass sie auch dabei gewesen war, als sich Kennedy 1963 unter dem Balkon des Rathauses Schöneberg als Berliner outete. Die Firma hatte sie zum Winken freigestellt. Ganz klein in der riesigen Menschenmenge verguckte sich Bärbel Soller in diesen so smarten und so *easygoing* Mister President. Und nur wenige Monate später, im November, klopfte sie mitten in der Nacht an die Tür ihrer Zimmerwirtin: Kennedy war ermordet worden. Frau Soller und ich teilen bis heute eine naive Liebe zu John F. Kennedy.

Der Reisende hielt als selbsternannter Conférencier unserer

Tafelrunde eine schöne Rede. Wir applaudierten aus Leibeskräften, hoben unsere Gläser auf die Gesundheit unseres Hauses, wünschten unserer Straße ein langes Leben. Der Friseur ist der Extrovertierteste von uns allen. Vor dem Nachtisch erhob er sich und schlug der versammelten Gesellschaft den kollektiven Übergang zum «Du» vor. «Was unsere Schicksalsgemeinschaft noch mehr zusammenschmieden wird», erklärt er gerührt, den Tränen nahe. Unnötig hinzuzufügen, dass seine Initiative auf unterschiedliches Echo stieß. Manche versteiften sich auf ihren Stühlen. Andere taten so, als hätten sie nichts gehört, und stocherten auf ihren Tellern herum. Einzig ein kleiner, bereits beschwipster Kreis setzte mit Leichtigkeit über diese Grenze zur Intimität. Man ging sehr spät auseinander. Man versprach sich, das Ganze bald zu wiederholen. Spätestens Weihnachten.

Der Auszug von Frau Soller steht unmittelbar bevor. Seit vielen Wochen räumt sie auf, sortiert, leert ihre «verwohnte» Wohnung. Dieses schöne, ins Französische unübersetzbare Adjektiv beschreibt den Zustand der Erschöpfung einer Wohnung, die seit 38 Jahren von denselben Personen bewohnt wurde, sehr treffend: müde, ein bisschen außer Atem wie am Ende eines langen Lebens. Frau Soller verschenkt ihre Vorhänge und Bücher. Die Diakonie holt ein paar Möbel ab. «Ach, Frau Soller, alles bleibt an dir hängen!», murrt sie mit sich selbst. Ihr Mann ist viel zu krank, um ihr tatkräftig zur Seite zu stehen. Zwischen zwei Kartons gönnt sie sich eine kleine Pause und kommt zu mir hoch, um mir bei einem Kaffee ihr Leben zu erzählen.

Frau Soller ist eine wahre Schöneberger Pflanze, die sozusagen meiner Straße entsprossen ist. 1940 in der Entbindungsstation des kleinen Kinderkrankenhauses gleich um die Ecke gebo-

ren und im Mai desselben Jahres in der Kirche am Ende unserer
Straße getauft, lebte sie mit ihren Eltern und vier Geschwistern
in einer Nebenstraße, «da wo jetzt Getränke Hoffmann steht.
Das Haus ist neu.» Und sie erinnert sich, als wäre es gestern gewesen, an den Tag, an dem sie in unserer Straße ankam. Es war
im Dezember 1972. In Berlin tobte ein wahnsinniger Sturm. Es
wurde eine Warnung herausgegeben: Man sollte das Haus nicht
verlassen. An diesem Tag rief die Eigentümerin unseres Gebäudes, eine Bekannte der Sollers, bei ihr an: «Ich habe eine Wohnung für Sie!» Der Mann im ersten Stock war gestorben. «Es kam
auf uns zu, und wir haben zugegriffen. Es gab damals große
Wohnungsnot in Berlin.»

Die Sollers ziehen am 8. Februar 1973 ein. Ihre Wohnung hat
nichts mehr von der Beletage, der nobelsten, in der zu Beginn
des Jahrhunderts der Bauherr residierte. Sie ist hinter dem Berliner Zimmer entzweigeschnitten worden. Frau Soller versteckt
diesen Stummel hinter einem dicken Samtvorhang. Hier bringt
sie ihren Krempel unter. Die meisten Wohnungen meiner Straße
sind Anfang der dreißiger Jahre auf diese Weise verstümmelt
worden. In den Zeiten der Krise und der Inflation kann sich niemand mehr erlauben, sich so fürstlich in sieben Zimmern ein-
zurichten. Die Eigentümer unterteilen sie in Wohnungen mit
einem, zwei oder drei Zimmern. Die Grundrisse fallen dabei
manchmal etwas unglücklich aus. Man fügt, wo es gerade geht,
ein winziges Badezimmer, eine Küche ein, im Flur oder im Mädchenzimmer, das nicht mehr gebraucht wird, da niemand mehr
Personal hat.

In Frau Sollers neuer Straße geht es entspannt zu. Viele Frauen
holen ihre Schrippen beim Bäcker im Morgenmantel, Locken-
wickler in den Haaren. «Einfach so runter.» Vorbei die Zeit, wo

die Hausdamen im Berliner Zimmer 24 Gäste empfingen. Die neuen Mieter wissen nicht so recht, was man mit so einem gigantischen Raum zum Hinterhof mit nur einem Fenster anfangen soll. In meinem Berliner Zimmer lebten damals ein Elektriker, seine blutjunge Frau Edith und ihr Baby. Küche und Badezimmer im «Schwanz», wie man die drei Zimmer im Seitenflügel heute nennt, teilten sie mit dem Baron Luitpold von Barkow, «einem Halbwilden im karierten Mantel». Er nennt seine junge Mitbewohnerin «gnädige Frau», und es hätte nicht viel gefehlt, er hätte ihr die Hand geküsst, wenn er ihr morgens auf dem Weg zur Toilette im Schlafanzug begegnete. Ich erinnere mich auch, gehört zu haben, dass mein Berliner Zimmer irgendwann eine elektrische Eisenbahn von 2,50 auf 1,25 Meter beherbergt hat.

Die Wohnungen meiner Straße haben ebenfalls an Höhe eingebüßt. Wer hat noch Lust, mit Deckenhöhen von 3,60 Metern zu leben, die unmöglich zu beheizen sind? Die Leisten und Rosetten verschwinden unter heruntergezogenen Decken. Wer hat noch Zeit, sich einmal wöchentlich das Kreuz zu verrenken, um den Fußboden zu bohnern? Die alten Parketts werden versiegelt oder mit Teppichen bedeckt, um die Pflege zu erleichtern, und der Terrazzo der Küchen bekommt einen Linoleumbelag. Die Schiebetüren bleiben geschlossen. Die Wohnung verliert ihre Großzügigkeit.

Und es ist Schluss mit den Wohnungen, die genauso überfrachtet sind wie die Fassaden. Zu der Zeit, als die Sollers in unsere Straße ziehen, finden in Berlin die ersten Sperrmüllaktionen statt. Die Stadtreinigung holt umsonst die Gegenstände ab, die die Bevölkerung loswerden will. Als die Bewohner meiner Straße eines sommerlichen Morgens die Vorhänge aufziehen, sieht der Gehsteig aus, als wäre er mit überproportionierten

Maulwurfshügeln gespickt. Vor jedem Haus ein Haufen. Man trennt sich von alten Staubfängern, von Möbeln, die aufwendig zu putzen und viel zu schwer sind, um von der Stelle gerückt zu werden, und darüber hinaus Zeuge einer Epoche, die schließlich nur Unglück gebracht hat. Neues muss her, Leichtes, Plastik, Formica. Anstelle der Brokat-Ohrensessel mit Wildlederimitationen setzt man auf tapezierte Sofas und lose, mit Dralonvelours überzogene Sitze. Anstelle der schweren Rosshaarmatratzen auf Bandscheiben- und Federkernmatratzen. Auf Anbauwände aus Teak, pflegeleichte Nylon- oder Kräuselvelours-Teppichfliesen. Auf modernen Komfort: «Die Vorstellung von der dunklen, feuchten Altbauwohnung, wo die Toilette sich im Treppenhaus befindet und das Bad ein Wunschtraum ist, soll der Vergangenheit angehören. Nach nur drei Stunden kann es einem so gut gehen wie nach einem Urlaub am See», verspricht im *Schöneberger Echo* 1973 die Reklame für den Schnelleinbau eines winzig kleinen Fertigbades. Vertikos und Sofas mit Umbau, Nachtschränkchen, goldverschnörkelte Bilderrahmen, Gardinenstangen, alte Armaturen, alte Kleider, ganze Kücheneinrichtungen aus den zwanziger Jahren, Stehlampen mit Trotteln am Schirm, alte ledergebundene Bücher – all das wurde nachts diskret auf den Gehsteig gestellt. Es ist ein wahres Volksfest. Den ganzen Tag flanieren Leute vorbei und durchwühlen den Trödel. Manche tragen die begehrten Möbel auf einer Schubkarre fort. Andere cruisen im Auto die Straße entlang und füllen ihren Kofferraum. Für die WGs der Straße ein Geschenk des Himmels: Ist dieser Biedermeierschrank erst knallrot angestrichen, kann man darin wunderbar die Pullover verstauen. Keinerlei Respekt für das schöne alte Kirschholz. Der größte Fund in meiner Straße: ein intarsiertes Biedermeier-Nähkästchen.

276

Als Frau Soller in meine Straße zieht, kommt der Briefträger noch zweimal täglich, morgens und mittags. Jeder Hauswart fühlt sich persönlich verantwortlich für die Sauberkeit seines Gehsteigabschnitts und die Sicherheit der Passanten. Bei der ersten Schneeflocke hört man ihn am frühen Morgen schaufeln und streuen. Die Mieter wischen abwechslungsweise einmal wöchentlich das Treppenhaus, eine lästige Pflicht, die inzwischen an eine externe Firma abgegeben worden ist. Es gibt noch eine Drogistin, die sich fühlt wie eine Apothekerin, und eine Apothekerin, die sich fühlt wie eine Ärztin. Es gibt noch einen Seifenladen und ein Haushaltswarengeschäft, die gemeinsam mit ihren überholten Bezeichnungen eingegangen sind, und das kleine Kino beim Parkeingang, das ich so gerne kennengelernt hätte. Im ersten Stock der Nummer 5 befindet sich die Pension Clausius mit ihren sechs verqualmten Fremdenzimmern und einer Genehmigung für Bierausschank. Die Bewohner meiner Straße bringen dort bei Familienfeiern ihre westdeutschen Verwandten unter. Eine einfache Pension, «sauber und ordentlich», geführt von einer Kriegerwitwe, die ständig von einem bellenden Spitz umwedelt wird. Es wimmelt in der Straße von diesen alleinstehenden, ängstlichen Frauen, die ein Zimmer vermieten, vollgestellt von alten Möbeln mit Häkeldeckchen, in dem für Herren Damenbesuchsverbot gilt. Nach dem Tod von Frau Clausius wird die Pension in Wohnungen umgewandelt.

Das kleine Lebensmittelgeschäft hält sich bis Anfang der Achtziger. Die Bewohner lassen ihre Einkäufe vom Lehrjungen hochbringen. Er kriegt sein Trinkgeld, und man lässt in einem dicken Buch anschreiben. Später wird im Laden bezahlt. Jedes Kind bekommt einen Keks in einer riesigen Tüte. Die Eigentümerin Christa Liedtke hatte in den siebziger Jahren übrigens einige Scherereien. Marta Schreiner, Inhaberin des Tabakladens im selben Gebäude, beklagte sich, dass der Lebensmittelladen den Vorgartenplatz als Verkaufsfläche benutzte. Christa Liedtke verteidigte sich: «Seit mehr als 25 Jahren, solange es das Geschäft gibt, hat jeder Inhaber die Ware vor dem Laden ausgestellt. Jedes Obst-und-Gemüse-Geschäft in Berlin, wie Sie wissen, macht es so, weil die frische Ware für den Kunden ersichtlich wird und so schnell verkauft ist vor dem Schlechtwerden.»

Frau Kubeths Annahmestelle für Wäsche zum Mangeln, von der mir John Ron in Berkeley erzählte, scheint seit ewigen Zeiten zu bestehen. Am Tag, als der Baron von Barkow sich in den Kopf setzte, seine Hemden selbst zu bügeln, ging er zu Frau Kubeth hinunter, stellte sich hinter den Bügeltisch und sah genau zu, wie sie es machte. Die Hausfrauen der Straße zeigten ihm einen Vogel.

Frau Soller beschreibt den schwindelerregenden Wechselreigen der Geschäfte, die in unserer Straße entstehen und vergehen: Der Zeitungs- und Zigarettenladen wird durch die Installateurwerkstatt Dittmann, später ein Bordell, ersetzt. Die Drogerie weicht einem Mischwarengeschäft. Der Schuster wird von Tapeten Schulz vertrieben, dieser durch ein Dentallabor, das inzwischen zum Steuerbüro mutiert ist. Der Kolonialwarenladen wird erst zum Edeka Supermarkt, dann zum Laden für Autoersatzteile, jetzt ist dort ein Restaurant. Im Hinterraum der Druckerei Beyer neben dem U-Bahn-Ausgang, wo sich heute das Geschäft für Wintersport befindet, ordnete einst ein Setzer die Bleibuchstaben und druckte die Kirchenzeitungen. Frau Beyer war Artistin, genauer Fängerin am Trapez. Dieses ungewöhnliche Paar hat im ersten Stock über der Druckerei gelebt. Daneben gab es den Kirchenbuchladen Schmoller, einen kleinen Milchladen und die «Mansarde», ein Freaklokal, das die Kripo irgendwann schloss, weil zu viel gekifft wurde. Onkel Willi, ein Schachspieler vor dem Herrn, lockte seine Spielpartner in eine Ecke seines Lokals. Er gewann immer. Die Mansarde beherbergt heute den Schülerladen. Der Copyshop hat das Farbenhaus Neugebauer, Handel für Farbe und Tapeten, vor die Tür gesetzt. Auch der berühmte Schraubenschmidt, Paradies für Heimwerker, ist eingegangen. Die Frau des Taxifahrers aus der Nummer 17 war jahrelang Chefsekretärin bei Schraubenschmidt. Und schließlich übergab vor wenigen Jahren erst das Antiquariat seine Räume einem Küchen-Vertreter in der Nummer 12. Im vorderen Ladenteil gab es Bücher zu einer Mark das Stück. Weiter hinten Porzellanpuppen und silberne Etuis für handverlesene Kunden. Am Tag des Solds parkten die Amis ihre Kombischlitten vor der Tür und beluden den Kofferraum mit riesigen Westminster-Gong-Uhren. Danach statteten sie dem Bordell auf dem Viktoria-Luise-Platz einen Besuch ab. Im italienischen Eiscafé daneben überwachten die Mütter meiner Straße mit einem Auge ihre Kinder und mit dem anderen das Kommen und Gehen der GIs beim Puffeingang: «Einer ausgestiegen, der nächste in den Wagen. Rein und raus. Am laufenden Band.»

Frau Soller beschreibt mir eine Straße, die seit langem nicht mehr existiert. Jeder kannte jeden. Ab zehn Uhr morgens wurde ein Pawlow'sches «Mahlzeit!» getauscht. Man ging auf Beerdigungen. Man erzählte, was aus der Tochter geworden ist. Frau Soller stellte eine bittere Bilanz auf: «Die Leute sind heute viel mehr zurückgezogen. Die Freundlichkeit ist auf der Strecke geblieben ...»

Ich weiß nicht, ob ich die Aufeinanderfolge der diversen Geschäfte meiner Straße im Laufe der Jahre korrekt wiedergegeben habe. Bestimmt habe ich einige verwechselt, andere vergessen.

Unwichtig, das Ergebnis ist immer dasselbe. Alle diese kleinen Einzelhändler sind verschwunden, einer nach dem andern. Neben dem Mäuseloch fristete ein Asia Markt einige Monate lang eine unsichere Existenz. Mit seinen mageren Konserven- und Flaschenregalen, einigen traurigen Blumen in Zellophanpapier ein trostloser Ort. Aber der Asia Markt hatte eine pädagogische Mission. Er erlaubte es den Kindern unserer Straße – zum allerersten Mal –, ganz allein, ohne die Straße zu überqueren, etwas einkaufen zu gehen, um dann, unter dem wachsamen Blick ihrer am Fenster stehenden Mütter triumphierend, eine Tüte haltbarer Milch schwenkend, die man nicht wirklich benötigte, zurückzukehren. Der Asia Markt wurde für ein Vierteljahr von einem Teppichhändler abgelöst, der ihn in ein Lager verwandelte. Und dann war Schluss.

Die Straße ist nach und nach verkümmert. Ich will auf keinen Fall einer verlorengegangenen und folglich besseren Epoche nachtrauern. Nicht einer sentimentalen und letztendlich ungerechten Schwärmerei verfallen. «Damals war alles besser …» Aber meine Straße hat an Charme eingebüßt, und wenn man am Morgen seine Schrippen kaufen will, muss man entweder aufs Rad steigen, um eine passable Bäckerei zu finden, oder sich mit den industriellen Brötchen einer Berliner Bäckereikette an der Straßenecke zufriedengeben.

38 Jahre hat Frau Soller im KaDeWe gearbeitet. Im Kaufhaus des Westens, ihr großer Lebensstolz. Im achten Stock, wo sich die «Abteilung Auszeichnung» für die DOB befindet. Hier wird die von den Fabrikanten gelieferte Ware für den Verkauf präpariert: Wareneingang kontrollieren, Lieferscheine bearbeiten, Etiketts drucken und Preise befestigen. 1998 – vier Jahre zuvor war der

Hertie-Konzern, zu dem das KaDeWe gehört, von der Karstadt AG übernommen worden – ist Frau Soller entlassen worden, zwei Jahre vor der Rente, mit einer «Pipifax-Abfindung». Ihr größtes Bedauern. Sie hätte so gern ihr vierzigjähriges Jubiläum gefeiert. «Na ja, hat nicht sein sollen ...» Sie erinnert sich noch gut an ihr zehnjähriges Jubiläum. «Ich bekam 600 DM, und das hat für den Führerschein gereicht.» Und erst recht an ihr fünfundzwanzigjähriges. «Ich bekam 1200 DM und ein kaltes Buffet. Die Kollegen blieben nicht sehr lange und tranken nur Orangensaft, weil der Verkauf weiterging.» Der Personalchef hielt eine Ansprache und legte Frau Soller, die in ihrem marineblauen Kostüm, ihrer weißen Strumpfhose und ihrer Spitzenkragenbluse ganz eingeschüchtert war, einen Blumenstrauß, größer als sie selbst, und eine schöne Ehrenurkunde in die Arme. «Frau Bärbel Soller, in besonderer Anerkennung treuer und bewährter Pflichterfüllung.»

Während der Jahre der Mauer, habe ich den Eindruck, hört Berlin nicht auf zu feiern. Es betäubt sich. Meine Nachbarn genießen diese Zeit des Wachstums nach der Tristesse der fünfziger Jahre und versuchen zu vergessen, wie beengt sie auf dieser winzigen exterritorialen, von beiden Blöcken des Kalten Krieges begehrten Parzelle leben. Mein Haus vibriert. Feste, Empfänge, Geburtstage, Fasching folgen aufeinander. Die Fotoalben der Sollers zeigen ein Leben, das einer einzigen Überraschungsparty gleicht. Ihre Hochzeit: Bärbel und Kurt Soller vermählen sich standesamtlich im Rathaus Schöneberg, wie alle Bewohner meiner Straße von vor dem Krieg bis heute. Dieselben Fotos auf denselben Stufen. Nur die Paare wechseln. Lilli und Heinrich Ernsthaft 1922, Klara und Herbert Fiegel 1929, Liselotte und

Wilhelm Wagner 1942, Bärbel und Kurt Soller am 1. Juli 1966.
Vorher Regen. Nachher Regen. Am Hochzeitstag Prachtwetter.
Die religiöse Feier findet in der kleinen Schöneberger Dorfkir-
che in der Hauptstraße statt, in der, einige Jahre später, David
Bowie leben wird. Die Kirche ist «von oben bis unten mit Rosen
geschmückt». Immerhin an jenem Tag kann Frau Soller ihre Ta-
lente ungehindert zur Entfaltung bringen. Die Frischvermählten
kommen in der Kutsche angefahren, der Kutscher in Gehrock
und mit Zylinder, von zwei Apfelschimmeln gezogen wie in den
Prinzessinnengeschichten. Herr Soller, ein schöner, schlanker
und distinguierter Mann. Und Frau Soller, die sich ganz zart und
errötend hinter einem Bouquet aus Spitzen und weißem Musse-
lin versteckt.

Das Fest findet im «Schwarzen Ferkel» gegenüber der U-Bahn
auf dem Nollendorfplatz statt, wo sich heute eine Pizzeria befindet. Im Album mit dem Titel «Unsere Hochzeit» lange Tische mit den Gästen, an den getäfelten Wänden Gemälde mit
Jagdszenen. Es gibt Bier in Humpen und Rotwein. Bärbel und
Kurt Soller tauschen einen züchtigen Kuss auf die Wange. Und
dann gerät beim Blättern auf einmal alles ins Schwanken. Ein
Akkordeonspieler hat sich unter die Gäste gemischt. Ein dicker,
jovialer Herr packt die Braut am Arm und zieht sie auf die Tanz-
fläche. Das Hochzeitsfest schlägt in ein Bacchanal um. Die Neu-
vermählten gehen händchenhaltend, eine Nachtmütze auf dem
Kopf, unter einem Spitzenbaldachin vorbei. Sie werden gedrückt
und umarmt. Man schreit, applaudiert, singt aus voller Kehle,
die Augen ekstatisch geschlossen. Die Frauen sind außer Rand
und Band. Unter ihren Achseln Haarbüschel, ihre Knöchel in
den spitzen Pumps sind geschwollen, die Beehive-Frisuren fallen
trotz dicker Lackschicht in sich zusammen. Frau Sollers Straps-

gürtel fliegt an die Decke. Die Hochzeitsgesellschaft schunkelt in einer wilden Polonaise um die Tische. Zwei korpulente Alte verkeilen sich einigermaßen erfolgreich zu einem traditionellen Walzer. Und inmitten dieser stürmischen Woge sitzt die Großmutter im schwarzen, knöchellangen Kleid an ihrem Platz. Ich fürchte, dass sie im nächsten Augenblick umkippt und völlig betäubt zwischen die Tänzer auf den Boden plumpst. Doch sie klammert sich mit verängstigten Augen an ihren Stuhl, das Kinn vorspringend, weil die Zähne fehlen, um die Form zusammenzuhalten. Sie ist eine dieser sagenhaften Alten, die in den siebziger Jahren noch Teil der Besetzung aller Familien waren und heute nicht mehr existieren.

Die Liebe zum Feiern zieht sich durch sämtliche Alben der Sollers. Faschingstischrunden mit Papiermanschetten um den Hals, Spitzenhauben und Canotier. Frau Soller, quietschfidel, zwischen ihren Freunden auf einer Holzrutsche eingeklemmt. Es war im Sportpalast, fünf Minuten von meiner Straße, in dem Saal, in dem Joseph Goebbels 1943 seine berühmte Rede über den «Totalen Krieg» hielt. Bis zu seinem Abriss im Jahr 1973 diente er als Veranstaltungshalle «mit buntem Programm», empfing die Wiener Eisrevue, das Sechstagerennen, die Prager Marionetten, das Bockbierfest und im Publikum die Sollers. Die Spielabende in der Wohnung. Frau Soller spielt im Minirock Schubkarren. Eine Freundin hält ihr die Beine, während sie auf den Ellbogen robbt. Mehrere Frauen sitzen im Schneidersitz auf dem Boden. Man kann ihre weißen Höschen sehen. Kurt Soller und seine Freunde, auf die Sesselgarnitur gepfercht, applaudieren. Flamenco, Kasatschok, Sirtaki, Rumba, Twist und French Cancan ... Bei den Sollers und beim Reisenden wird getanzt bis zum Umfallen. Weil die Balken durchgängig sind, zittern Decken und Fußböden.

Manchmal hämmert der Nachbar vom unteren Stock an die Tür. «Bei uns tickt die Lampe in der Suppe!» «Wir sind eben tanzfreudig!», antworten die Nachtschwärmer und verlegen die Tanzpiste in den Flur. Selbst im KaDeWe wird an jedem Geburtstag gefeiert. Die Regale mit den sorgfältig gefalteten Blusen und Strickjacken werden abgeräumt. Die Lebensmittelabteilung schickt per Rohrpost Brötchen von Lenôtre, Katenschinken und Tilsiter Käse. «Der Tilsiter riecht kräftig. Schmeckt aber gut. Und dann hat man rasch im Stehen gefrühstückt und wieder geackert.»

38 Jahre in derselben Straße. Es zerreißt ihr das Herz, diese Wohnung und mit ihr die Erinnerungen eines ganzen Lebens zu verlassen. Die Goldfische im Aquarium. Der 1966 bei Möbel Missling gekaufte Palisanderschrank mit seiner von einem grünlichen Neonlicht beleuchteten Nische, seinem Nippes, den Fotos der Enkel und den paar Büchern zu historischen Themen. Wie eine Festung, schwarz und gelb gemasert, nimmt er mit seinen drei Metern Länge die ganze Wand in Beschlag. Fünf Möbelpacker wurden herangezogen, um ihn aus dem Gebäude zu reißen wie einen tief verwurzelten Weisheitszahn aus einem Kiefer. Die Nierentische, je kleiner, umso nutzloser. Die Dreifaltigkeits-Garnitur, die in jedes anständige deutsche Wohnzimmer gehört: ein von zwei Sesseln umrahmtes bauchiges Sofa, der terracottafarbene Stoff von den Katzenkrallen gerillt. «Die vierte Garnitur in 45 Jahren! Kann sein, dass sie schon ein bisschen abgenutzt ist», entschuldigt sich Frau Soller. Die Sputniklampe im Wohnzimmer, Ende der sechziger Jahre im KaDeWe erstanden, bei der sich je nach Schaltermodus, den man wählt, 12 oder 24 Kristallkugeln erleuchten. Sie passt aber leider nicht in die neue Wohnung. «Zu wuchtig und zu niedrig gehangen.» Frau Soller versucht vergebens, sie loszuwerden. Die Küchenzeile mit ihren

integrierten, pastellfarbenen Möbeln und Schiebetürschränken. Der mit einem Wachstuch bedeckte Formica-Tisch, auf dem Frau Soller gebacken hat.

Eines Morgens, wenige Tage vor dem Umzug der Sollers, als bereits die Maler den Ort usurpiert hatten, um vor dem Einzug der neuen Mieter die Generalrenovierung in Angriff zu nehmen, klingelte Frau Soller an meiner Tür Sturm. «Ich hab was für Sie! Eine Entdeckung! Kommen Sie schnell runter!» Die Maler hatten im Schlafzimmer der Sollers die Blümchentapete heruntergerissen, und unter einer früheren lindengrünen Schicht kamen die Seiten der *Deutschen Allgemeinen Zeitung* zum Vorschein, die 1941 zur Isolierung angebracht wurden. «Ein Jahr vorher bin ich geboren», erklärt Frau Soller ganz außer Atem, indem sie diese archäologische Trouvaille auf einer persönlichen Zeitleiste zu situieren versucht. Und so stieg ich mit mehreren riesigen Fetzen grobkörnigen Papiers in der Hand wieder in meine Wohnung hinauf, während mich die Nachbarn mit besorgtem Blick musterten. Sie wagten nicht zu fragen, was ich mit diesem Naziblatt vorhatte.

Die Mieter, auf deren Spur Frau Soller an jenem Morgen rein zufällig gestoßen war, haben ihre Wohnung im Juni 1941 renoviert. Am 4. Juni stirbt Kaiser Wilhelm II. in seinem niederländischen Exil, und am 22. Juni überfällt die Wehrmacht unter dem Decknamen «Unternehmen Barbarossa» die Sowjetunion. An jenem Tag erlebt meine Straße einen ganz gewöhnlichen Tag und ist noch völlig ahnungslos. Auf der Zeitung klebten vertrocknete Kleisterklümpchen, aber einzelne Brocken des Artikels ließen sich trotzdem entziffern. Der Leitartikel unternimmt eine gehässige Analyse der englischen Kriegsführung.

Das Oberkommando der Wehrmacht teilt mit, dass britische Flugzeuge abgeschossen worden sind, «eine schwarze Woche für die RAF». Und vor diesem surrealen Hintergrund geht der Alltag weiter, während die deutschen Einsatzgruppen in Zusammenarbeit mit der Wehrmacht die systematische Ermordung der jüdischen Bevölkerung, der KP-Funktionäre, der Sinti und Roma und der Kriegsgefangenen auf sowjetischem Boden vorantreiben. Werbung für Sommerkleider, Staubmäntel und Verdauungsdragées, Immobilienanzeigen mit Tauschmöglichkeiten und Angebote von möblierten Zimmern. Versteigerungen. Am 24. Juni berichtet die Zeitung über «den ersten Tag im Osten» und publiziert Todesanzeigen. Daneben Stellenangebote, im Wesentlichen für weibliche Berufe. Kindergärtnerin, Anwaltsgehilfe, Wirtschafterin, Tagesmädchen, gewandte Telefonistin, Stenotypistinnen. Börsen- und Valutakurse werden angegeben, und obwohl Deutschland gegen einen großen Teil Europas im Krieg ist, bietet die Sprachenschule des Dr. Heil «eine Schnellmethode zum Selbststudium für Englisch, Französisch, Italienisch» an. Am 25. Juni meldet das Oberkommando der Wehrmacht, dass «große Erfolge im Osten zu erwarten» sind, und berichtet über «Luftangriffe auf Liverpool».

Reihenweise Ritterkreuzträger, Sturmbannführer und Fallschirmjäger wachten jahrelang in Habachtstellung über den Schlaf der Sollers, die keine Ahnung hatten von dieser martialischen Anwesenheit in der Intimität ihres Schlafzimmers.

In meinem Arbeitszimmer auf dem Bauch liegend betrachte ich die auf dem Parkett verstreuten staubigen Papierinseln. Der Nationalsozialismus scheint den Gebäuden meiner Straße unter die Haut gegangen zu sein. Nein, das war nicht als Metapher gemeint, sondern als ein sehr reales Phänomen, das ich an den Wänden der Soller-Wohnung beobachtete. Dieses Jahr 1941, das seit 70 Jahren am Gips klebte. Diese einzelnen, übereinanderliegenden Papierschichten. Diese Überlagerung von Geschichten und Epochen. Ein Leben hat das nächste abgelöst. Die Mieter folgten aufeinander. Und ab und zu taucht plötzlich ein Relikt der Vergangenheit wieder auf.

Und dann trug der Umzugslaster Frau Soller, ihren Mann, ihre Katzen und ihren Palisanderschrank auf und davon. Von ihrer Existenz blieben nur wenige Spuren zurück. Der helle Abdruck einiger Bilderrahmen auf der Tapete. Eine Haarnadel, in einer Fußbodenleiste eingeklemmt. Ein tief im Schrank vergessener Aluminiumlöffel. Ein paar Spinnweben an den Decken, Wollmäuse, die über den nackten Fußboden rollten, Brandflecken auf dem Linoleum. Ein in der Luft baumelndes Stromkabel, ein Haken im Badezimmer, ein paar brüchige Blumentöpfe auf einem Regal, ein Stapel alter Zeitungen in einer Ecke, die Küchenvorhänge mit den kleinen Fischen drauf, die hinter den Badezimmerspiegel gesteckte Karte aus Mallorca, der Fettfleck an der Decke über dem Kochherd, ein völlig zusammengeschrumpelter Schwamm im Spülbecken. Und die mit Schmetterlingen bestickte Vergissmeinnichtkrone aus blauem Stoff, die noch mehrere Wochen an der Wohnungstür hing. Bevor die Nachfolger sie abrissen, die beiden Teile der Wohnung wieder wie vor dem Krieg zusammenführten und mit ihren Design-Möbeln und ihrer ultramodernen Küche einzogen. Sie haben es sogar geschafft, ich habe keine Ahnung wie, mit dem Katzengeruch fertigzuwerden, der Frau Sollers Weggang um mehrere Monate überlebte. An jenem Tag ist das Berlin der Sollers endgültig aus unserer Straße verschwunden.

Straßenklatsch

Kann es wirklich sein, dass in einer Straße nie etwas passiert ist? Oberflächlich betrachtet wirkt meine Straße ganz harmlos. Ihr Name taucht nur selten auf den «Vermischtes»-Seiten der diversen Berliner Zeitungen auf, die ich stundenlang durchkämmt habe. «In der Nacht vom 9. zum 10. Mai 1961 drangen unbekannte Täter in die Kaiser-Barbarossa-Apotheke ein. Nach bisherigen Ermittlungen wurde nur Bargeld entwendet», unterrichtet die *Pharmazeutische Zeitung*. Na toll! Das ist die einzige prickelnde Notiz, die ich über meine Straße gefunden habe. Aber das will nichts heißen. Wenn ich die Archivberichte, das Kiezgeflüster und die mehr oder weniger glaubwürdigen Legenden addiere, kommt eine beachtliche Summe flüchtiger kleiner Ereignisse zusammen, die ihr über die Jahre ein wahres Leben verschaffen.

Einer, der sehr nützlich ist für die Rekonstruktion einer Geschichte durch die Epochen hindurch, ist der Stänkerer vom Dienst. Dieser Mitbürger ist verärgert und will, dass die ganze Welt das weiß. Sich zu beklagen ist sein Lebensinhalt, ja seine große Leidenschaft, so offensichtlich ist das Vergnügen, mit dem er seine Mission verfolgt: seine Mitmenschen auf den rechten Pfad zurückzubringen. Hundekacke und -pisse auf dem Gehsteig, Mäuse und Kakerlaken in den Kellern, Feuchtigkeit und Risse in den Mauern, defekte Spülkästen und Gaslecks in den Badezimmern, nächtliche Ruhestörungen, heimliche Untermieter … Von 1904 bis in unsere Tage ist der Katalog wenig abwechslungsreich. Die Straßen scheinen unterschiedslos die gleichen Konflikte hervorzubringen. Sie verlaufen in festen Bahnen, sind unfähig, andere, vielleicht kribbelndere zu erzeugen. Die Reklamation wird von einem Zeitalter ans nächste weitergegeben, wie der Stab in einem Staffellauf.

Meist bläst der Stänkerer nicht allein in seiner Ecke Trübsal. Nein, er beklagt sich offiziell, oft und schriftlich. Nehmen wir nur mal Julius Poppelauer, mit seinem lächerlichen Namen, seinen Zornesfalten auf der Stirn, seinen steifen, höflichen Wendungen, seinem Bleistiftstrich, der auf den Briefen, die er Schlag auf Schlag an die Baupolizei sendet, tiefe Kratzspuren hinterlässt. Julius Poppelauer ist der Oberstänkerer meiner Straße, der hartnäckigste, derjenige, der aus dieser langen Dynastie am meisten hervorsticht.

Sein erstes Donnerwetter geht auf das Jahr 1930, mitten in die Wirtschaftskrise, zurück. Der Eigentümer seines Hauses, der Nummer 2, beschloss – vermutlich wegen der hohen Kohle-Kosten – die Zentralheizung stillzulegen und zu den Heizöfen zurückzukehren. In fast allen Gebäuden meiner Straße wurden die Heizkörper, die in sämtlichen Zimmern, in den Gemeinschaftsräumen und der Diele liefen, ausgemacht, und man installierte in der Stube, wo man sich am häufigsten aufhielt, einen individuellen Ofen. Wochenlang hüpften die beiden Bezirksschornsteinfegermeister Oswald Wabner und H. Flick wie junge Zicklein auf den Frühlingswiesen von einem Dach zum andern. Die Handwerker bauten neue Öfen ein. Es dauerte nicht lange, bis eine erste Funktionsstörung gemeldet wurde. Und da erschallte der erste Fanfarenstoß, Herr Dir. Julius Poppelauer blies für die erbosten Mieter zum Angriff: Rauchbelästigung! Lebensgefährliche Gase! Unerträgliche Gerüche! Unbrauchbare Schlafzimmer! Unerhörter Zustand!

Die Reklamationen erstrecken sich durch ein ganzes Jahrhundert. Die meisten sind – im Nachhinein – herrlich grotesk: 1917 fordert der Baupolizei-Präsident den Eigentümer der Nummer 8 auf, die Ratten zu eliminieren, und rät ihm, Phosphorlatwerge auf ein Lockmittel zu streichen, «am besten Fisch (Bückling, Hering) oder gebrannten Speck, da die Latwerge auf Brot von den Ratten erfahrungsgemäß nur dann gefressen wird, wenn keinerlei andere Nahrung mehr vorhanden ist». 1929 bittet ein Mieter aus der Nummer 3 seinen Wirt, in der Waschküche elektrisches Licht anstelle des gefährlichen Petroleumlichts anzubringen. 1930 moniert Ministerialrat Dr. Westphal aus der Nummer 5, ein hohes Tier, das im obersten Stockwerk wohnt, ein schadhaftes Dachwerk und Pilze im Mauerwerk. Im selben Gebäude wird nach dem Krieg von wiederholtem Brötchendiebstahl berichtet. Das Haus wird nachts nicht geschlossen und ist nicht unter Aufsicht! 1936 schläft der Sohn von Frau Kaufmann aus der Nummer 8, die ihre Wohnung zum großen Teil vermietet, in einer Dachkammer, die nicht als Wohnraum benutzt werden darf. «Da auch keine Toiletten auf dem Boden sind, sollen auch allerlei Unreinlichkeiten durch den Sohn der Frau Kaufmann und dessen Besucher vorkommen», hält der Denunziant fest.

Meine Straße hat gar ein paar handfeste Wutausbrüche zu verzeichnen. 1947 wird in der Nummer 5 ein Bauführer vom Tapezierer und Dekorateur im Erdgeschoss «schwer beschimpft und tätlich angegriffen». Der Kläger beantragt die «Höchststrafe».

1973 beklagt sich in meinem Haus der zu 90 % schwerkriegsbeschädigte Alfred Konrad, der seit 12 Jahren mit einer gehbehinderten älteren Frau, einem querschnittsgelähmten Schwerkriegsbeschädigten und einem Mieter mit Herz- und Kreislaufbeschwerden auf demselben Stockwerk wohnt, dass der im Gebäude befindliche Fahrstuhl seit mehreren Wochen stillgelegt ist. In der Folge erfahre ich, dass Frau Konrad «viel Wasser im Körper hatte und völlig aufgedunsen ist».

Welches Vergnügen, als die Archivberichte ab den sechziger Jahren von den Erzählungen meiner Nachbarn ergänzt werden. Auf einmal wird das Drama, das das Ehepaar Konrad, in schlechter Verfassung und ohne Fahrstuhl, erlebt, ganz real.

Der Wasserschaden ist ein Klassiker im Leben einer Straße. Einer der spektakulärsten ereignete sich Anfang der siebziger Jahre in meinem Gebäude: Im vierten Stock lebte eine Oberstudienrätin in einer Wohnung mit schadhaften Rohrleitungen. Das Wasser durchtränkte die Decke des Dritten wie einen Schwamm und ergoss sich in den riesigen Bronzekronleuchter im Esszimmer des Zweiten. Der Bronzekronleuchter verwandelte sich in einen Springbrunnen. Zwei weitere Stockwerke wurden in Mitleidenschaft gezogen, und so lebte man ein Vierteljahr, die Heizung lief auf vollen Touren, wie im Tropenhaus, damit es trocknete.

Vor einiger Zeit erhitzte der Markisenkrieg einen Sommer lang die Gemüter. Ein nicht sehr farbenbewusster Wohnungsbesitzer ließ in seiner Loggia eine königsblaue Markise installieren. Sein Nachbar schäumte: «Dieses Haus sieht bald aus wie eine italienische Eisdiele! Das muss man sich mal ansehen! Gestreifte, einfarbige, blaue ... Dabei haben wir uns auf der letzten Eigentümerversammlung auf eine zur Fassade passende Harmonie von Gelb und Orange geeinigt!»

Ich weiß nicht, ob die beiden Parteien heute noch miteinander sprechen.

Der Stänkerer braucht ständig neues Futter. Er liegt stets auf der Lauer. Da ist jener, der mir des Nachts inkognito die verwelkte Blume, die ich vom Balkon auf den Gehsteig geworfen habe (ja, absichtlich!), auf die Fußmatte gelegt hat. Ja, weil ich es lächerlich fand, mit den paar abbaubaren Blütenblättern zur Mülltonne zu marschieren. Man kann sich vorstellen, wie er vor sich hin brütete, gegen den schmutzigen Zustand der Straße und meine Unverschämtheit wetterte, sich über seinen anonymen kleinen Racheakt freute und zu seinem Mut beglückwünschte. Da ist jener, der das Kommen und Gehen bei den Mülltonnen ausspioniert und, da bin ich mir sicher, abends den Deckel hebt, um zu kontrollieren, ob die Mülltrennung auch ordentlich vonstatten gegangen ist.

Eine Straße hallt wider von diesen mickrigen Denunzierungen, haltlosen Verleumdungen, nachbarschaftlichen Streitigkeiten, Eifersüchteleien, Fehden zwischen Mietern, von Reklamationen jeder Art. Von diesen Tragödien um Kaugummis, die genau vor dem Eingang eines Hauses auf den Boden gespuckt werden, von diesen Dramen um Hundedreck im Vorgarten. Von diesen Drohungen, diesem «Wenn das nicht aufhört, rufe ich die Polizei!».

Weitere unumgängliche Figur in einer Straße: der Paria. Der Paria und der Stänkerer bilden ein unzertrennliches Paar und ergänzen sich perfekt. Man könnte meinen, der Paria wäre eigens erfunden worden, um die Galle des Stänkerers in Wallung zu bringen. Er muss seine Flaschen unbedingt sonntags zur Zeit der Mittagsruhe in den Container des Hinterhofs werfen, systematisch, eine nach der anderen, indem er sich Zeit nimmt und jedes Mal frohlockt, wenn sie krachend in Stücke geht. Seit Monaten lässt er seine Katze in die dunkle Ecke unter den Briefkästen neben dem Treppenaufgang pissen.

Ebenfalls gut geeignet, Wutausbrüche auszulösen: die Kinder, die nicht grüßen, über das Treppengeländer rutschen, im Flur Basketball spielen oder auf dem Gehsteig Skateboard fahren. Die Schlaflosen, die mitten in der Nacht im Fernsehen Wrestling sehen, die Wasserspülung betätigen und auf ihrem knarrenden Parkett auf und ab gehen, um die Zeit totzuschlagen. Das Rolling-Stones-Groupie, das an Sommernachmittagen die Fenster weit öffnet und die brüllenden Raubtiere aus dem ersten Stock entlässt. Die ganze Straße hämmert *I can't get no* ... Ich habe eine ganze Weile gebraucht, bis ich verstanden habe, dass die Mission der Rolling Stones darin bestand, das Gabelgeklapper und die Gespräche auf der Terrasse des italienischen Restaurants zu übertönen. Ein vertikaler Krieg zwischen der Mieterin im Ersten, die auf das Recht pocht, abends bei offenen Fenstern die Nachtkühle zu genießen, und dem Inhaber des Restaurants, der sich über seine rappelvolle Terrasse freut. Die Frühaufsteher werden am Ende des Abends regelmäßig von den Schreien der Duellanten aus dem Schlaf gerissen, die sich mit «Du alte Ziege, du!» – «Selber!» um den letzten Parkplatz am Gehsteigrand streiten. Unerträglich auch die Kettenraucher aus dem Zweiten, die bei weit offenen Fenstern die oberen Stockwerke verqualmen. Der hartnäckige Rauch dringt manchmal gar durch die Ritzen des Fußbodens. Die Geigenstunde eines widerspenstigen Kindes, eine wöchentliche Tortur für die ganze Straße. Der Kohl- und Fischgeruch, der das Treppenhaus beschlägt und bis auf den Gehsteig überschwappt. Und die Musiker. Das sind die Schlimmsten. Der Sohn, der die Akkorde auf seiner elektrischen Gitarre im Treppenhaus anschlägt, weil da die Akustik besser ist als im elterlichen Wohnzimmer. «Das Haus hat gebebt», erinnern sich die Nachbarn. Und als die Freundin des jungen Mannes mit ihrer weißen Ratte auf der Schulter auftauchte, wurde diese respektable Familie bezichtigt, in ihrer Wohnung Nagetiere zu züchten. Einer der Mieter drohte gar, den Kammerjäger zu holen.

Für eines der größten Highlights unter all diesen Geschichten aber sorgte die ehemalige Mieterin der Wohnung gegenüber der meinen. Man hat mir so viel über diese Frau erzählt, dass ich fast ein wenig enttäuscht bin, sie nicht mehr kennengelernt zu haben. «Was diese Frau uns Nerven gekostet hat!», sagt der heutige Besitzer. «Sie hat allein Probe getrunken. Einen Piccolo, ein Valium, immer abwechselnd.» Und wenn nachts der Fahrstuhl lief, dann wusste der Hauswart: «Ah, ah, sie ist wieder unterwegs!» Er stürzte sich aus seiner Loge, um die Nachbarin im Nachthemd abzufangen und wieder nach Hause zu bringen. Eines Tages drang von ihrer Küche Rauch in den Hinterhof hinaus. Es war der Fußballtrainer, der das Haus benachrichtigte: «Da kommt Qualm aus der Küche!» Der zu Hilfe gerufene Arzt entdeckte durch einen Schlitz in der Tür ihren leblosen Körper auf dem Läufer im Flur, neben ihr inmitten einer Riesenpfütze Alkohol die Zahnprothese. Die Feuerwehr wurde gerufen. «6 Wagen kamen. Was für ein Aufstand!» Sie traten die Tür ein und schleiften den Körper ins Treppenhaus hinaus. Sie lebte noch. «Wir haben uns dann zurückgezogen», sagt mein Nachbar. Später wurde die

Unglückliche von einem Taxifahrer und dessen Freundin vom Strich abgezogen. «Am helllichten Tag haben sie die Teppiche runtergetragen. Sie guckten aus dem Fenster raus, weil das Auto zu voll war.» Die beiden Schlitzohren brachten, so wird erzählt, 700 000 Mark nach Zürich. Die Kripo verlor ihre Spur.

Und groß war die Überraschung, als die Mieter der Nummer 12 eines Abends ihre Hauswartsfrau, in stiller Übereinkunft «die olle Greul» genannt, mit Perücke und hohen roten Lackstiefeln auf der Potsdamer Straße auf dem Strich entdeckten. Die «olle Greul», ein Name, der so gut zu der kleinen bösartigen Ziege passte, die im Treppenhaus einen «Fraßgestank» ausbreitete und an Wochenenden um sieben Uhr morgens das ganze Haus mit einem Mülldeckelkonzert beglückte.

Um all diese Geschichten zu finden, musste ich natürlich ein wenig bohren. Wir haben es hier mit einer Straße im Norden Europas zu tun. Das Leben kullert nicht, lärmend und hemmungslos, auf die Gehsteige hinaus wie in den südlichen Städten. Außerdem ist sie viel zu bürgerlich, als dass die Anwohner es wagen würden, ihre Liegestühle, Campingtische, Schachspiele, Rosé-Flaschen und ihre abendlichen Gespräche vor ihre Haustür zu bringen. Selbst im Sommer bei großer Hitze bleibt man zu Hause. Das Leben spielt sich im Innern ab. Meine Straße ist introvertiert, auch schamhaft. Keine öffentliche Bank, kein Café, um sich abends auf der Terrasse zusammenzufinden, nicht mal eine Bäckerei, wo man sich jeden Morgen trifft, wenn man das Brot holt. Nur selten bleibt man mit den Nachbarn zum Plaudern auf dem Gehsteig stehen. Die Leute aus dem Haus gegenüber kennt man gerade mal vom Sehen.

Nur wenn an Sommerabenden die Fenster zu den Innenhöfen

weit offen stehen, um etwas Kühle hereinzulassen, bekommt man manchmal etwas von der Intimität der großen Wohnungen mit. Georg Haberland, der Erbauer meiner Straße, hatte 1904 eine edle Vorstellung von einem Hinterhof: «Es ist ein besonderes Gewicht auf die Gestaltung der Hofflächen gelegt worden. Die Parzellen sind derart eingeteilt worden, dass alle Freiflächen zusammenliegen und dadurch eine harmonische gärtnerische Gestaltung der Hofflächen möglich ist. So entstanden statt der üblichen gepflasterten, unansehnlichen Höfe im ganzen Bayerischen Viertel gärtnerisch ausgestaltete Höfe.» Die Hinterhöfe meiner Straße waren dieser erhabenen Mission nie gerecht geworden. Meine Nachbarn beschreiben in den dreißiger Jahren einen rein funktionalen Raum mit einer Stange zum Teppichklopfen. Nur am Sonnabend durfte geklopft werden. Die WGs waren die Ersten, die die Hinterhöfe in öffentliche Wohnzimmer unter freiem Himmel verwandelten.

Ich machte mich eines Morgens zu einem methodischen Spaziergang durch die Hinterhöfe meiner Straße auf. Die meisten haben eine völlig zweckmäßige Rolle: Abstellplatz für Fahrräder und Mülltonnen. Einzig in der Nummer 25 – der vorbildlichen Nummer 25, die sich bereits durch ihren Weihnachtsbaum auszeichnet! – hat man einen kollektiven Garten geschaffen mit Stühlen auf dem Gänseblümchenrasen. In der 26 haben die Mieter aus dem Erdgeschoss einen Dschungel sprießen lassen. Zwischen Mülltonnen und Kellerfenstern schießt dort ein Miniaturtropenwald ins Kraut. Sukkulenten, ein paar Sträucher, ein Kaninchenkäfig und sogar ein Plastikbecken, ein Armenpool, in dem bei großer Hitze einsam ein kleines Mädchen herumplanscht.

Wenn Sie sich einen ganzen Tag in den Hinterhof stellen,

dringen Sie in die Intimsphäre einer Straße ein. An die hohen Hauswände, die als Resonanzkörper dienen, prallen Geschirrklappern, Gurgeln, undefinierbare Waschvorgänge, Auslösen von Toilettenspülungen, das Klappern von Besteck auf dem Porzellan, Staubsauger und andere Haushaltsgeräte, Fernsehsendungen und Liebesschreie, die aus den Betten aufsteigen. Ich habe sogar festgestellt, dass die Bewohner meiner Straße ihre täglichen Verrichtungen im Laufe der Jahre synchronisiert haben: Mehrere meiner Nachbarn putzen gleichzeitig die Zähne. Setzt oben einer die Wasserspülung in Gang, packt denjenigen von darunter ein ununterdrückbares Bedürfnis zum Urinieren. Manchmal wird man wider Willen zum Vertrauten. Wenn die hübsche Blonde aus dem Seitenflügel ihren Liebhaber, einen verheirateten Mann, empfängt, bebt man und leidet mit. Alle wissen Bescheid. Es dauert nicht lange, bis der Dialog in Gang kommt:

«Kehr doch zu deiner Frau zurück!»

«Nein, ich habe dir doch gesagt, dass ich dich liebe!»

«Dann verlasse sie!»

«Aber es ist nicht der richtige Zeitpunkt!»

«Dich interessieren doch nur meine Titten!»

«Nein, ich liebe dich. Ich liebe dich. Ich liebe dich!»

Eskalation. Schreie. Besenklopfen an die Decke des unteren Stockwerks, Fausthiebe gegen die Wände in der Wohnung nebenan. Ein Fenster öffnet sich. «Es reicht!» «Schnauze!» Eine Tür schlägt zu. Er geht. Sie jault wie ein Hund, der von seinem Herrchen verlassen worden ist. Ich sehe sie vor mir, in Embryonalstellung auf ihrem Bett zusammengerollt. Das Gesicht tränenüberströmt. Gegen Morgen schläft sie ein. Wenn der Rest der Straße erschöpft aufsteht. Drei Tage später: dasselbe Dekor. Dieselben Darsteller. Dieselbe Szene. Niemand hat je den Mut aufgebracht, die Polizei zu rufen. Stumm hören wir uns das Leid im Seitenflügel mit an.

Diese schmerzliche Liebestragödie hätte unter all dem Straßentratsch das Nonplusultra bedeutet, wäre da nicht das Bordell im Erdgeschoss der Nummer 26 gewesen. Ein Diamant im bescheidenen Schatzkästchen meiner Straße. Wenn sie davon anfangen, legen meine Nachbarn stets eine Pause ein. Kosten den Augenblick aus. Sie ziehen den vielsagenden französischen Ausdruck, der so viel erotische Raffinesse evoziert, dem zu kindlichen «Puff» oder dem schnöden «Absteige» vor. «Bordell» bringt die Sinne eher zum Träumen. Meine Nachbarn ergötzen sich, wenn sie sehen, wie sich mein Gesicht verzerrt, mein Mund weit aufgeht, meine Augen kugelrund werden: «Was! Ein Bordell in unserer Straße! Hier! Ach, neee!» Und doch hat dieses Etablissement tatsächlich in unserer so tugendhaften Straße existiert. Meine Nachbarn haben ein anzügliches Tremolo in der Stimme, als sie mir mit dem Stolz eines Filmregisseurs, der sein Casting enthüllt, die «Hauptakteure» vorstellen.

Es handelte sich zunächst nicht um ein eigentliches Bordell. Zwei, drei Nutten, «mehr war da nicht», plus die Chefin, die an Tagen, wo der Andrang groß war, mit aushalf. Sie lebte mit ihrem Mann und Zuhälter und einer riesigen Dogge (oder zwei deutschen Schäferhunden, die verschiedenen Versionen sind sich da nicht ganz einig) in zwei dunklen Räumen im Seitenflügel. Nachts prügelten sie sich oft und weckten den ganzen Häuserblock. Der Fernseher lief von morgens bis nachts auf Hochtouren, und der Alkohol floss in Strömen. Es wird erzählt, bei der Beerdigung des Zuhälters habe einer der Trauergäste eine Flasche Wodka ins Grab geworfen. Sie zersprang auf dem Sarg. «Ein Brauch in der Familie», so scheint es. Einige Wochen später war auch die Frau verschwunden, ohne eine Adresse zu hinterlassen: «In einer Nacht-und-Nebel-Aktion war sie auf und davon.» Die Einrichtung annoncierte in der Zeitung, und es fehlte nicht an Kundschaft. Hin und wieder irrte sich ein kleiner, ganz verlegener Mann in großer Triebnot in der Etage und klingelte bei einer ehrenwerten Familienmutter im ersten Stock, die ihm die Tür vor der Nase zuschlug. Auch der Besuch des Klempners ist in den Annalen der Straße verzeichnet. Der unschuldige Handwerker wurde bestellt, um die Dusche zu reparieren. Also klingelte er an der Tür des Bordells. Die Chefin öffnete ihm: «Für wie viel wollen Sie? 50 oder 80 Mark?» «Ich wurde bestellt. Ich suche die Brause», antwortete ihr der Klempner. Manche Mieter des Hauses und sogar der Nachbarhäuser erwogen, eine Mietminderung wegen «Belästigung» zu fordern.

Dann kamen die Asiatinnen. Zierliche, stark geschminkte winzige Frauen, die aus dem Fenster in die Rabatten sprangen, wenn überraschend die Polizei aufkreuzte. Nur mit ihren kanariengelben Spitzenhöschen und einem durchsichtigen Nylon-Negligé bekleidet verschwanden sie wie aufgescheuchte Rehe hinter der Mülltonnenbatterie und machten sich durch das Nachbarhaus aus dem Staub. Es wird auch erzählt, dass die Kunden, mehrheitlich Stammgäste, halbnackt das Vestibül durchquerten, um beim Hauswart ein frisches Bier zu holen. Dieser nutzte seine strategische Lage zu einem rentablen und absolut illegalen kleinen Nachbarschaftsladen. Er verkaufte den Bordellkunden unter der Hand Biere und Spirituosen zu horrenden Preisen. Diese benötigten eine kleine Stärkung, bevor sie sich eine zweite Leibesübung asiatischer Art gönnten, ein kleines exotisches Extra, um danach wieder in ihre beigen Socken und ihre Tergalhose zu steigen, den Hosenschlitz zu verriegeln und pünktlich zum Abendbrot zu Hause einzutreffen. Es wird geraunt, der Hauswart habe sich keine Sorgen gemacht, weil die Beamten vom Rathaus und die Polizisten regelmäßig in der bekannten Einrichtung Station machten.

Sicher gaben sich meine Nachbarn entrüstet, als sie mir das Kapitel vom Bordell erzählten: ein Bordell! In unserer Straße! Welche Schande! Aber die Vibration in ihrer Stimme ist mir nicht entgangen, der Schmerz, den möglicherweise eine ungestillte Sehnsucht hinterlassen hat. Ein Bedauern vielleicht? Einfach zu dumm, dass sie nicht auch einmal, ein einziges Mal diese reizenden, sanften Rehlein in den gelben Tangas bestiegen haben, bevor sie, als die Arztpraxis und die äußerst tugendhafte Schwester Sylvia das Bordell vertrieben, für immer entschwunden sind. Heute klettern abends nur noch die Seufzer des Meditationskreises, der seine Atemübungen macht, das Treppenhaus empor.

Meuterei

Auf einmal ein Ereignis, ein echtes, großes. Auf einmal ist in meiner Straße richtig was los.

Der Vorhang hebt sich eines frühen Morgens. An der Fassade der Nummer 4 des Platzes hängen Jutebanderolen mit zornigen Forderungen in blutroter Tinte: «Kein Schöneberg für Bonzen!», «Gegen die Vernichtung bezahlbarer Wohnungen!», «Mieter vor Wildwest schützen!». Wir erfuhren an jenem Morgen, dass das Gebäude mit den 106 günstigen Sozialwohnungen beim Eingang des «Pennerparks» abgerissen werden sollte.

Dieser baufällige Klotz aus dem Jahr 1964 war ein so vertrautes Teil vom Patchwork meiner Straße, dass ich ihm nie große Beachtung geschenkt hatte. Nie habe ich dort jemanden aus- oder eingehen sehen. Manchmal ließ ein vor der Eingangstür stationierter Krankenwagen oder ein Polizeiauto die Dramen erahnen, die sich auf den Stockwerken abspielten. Mehrere Brände waren mit knapper Not verhindert worden. Und man erzählt, es habe eine verwesende Leiche gegeben, die man, als sich im Treppenhaus ein entsetzlicher Gestank auszubreiten begann, aus ihrer Matratze gegraben hat. Ein Nachbar hatte die Feuerwehr benachrichtigt. Niemandem war aufgefallen, dass der kleine Alte aus dem Zweiten seit Wochen nicht mehr zu sehen war. Die Straße machte ein ziemliches Aufhebens davon, malte sich die Einzelheiten aus, würzte noch etwas nach, pfefferte das Ganze, gab eine ausgehungerte Ratte, einen folternden Einbrecher dazu … Wochenlang wurde von nichts anderem gesprochen. Und noch heute lassen sich die Alten nicht lange bitten, um von Anfang an zu berichten, ohne das geringste Detail auszulassen, und gelegentlich eine weitere Episode hinzuzufügen.

Ein gruseliges Haus. Nach und nach verschwanden sämtliche Zeichen eines Innenlebens hinter den kleinen, düsteren Fenstern. Ich glaubte, dass das Gebäude geschlossen worden war. Wie sollte man es wagen, in einem solchen Wrack zu leben?

Der deutsche Bauriese Hochtief AG hatte das Terrain erworben und grünes Licht für sein Bauprojekt bekommen. Die Bezirksverordnetenversammlung, lebhaft unterstützt von einem wirtschaftsfreundlichen Baurat, dem es vor allem darum geht, «die Dinge zu bewegen», hatte dem Abbruch des Gebäudes und dem Bau eines riesigen Eigentumswohnungskomplexes von hohem Standing und einem gesalzenen Quadratmeterpreis zugestimmt, außerdem mit Tiefgarage – für die Anwohner, mehrheitlich militante Radfahrer, der endgültige Beweis für den moralischen Verfall, der bald das ganze Viertel erfassen würde.

«Von der Schaffenskraft des Unternehmens zeugen viele bemerkenswerte Projekte auf der ganzen Welt», berichtet die Homepage des Konzerns. «Wir haben den Tempel von Abu Simbel versetzt, am Bosporus Europa und Asien mit einer Brücke verbunden, die Frankfurter Skyline mitgeprägt, die Weiten Australiens per Bahn und Straße durchmessen und den Tunnel unter dem Gotthard errichtet.» Und am Ende dieses grandiosen Katalogs fügt nun Hochtief die Nummer 4 unseres Platzes hinzu. Meine kleine Straße war in den Club der Global Player aufgenommen.

Es wurde von nichts anderem mehr gesprochen. Unserer

Straße standen unsichere Zeiten bevor. Ihr plötzlicher Reichtum würde Einbrecher, Fahrrad- und Kinderwagendiebe anlocken! Die dicken Wagen der neuen Eigentümer würden abgefackelt werden. Nachts würden lautlose Gestalten, das Gesicht hinter einem schwarzen Strumpf versteckt, die Wände der «Bonzenzitadelle» mit menschlichen Exkrementen vollschmieren! Unser Platz würde zur Krawallhochburg des 1. Mai! Zur Zielscheibe von Anarchisten, Autonomen, Extremisten, Globalisierungsgegnern, Sprayern, Randalierern und Rowdys aller Kategorien! Sie würden kommen und die braven Bürger belästigen, das Viertel vandalisieren! Mit unserer friedlichen Existenz, geborgen in unserer Sackgasse, ist es dann vorbei.

In aller Eile wurde eine Bürgerinitiative ins Leben gerufen und zu einer Kundgebung auf den Stufen des Schöneberger Rathauses aufgerufen. Das Ganze glich eher einem kleinen Menschenauflauf als einer echten Demo. Ein Polizeiauto war, man kann nie wissen, für alle Fälle vor Ort geschickt worden. Ein Ordnungshüter überwachte das Geschehen, einen Becher Latte macchiato in der rechten, ein knisterndes Megafon in der linken Hand und auf den Lippen ein Feierabendgähnen. Auf den Stufen des Rathauses lösten sich mehrere Tribune ab. «Entschuldigung, dass ich auch was sage», begann ein abgelebtes Hippiemädchen. Sie wurde auf der Stelle aus dem Weg geräumt, noch bevor sie ihren Satz zu Ende gesprochen hatte. Es folgte eine junge Frau mit traurigen Augen, die ein Transparent, *Stop violating my house!*, mit dem Foto eines Eichhörnchens, einer Fledermaus und einem Spruch von Mahatma Gandhi schwenkte: «Je hilfloser ein Lebewesen ist, desto größer ist sein Anspruch auf menschlichen Schutz vor menschlicher Grausamkeit.» Sie berichtete uns, dass im anliegenden Park «über 29 alte gesunde Bäume» gefällt werden sollten, und brachte stammelnd, mit der Stimme eines erschreckten Schulmädchens, das seine auswendig gelernte Lektion aufsagt, die guten Argumente vor, die dies untersagten: «Die Bäume können CO_2-Emissionen stoppen und wirken positiv auf die menschliche Psyche!» Was auf unserem Platz geschah, rief sie in Erinnerung, laufe sämtlichen von der Regierung eingegangenen Verpflichtungen für den Klimaschutz zuwider. In unserem kleinen Rahmen verriet Deutschland die großen, auf der internationalen Szene gemachten Versprechen, genehmigte die Zerstörung eines Ökosystems. Zum Glück waren die Militanten der Partei *Die Linke* da, die auf sämtliche Barrikaden abonniert ist, um diese stümperhafte Veranstaltung in die Hand zu nehmen. Es war die flammendste Rede von allen. Ihr Repräsentant denunzierte das «Sozialelend» und den «Ausverkauf von ganz Berlin». Auch die Genossen von der DKP gönnten sich einen Kiez-Aufstand, eine Miniaturrevolution, ohne Blut und ohne Risiko. Von einer plötzlichen Aufwallung von Frühlingsgefühlen beflügelt, eilten sie mit einem Pamphlet von mehreren Seiten herbei. Ein seichter Text, der dieser Episode des Klassenkampfs einen ideologischen Rahmen verpassen sollte. Die Kapitalisten auf der einen, die Unterdrückten auf der anderen Seite. Die Genossen fuhren ihr ganzes Repertoire auf, denunzierten die «Vertreibung», den «Aufwertungswahnsinn», den «Anbruch sozialer Kälte», die «Entmietungsmachenschaften» besonders auf «unsere Migranten», «sodass beinahe eine rassistische Dimension erreicht wird, die auch dem internationalen Ansehen von Berlin-Schöneberg schaden dürfte!».

Meine Straße war der schleppenden Gentrifizierung ausgeliefert. Ein langes, zu englisches Wort, das viele Berliner eher stammeln als aussprechen, so viele Bedrohungen verstecken sich hinter dem vornehmen Begriff. Die Alten mit ihren kostengünstigen Mieten, die Arbeitslosen, Studenten, Künstler und alle armen Schlucker, denen die Nummer 4 ein Obdach gewährte, würden das Nachsehen haben. Um die soziale Durchmischung wäre es geschehen. Unsere Straße würde «klassenmäßig homogenisiert» werden. Die Armen würden an die Berliner Randbezirke verbannt und den Zugezogenen, diesen Neuankömmlingen Platz machen, die aus allen vier Ecken des Globus angerannt kamen: hohe Bundesbeamte, reiche Zahnärzte aus Düsseldorf und Anwälte aus München, Herrensöhnchen in der Bohemephase und schwäbische Werbetexter, die sich von vegetarischen Maultaschen und Müsli aus fairem Anbau ernähren, irische, spanische, dänische, sogar israelische Spekulanten und die Verwalter amerikanischer Pensionsfonds. Wer weiß, vielleicht würde sogar ein Hollywoodstar, ein Kollege von Brad Pitt und Angelina Jolie, die nicht weit von hier wohnten, einen Loft mit Dachgarten erstehen und mit seinen Paparazzi im Schlepptau bei uns einziehen. Unsere Straße als Sunset Boulevard. Diese Neuzuzügler waren die Verkörperung des menschenverachtenden Klassenfeinds, der es darauf abgesehen hat, seine Kröten in der hippesten Stadt Europas in vollem Immobilienboom zu parken. Er würde unsere Straße entstellen und in zwei Lager spalten: die netten, armen Opfer auf der einen, die bösen reichen Täter auf der anderen Seite.

Vor 25 Jahren hätte sich im alten West-Berlin niemals ein Käufer für ein solches Gebäude gefunden. Wem wäre, im Vollbesitz seiner geistigen Kräfte, eingefallen, seine Ersparnisse in den Stein einer Frontstadt mit so ungewissem Schicksal zu investieren? Einer armen Stadt, am Tropf der alten Bundesrepublik, ohne große Zukunft. Mit der Vereinigung und der Bestimmung Berlins als Hauptstadt des neuen Deutschlands haben sich sämtliche Ängste verflüchtigt. In diesen Zeiten der finanziellen Turbulenzen ist es keine schlechte Idee, das Geld in Stein anzulegen. Man sieht Immobilienscouts im Viertel herumstreichen, die nach Brachflächen und Kriegslücken suchen, die es zu füllen gibt. Die «abbruchreifen» Nachkriegsgebäude und ihre großzügigen, «bebauungsfähigen» Vorgärten sind besonders begehrt. Diese Heuschrecken, wie sie in meiner Straße genannt werden, wollen jeden Quadratmeter Terrain nutzbar machen.

Doch wer soll sich das leisten können?, empörte sich unsere Stadtteilzeitung. «Die verbliebenen (West-)Berliner, die in den schwierigen, skurrilen Zeiten des Kalten Kriegs ausharrten? Wohl kaum. Eher Menschen von anderswo, für die Berlin nun mal ‹in› und ‹trendy› ist. Menschen neuer Demographien, die unbedingt eine Zweit- (oder Dritt-)Wohnung, mitsamt Tiefgaragenparkplatz, im Herzen Europas benötigen. Menschen, die das Überschatten anderer als ihr (Erwerbs-)Recht ansehen. Menschen, die gerne – wenn auch aus bloßen Investitionsgründen – in einer Neuimmobilie die alten Axialitäten bewohnen werden.»

Mehrere Monate lang harrten elf Meuterer in ihren kleinen Wohnungen aus: Ein rothaariger Anwalt, der um die Straßenecke aufgewachsen ist, führte die Revolte an, «Zeigt den Baulobbyisten die Rote Karte!», assistiert von der jungen ökologischen Aktivistin Hannah mit den traurigen Augen, deren Petition an den Bundestag 2000 Unterschriften erreichte, ein Zimmermann, ein Polizeischüler griechischer Abstammung, ein türkischer Kassierer bei Woolworth, eine sehr alte, über neunzigjährige Dame, seit 30 Jahren Mieterin, die in eine Senioren-WG «verfrachtet» werden soll, wo «ihre Seele nie ankommen wird», ein Doktor der Physik, der vom Arbeitslosengeld lebt, eine Polin, Mitte 20, eine etwas problematische Frau, «die sich nicht richtig im Griff hat» und von Hartz IV und Alkohol lebt, ein Rentner ... Sie alle weigerten sich, die Bastion zu verlassen. Sie legten Widerspruch ein und forderten, das sechzigjährige Gebäude solle «schick gemacht und revitalisiert» werden. Ich hatte Mühe, mir vorzustellen, wie man diese Bruchbude aufstylen sollte. Die Fassade wie in der Nummer 27 in einem kräftigen Ton neu streichen? Neue Balkone aus Stahl draufsetzen? Nein, hier schien der Kampf von vornherein verloren.

Bald stand vor dem Haus das Werbeschild «Schönste Lage. Wie gewohnt». Riesengroß, unübersehbar, nachts von Projektoren bestrahlt und mit seinen Betonfüßen gut im Boden verankert. Beim ersten Schnee klaubten Aufsässige den auf die Fahrbahn gestreuten Kies vom Boden und bewarfen das Schild damit, das einige Tage lang einem Gemälde von Pollock glich. Und dann setzte der Graffiti-Walzer ein. Jede Woche ein neuer Spruch. «Geist macht geil!» «Weg mit den Bonzen!» Und mehrmals das klassische, immer wieder passende «Fuck you!», das auf Englisch so viel prägnanter ist als auf Deutsch. Kaum war eins beseitigt, tauchte das nächste auf.

Die elf Aufständischen wurden hinausgeworfen. Das Gebäude wurde zwangsgeräumt. Es blieb nichts als ein paar lächerliche Anzeichen einer gelöschten Existenz. Eine graue Tüllgardine hinter einem Fenster im vierten Stock. Eine Lampiongirlande auf dem Balkon des sechsten. Ein vergilbtes Grasbüschel im Blumenkasten des dritten. Aus einigen Balkonen schossen Pflanzenstängel heraus, die von einem erstaunlichen Lebenswillen in diesem mit dem Tod ringenden Gebäude zeugten. Das zerrissene Foto einer rehäugigen orientalischen Braut mit Diadem und Schleier. Eine zwischen die Stäbe eines Geländers geklemmte leere Rotweinflasche. Glasscherben, ein kaputter Fensterladen, eine Wäscheleine, eine umgekippte Kloschüssel, eine lachsfarbene Küchentapete. Im Erdgeschoss an der Wand ein orangefarbenes Herz ohne Initialen oder Vornamen, ohne *Ich liebe dich* oder *Für immer*. Nichts als ein unglückliches kleines Herz, das bald zu schlagen aufhören würde. Am Zaun rund um das Haus Fetzen von Schnüren und Bändern, die von der schönen Zeit des Aufstandes zeugten, als noch alles möglich war. Einzig drei Sonnenblumen am Fuße des Gebäudes streckten siegessicher ihre Köpfe empor.

Der Vertriebsstart fand an einem Samstag statt. Hochtief sorgte für Musik und Verpflegung, stellte sein Projekt vor und gab das Startzeichen für den Verkauf von Apartments, Penthouses und Maisonettewohnungen für Best Ager, Familien, Singles und andere Aspiranten auf der Suche nach einer Adresse «mit viel Spielraum für die persönliche Lebensqualität». Es wird erzählt, dass große Limousinen ihre Runde um den Platz drehten. Dass an jenem Tag 25 Wohneinheiten reserviert wurden. Auf den Abbildungen entdeckten wir zum ersten Mal das Corpus Delicti, ein ganz banales, austauschbares Gebäude. Eine auf einen Hightech-Korpus aufgeklatschte altertümelnde Fassade. Hatte sich der Architekt nicht vom historischen Gebäude inspirieren lassen, das der Bauherr Carl Graf Anfang des letzten Jahrhunderts durch den Architekten Paul Wiesener erbauen ließ? Das einzige intakte Haus des Platzes aus der Zeit ist die ehemalige Chamisso-Schule, die Lilli Ernsthaft, Ilse Rothkugel, Hannah Kroner und ihre Freundin Susanne Wachsner einst besuchten, heute eine Grund- und Volkshochschule. Die anderen Gebäude sind nach dem Krieg entstanden. Sie stehen schräg zum Platz, zerstören die Harmonie und das Zusammenspiel der Symmetrien. Die neuen Investoren antworteten auf die seit dem Mauerfall wachsende Nostalgie für das alte Vorkriegsberlin. Sie versuchen alles auszulöschen, was nach 1939 in dieser Straße geschehen ist. Der Kasten, der von der Verwüstung zeugt, die unsere Straße erlebt hat, musste eliminiert werden. Und ich machte mir Sorgen: Würde sich meine Straße auch mit diesem Retrokitsch herausputzen?

Der Hochglanzprospekt rühmte einen «Kiez mit Charme» in einer «Metropole mit Herz». «Hier finden Sie Großstadtflair und Kleinstadtromantik, bunte Vielfalt, aufgeschlossene Menschen. Eine einzigartige Melange aus bürgerlichem Ambiente in gediegenen Wohnvierteln und quirligem Kiez ...» Er beschrieb die «herrschaftlichen Häuser aus der Gründerzeit», die das Straßenbild bestimmten. Wir tauschten unter uns Nachbarn perplexe Blicke aus. Wir hatten Mühe, unsere Straße in diesem Werbegedicht wiederzuerkennen. Wo stößt denn hier «Geschichte auf Moderne»? Wo sind die «charmanten Cafés und Bistros, die zum Verweilen bei Espresso, Milchkaffee, Croissant einladen»? Geht es bei uns wirklich «freundlich und charmant zu»? Wo bloß weht dieser so raffinierte «Esprit»? Und vor allem, von welchem «reizvollen Platz», «zweifellos einer der stilprägenden Plätze in Schöneberg», ist da die Rede? Doch nicht etwa von unserer Verkehrsinsel mit ihrer Rotunde mit den verwilderten Rasenflächen und Hundehaufen? Der von Georg Haberland angelegte Schmuckplatz verdient seinen Namen schon lange nicht mehr. Diese Szene, auf der man sich, wie auf den italienischen Piazzette, abends zeigte, um vor der Fassadenpracht zu flanieren, ist heute eine Karambolage von sechs Straßen, ein Durchfahrtskarussell. Die Wagen brettern auf den Platz und kreisen um das Mittelrondell. Die Vorfahrtsfrage ist nicht einfach, und mehrmals täglich hört man die Schreie und Beschimpfungen eines Radfahrers, dem ein Autofahrer die Vorfahrt genommen hat. Unser Platz ist ein Anziehungspunkt von Stress und Konflikten. Alles andere als eine grüne Oase des Friedens, wo die Zeit sich verlangsamt, die Spannungen sich verflüchtigen.

Es ist im Übrigen nichts vorgesehen, damit man einen Moment der Rast einlegen könnte: keine Bank, kein gepflegtes Rasenstück, um sich auszustrecken. Der Rand des schönen Brunnens mit seinen Bronzefiguren ist viel zu unbequem. Seit 20 Jahren denken die Stadtplaner nach. Kein Geld. Kaum Ideen. Sicher, die städtischen Straßenkehrer sammeln noch immer die Papierfetzen ein, aber die Verwahrlosung geht weiter. Bei Regenwetter lassen die Hundehalter, die keine Lust haben, bis zum Volkspark zu gehen, ihre Hunde die Platanen begießen. Nachts streifen die Füchse umher.

Zu jener Zeit verschwindet von einem Tag auf den anderen eine Bank aus dem Pennerpark. In der Straße kursieren die verrücktesten Gerüchte. Meine Nachbarn fangen an zu fabulieren. Sie verdächtigen sogar Hochtief, einen nächtlichen Überfall veranstaltet zu haben, um vor der Ankunft der potenziellen Käufer das Revier der Säufer auszuheben. Liest man die Broschüre von Hochtief, glaubt man beinahe, unser «Pennerpark» würde sich in eine Miniaturversion des Jardin du Luxembourg verwandeln. Anstelle der beiden Holzhütten und der mickrigen Rutsche ein «liebevoll gestalteter Spielplatz mit einem Lern-

und-Spiel-Pfad für Kinder». Und als ich inkognito anrufe und die beunruhigte Bürgersfrau spiele, verspricht mir der Makler eine «grüne Lunge» ohne diese «Ecken und Kanten, wo die Gruppierungen, die da nicht sein sollen, sich verstecken können zum Biertrinken und um sich private Grill-Feste zu liefern». «Die Käufer sind nur Privatleute! 95% deutsche Staatsbürger!», versichert er mir ohne Rücksicht auf meinen französischen Akzent. Die DKP schlägt sogar vor, den Park umzubenennen. Die Genossen holen tief aus einer alten Schublade ein schlagendes Argument hervor: «Angesichts der Tatsache, dass Hochtief im NS-Regime im großen Stil Zwangsarbeiter aus verschiedenen Konzentrationslagern ausgebeutet hat, müsste zur Wahrung der Ehre der jüdischen Gründerin der Sozialen Frauenschule der Park umbenannt werden, wenn diese Firma dort ihr zerstörerisches Bauprojekt beginnt. Die jüdische Berlinerin wurde 1937 von der Gestapo zur Emigration gezwungen.» Man könnte den Genossen noch etwas Wasser auf die Mühle gießen, indem man ihnen einflüstert, dass auch der Führerbunker in Berlin, die Wolfsschanze und der Berghof Konstruktionen der Hochtief AG sind, wie die Firma auf ihrer eigenen Homepage selbst bekennt.

Ist das Gebäude geräumt, sind die Fassaden ohne Fenster, beginnen die Abrissarbeiten. Rund ums Rondell werden Mulden und Lastwagen abgestellt. Das Haus wird bis in die Eingeweide durchgeschüttelt. Die Schlaghämmer nehmen ihre trotzige Arbeit in Angriff. Sie zerschlagen die Fliesen, zertrümmern die Wände, zerstören die Decken, reißen die Rohrleitungen und das Eisen heraus. Dann kommen die Bagger und mit ihnen die Kinder aus dem Kindergarten mit ihren Erzieherinnen, die offenen Mundes zusehen, wie die Scheren dieser riesigen Krabben vorsichtig ganze Fassadenstücke ergreifen. Die prähistorischen

Monster aus einem Science-Fiction-Film legen das alte rebellische Haus nieder. Jeden Morgen um 8 Uhr 15 parkt ein grüner Landrover am Gehsteigrand. Vater, Mutter und zwei kleine Jungen kommen, um zu beobachten, wie die Arbeit vorangeht. Und jeden Morgen schreien die Kleinen, wenn ihre Eltern sie zwingen, in den Wagen zu steigen. Ich höre die sanfte Stimme der Mutter: «Aber ihr Süßen, wir kommen doch morgen wieder.» Am nächsten Morgen um Punkt 8 Uhr 15 drücken die beiden Jungs wieder die Gesichter ans Gitter. An der Brandmauer des Nachbarhauses der Nummer 4 kommt plötzlich ein mehrere Jahrzehnte altes Schild *Bäckerei – Konditorei* zum Vorschein. Auf die Bäume, die Balkone, die Autos in meiner Straße legt sich ein Staubfilm. Mein Nachbar, mit dem ich morgens oft die Fahrt im Aufzug zurücklege, fragt mich, was diese große weiße Wolke am Ende der Straße zu bedeuten habe. Er nimmt auf dem Weg zur Arbeit immer die Straße in der Gegenrichtung. Er war der einzige, der nichts mitbekommen hat.

Während der drei Wochen des Abrisses bildeten sich vor der Baustelle kleine schwatzende Grüppchen. Jeder hatte das Bedürfnis, seine Meinung kundzutun, seine Betroffenheit oder Besorgnis zum Ausdruck zu bringen. Verbindungen knüpften sich. Neue Sympathien entstanden. Gisa aus der Nummer 12 lud spontan zu einem Kaffee bei ihr ein. Monika schlug vor, die Fotos, die sie aufgenommen hat, zirkulieren zu lassen. Nie hat der «Pennerpark» einen solchen Andrang erlebt, und nie fühlte sich unsere Straße so sehr zu einer Schicksalsgemeinschaft zusammengeschweißt. Die Passanten kommentierten den Abriss: «Wenn es wie beim Willy-Brandt-Flughafen zugeht, können Sie so bald nicht einziehen!», warf ein Zyniker den Arbeitern zu. «Wenn man bedenkt, wie lange man braucht, um so ein Ge-

312

bäude zu bauen, und in ein paar Tagen liegt es in Trümmern. Eindrucksvoll! So stellt man sich Berlin nach dem Krieg vor!», wunderte sich ein Alter, der das eigenartige Gefühl eines *Déjà-vu* hatte. Die Nummer 4 glich auf den Fotos den Nachkriegsruinen. «Det sieht man nücht jeden Tag. Icke wollte och ein paar Fotos schießen.» Ein Fotograf stellte jeden Tag sein Stativ auf. Die Passanten verewigten den Moment mit ihrem Handy. Die Straßenkehrer gönnten sich eine vormittägliche Pause: «Sie kriejen een Eenfamilienhaus für den Preis! Aber bitte!»

Wer wird hier einziehen? Junge, gutverdienende Familien, die Bioläden, Sushi-Bars, Yogakurse und zweisprachige Kindergärten frequentieren. Jeder wirft wie bei einer Versteigerung einen Quadratmeterpreis in die Runde. 3000 Euro, schreit der eine. 4000, überbietet ihn der nächste. 5000! Unsere Straße wartete auf den Schlag mit dem Elfenbeinhammer des Auktionators.

Eines Tages sprach mich ein kleiner, in einen dicken Mantel gewickelter Pole an, der froh war, ein aufmerksames Ohr für die frohe Botschaft der Zeugen Jehovahs gefunden zu haben. Er schenkte mir ein Faltblatt auf Französisch: «Ist es das, was Gott für mich und die gesamte Menschheit vorgesehen hat?

Wo finde ich Hilfe, um meine Schwierigkeiten zu bewältigen?

Kann man hoffen, dass eines Tages der Friede herrscht auf Erden?»

Ich entdeckte in seinen Schriften ein paar Gebote, die das Gewissen etlicher Benutzer unseres «Pennerparks» aufrütteln könnten: «Weisen Sie zurück, was Jehova hasst: den Gebrauch von Tabak, Alkohol und selbst der sogenannten sanften Drogen.» Und wenn ein Passant turbulente Nächte vorhersah, weil unsere Straße dabei war, sich zum Epizentrum der Berliner Schwulenszene zu entwickeln, wurden die Sünden «der sexuellen Zügellosigkeit und die unzüchtigen Worte», die der kleine polnische Zeuge geißelt, plötzlich zu einer wahrhaft dantischen Bedrohung.

Ein einziger meiner Nachbarn, ein einflussreicher Mann, wagte es – eine Vertraulichkeit, die nur für mich allein bestimmt war –, sich zu freuen, dass das neue Gebäude endlich das Niveau unserer Straße heben würde. Er hatte vor, dem Bezirksamt einen Brief mit Vorschlägen zur Neugestaltung des Platzes zu schicken. Ein kleines Café neben dem Brunnen zum Beispiel … Und während er sich in Phantasien von Croissants und Milchkaffee nach seinem morgendlichen Jogging erging, beobachtete ich die schiefen Blicke der anderen, gab dem Ahnungslosen einen kleinen Klaps auf die Schulter und riet ihm, weniger laut zu sprechen, wenn er nicht gelyncht werden wolle.

Ich verbrachte Stunden damit, um den tief in meine Straße gerissenen Krater herumzustreifen. Bald war der ganze Platz von dicken rosaroten Röhren umrahmt. Plötzlich sah unser Schmuckplatz aus wie ein improvisiertes Centre Pompidou.

Wieder einmal ging eine Epoche zu Ende. Die Spuren des Krieges verschwanden. Hin und wieder überfiel mich eine dumpfe Traurigkeit. Ich dachte an jene, die weggezogen waren, an jene, die ans andere Ende der Welt geflüchtet waren, an all jene, die tot sind. Und ich fragte mich, ob ich wirklich das Recht hatte, mich dieser sanften Nostalgie zu überlassen und einem Gebäude nachzutrauern, das ich stets hässlich und unwürdig gefunden hatte. Ich verspürte eine Art Zärtlichkeit, eine absurde Anhänglichkeit für meine von der Geschichte gebeutelte Straße. Sie fand keinen Frieden. Wie würde sie in ein paar Jahrzehnten aussehen? Das Gerücht machte die Runde, den Häusern der 7A und der 7B stehe dasselbe Schicksal bevor. Die Vermesser haben bereits das Terrain abgesteckt, der Investor einen Bauantrag eingereicht.

In gewisser Weise schließt sich der Kreis. Meine Straße ist dabei, ihr ursprüngliches Standing wiederzuerlangen, als sie zu Beginn des Jahrhunderts noch eine exklusive Adresse war, in *gehobener Wohnlage*, wie die Makler heute sagen. Nach dem Mauerfall glaubte ich lange Zeit, sie würde nie der Normalisierung weichen. Ich sah sie als widerstandsfähig, die Stirn zeigend und die Faust hebend. Aber hatte ich dabei die Macht der Immobilienspekulation unterschätzt? Würde meine Straße nun kapitulieren? Was würde aus dem Mann im Unterhemd von zweifelhafter Sauberkeit werden, der den ganzen Winter über am Fenster steht, um die Baugrube auf dem Platz zu betrachten? Aus der ehemaligen Hauswartsfrau, die ihre Abende rauchend, den Oberkörper auf ein Kissen im Fenster ihrer Erdgeschossloge gelehnt, verbringt? Seit Jahrzehnten sieht sie dem Theater der Straße zu, sieht, wie sich neue Kulissen vorschieben, in unseren Häusern die Rollen umverteilen. Was wird aus den Pennern vom Park? Den Rentnerinnen aus einer anderen Zeit? Diese einfachen Leute, *arm, aber sexy*, machen sich in dem Katalog von *House & Garden*, an den uns die neuen Bauherren glauben lassen wollen, natürlich nicht sehr gut. Wird sich meine Straße herausputzen lassen? Vom hässlichen Entlein zum schönen Schwan werden? Statt kaputt zu sein, auf einmal schmuck werden? Statt rau pittoresk? Wird sie zu einer Szenestraße mit Möbel- und Trödelgeschäften, Musikclubs, Boutiquen, angesagten Kneipen?

Das zu glauben fällt mir schwer.

Danksagung

Dank
an alle meine Nachbarn, die von gestern wie die von heute, die
mir die Geschichte ihres Lebens anvertraut haben: Ich weiß, dass
das Eintauchen in die Vergangenheit für sie oft mit Schmerzen
verbunden war. Ich bewundere ihren Mut. Und falls einige von
ihnen noch immer daran zweifeln, dass ihre «gewöhnlichen kleinen Leben» von großem Interesse sind, so hoffe ich, dass dieses
Buch mir Recht geben wird. Ich habe ihnen während Stunden
voller Spannung zugehört.

Dank
an Lis Künzli, Übersetzerin, die Wort für Wort mit so viel Fi-
nesse und Witz diese lange Reise meine Straße entlang an meiner Seite unternommen hat.

An Barbara Wenner, Literaturagentin, die mich begleitet und
an jeder Entdeckung enthusiastisch Anteil genommen hat.

An Uwe Naumann vom Rowohlt Verlag für seine Begeisterung, schon bevor die erste Zeile geschrieben war, und an Frank
Strickstrock für die letzten Schritte auf dem Weg in die Druckerei.

Dank

an Hermann Simon vom Centrum Judaicum, der mich auf die
Spur der jüdischen Emigranten aus meiner Straße gebracht hat
und bei meinen Begegnungen mit ihnen in Gedanken präsent
war. An Gudrun Blankenburg, die es besser als jede andere verstand, mir das Bayerische Viertel von damals Haus für Haus vor
Augen zu führen. An Axel Schröder, Hüter des Gedächtnisses
meiner Straße, der mich mit bestimmter Hand geführt hat, damit
ich mich im undurchdringlichen Labyrinth des Landesarchivs
Berlin nicht verirrte, und Martin Luchterhand, der mir den Aus-
gang gezeigt hat. Ohne ihn wäre ich wohl noch immer dabei, die
Berge von Unterlagen zu durchstöbern. An Hannelore Emme-
rich und Veronika Liebau vom Archiv zur Geschichte von Tempelhof und Schöneberg. Sie haben nie vor meinen spitzfindigsten
Fragen kapituliert. Und für ihren scharfen Blick: Elga Abramo-
vitz, Harald Bodenschatz, Werner und Birgit Simon und Christian Wülfken.

Dank

an Ingeborg und Georg Ullrich. In ihr Haus im Oderbruch durfte
ich mich oft zurückziehen, um fern von meiner Straße zu schreiben. Von deinem Bundesplatz zu meiner Straße, lieber Georg, ist
es ja nur ein Katzensprung. An Petra und Heinrich von Beren-
berg, die mich in Brandenburg beherbergt haben.

Und an meinen Mann Thomas Kufus, auf den ich stets zählen konnte, wenn ich mich auf den Spuren meiner Nachbarn ans
Ende der Welt begab.

Bildnachweis

© Museen Tempelhof-Schöneberg von Berlin / Archiv:
Tafelteil 1, S. 1 oben u. unten, S. 2; Tafelteil 3, S. 1 oben u. unten
© Marcel Fugere: Tafelteil 3, S. 4 oben
Photo: Andrew Kent: Tafelteil 3, S. 5 oben
© Isabella Knoesel: Tafelteil 3, S. 8

Alle übrigen Abbildungen stammen aus Privatbesitz.

Das für dieses Buch verwendete FSC®-zertifizierte Papier
Schleipen Werkdruck liefert Cordier, Deutschland.